今 日 人 类 学 民 族 学 论 丛
Anthropology and Ethnology Today Series

贵州大学文科重大科研项目（GDZT2011009）和重点学科群建设项目资助

贵州民族村寨的现代技术传播与文化变迁

梅其君　张莉　等◎著

知识产权出版社
全国百佳图书出版单位

图书在版编目（CIP）数据

贵州民族村寨的现代技术传播与文化变迁/梅其君等著. —北京：知识产权出版社，2017.9

ISBN 978－7－5130－5118－7

Ⅰ.①贵… Ⅱ.①梅… Ⅲ.①少数民族—村落—民族文化—文化史—研究—贵州 Ⅳ.①K280.73

中国版本图书馆 CIP 数据核字（2017）第 220690 号

内容提要

现代技术在民族村寨的传播给当地带来深远的影响。本书首先对现代技术予以界定，阐明它的体系与特征，旨在说明现代技术传播的影响不同于传统技术传播的影响。其次，本书对贵州少数民族村寨的现代技术传播的状况进行了描述，旨在揭示现代技术渗透到人们生产生活的广度与深度。再次，本书重点考察了现代农业技术、现代建筑技术、现代信息技术的传播对少数民族村寨文化的影响。最后，本书在对现代农业技术、现代建筑技术、现代信息技术与少数民族村寨文化变迁的实证调查与分析的基础上，对少数民族村寨的文化传承进行了探讨。

责任编辑：冯　彤　　**责任校对**：潘凤越

封面设计：张　冀　　**责任出版**：刘译文

贵州民族村寨的现代技术传播与文化变迁

梅其君　张　莉　等著

出版发行：知识产权出版社有限责任公司　　**网　　址**：http：//www.ipph.cn

社　　址：北京市海淀区气象路 50 号院　　**邮　　编**：100081

责编电话：010－82000860 转 8386　　**责编邮箱**：fengtong@cnipr.com

发行电话：010－82000860 转 8101/8102　　**发行传真**：010－82000893/82005070/82000270

印　　刷：三河市国英印务有限公司　　**经　　销**：各大网上书店、新华书店及相关专业书店

开　　本：787mm×1092mm　1/16　　**印　　张**：13.75

版　　次：2017 年 9 月第 1 版　　**印　　次**：2017 年 9 月第 1 次印刷

字　　数：220 千字　　**定　　价**：42.00 元

ISBN 978-7-5130-5118-7

纳麻村的科技书屋

纳麻村的科技示范户

平善村寨远景

平善村的梯田

平善村的稻田养鱼

平善村民收割水稻

平善村民的手工织布机

平善村民去参加芦笙比赛

平善村民晒糯米饭做油茶

平善村民八月二十八过节菜肴

平善村的旅游接待中心

控拜村概貌

导　论

现代技术已渗透到社会的各个领域和生活的方方面面，它为人类带来便利之时也导致各种问题的出现。于是，技术与其他社会因素的关系问题，尤其是技术与文化的关系问题，开始进入人们的视野。

技术与文化都有本土和外来之分。技术与文化的关系实际上又可以细分为四种关系：本土技术与本土文化的关系；外来技术与本土文化的关系；本土技术与外来文化的关系；外来技术与外来文化的关系。探讨少数民族村寨的现代技术传播与文化变迁，即探讨现代技术与少数民族文化的关系，这一关系属于外来技术与本土文化的关系。

阐明技术与文化的关系，需要先对“技术”和“文化”这两个基本概念予以界定，而要界定这两个概念却是一件非常困难的事情。不论是关于技术的定义，还是关于文化的定义，都不下百种。然而，迄今为止，没有一个技术的定义为人们所公认。给技术下的定义要么过宽，把非技术的东西包括进来；要么过窄，把本来属于技术的东西排斥在外[1]。文化也是如此[2]。

广义文化论者往往把技术纳入文化之中。例如，多洛认为，“工艺技术与

---

[1] 关于技术定义的文献很多，因为“技术是什么”的问题是技术哲学中的一个不能回避的基本理论问题，正如科学哲学不能回避“科学是什么”这个问题一样。很多技术哲学著作都讨论了技术的定义问题，如陈昌曙的《技术哲学引论》，姜震寰的《技术哲学概论》，许良的《技术哲学》，肖峰的《哲学视域中的技术》，陈凡、张明国的《解析技术》，F. 拉普的《技术哲学导论》，雅克·埃吕尔的《技术社会》（*The Technological System*），温纳的《自主的技术》（*Autonomous Technology: Technics - out - of - Control as a Theme in Political Thought*），V. 杜塞克的《技术哲学导论》（*Philosophy of Technology: an Introduction*），等等。此外，专门探讨技术定义的期刊论文也有很多。

[2] 探讨文化定义的文献也很多，人类学家克罗伯等人对文化定义的梳理是其中的典型，见《文化：定义与概念的批判性回顾》（*Culture: A Critical Review of Concepts and Definitions*）。

文化艺术一样，都归于文化之列”[1]；怀特则将文化系统分为技术、哲学和社会学三个层面，“技术层面处于底层，哲学层面则在顶端，居中的是社会学层面”[2]。与此相反，广义技术论者则把文化归入技术范畴，例如，三木清认为“精神文化也是技术”，并提出了“社会技术”的概念[3]。

我们不赞同将技术归入文化范畴或将文化划入技术范畴的观点。毫无疑问，文化和技术的关系非常密切，二者都是人类的创造活动。然而，文化和技术的区别也是明显的。事实上，当人们试图探讨技术与文化关系时，已预设了二者的区分。因此，本书所探讨的“文化”不是将“技术”涵盖在内的“文化”，本书所探讨的“技术”也不是囊括“文化”的“技术”，尽管二者在一定范围内可能存在交集。

必须指出的是，“技术与文化的概念界定问题”与“技术与文化的关系问题”实际上是相互缠绕的。要阐明“技术与文化的关系问题”，需要对“技术”与“文化”进行界定；而要对“技术”与“文化”进行界定，又不可避免地涉及“技术与文化的关系问题”。因为对“技术”与“文化”进行界定，就是如何理解“技术”与“文化”。广义文化论者“把技术作为文化的一部分”，“把文化纳入技术中”事实上又回到了“技术与文化的关系问题”。这是一个无法回避的循环。问题不在于避开这个循环，而在于如何正确地进入这个循环。

如何才能正确地进入这个循环？要正确地进入这个循环就必须回到“技术与文化关系问题的提出”，因为“技术与文化的关系问题”不是从来就有的，而是技术发展到一定时期，这一问题才得以提出。海德格尔等哲学家对现代技术的剖析表明，技术与文化的关系在近代历史上已发生了转折，由此提出了“技术与文化的关系问题”。

海德格尔把工业革命以来的技术称为“新时代的技术”，即广义的现代技术，与相对应的则是新时代以前的技术，称为传统技术。海德格尔认为，“现

---

[1] 路易·多洛．个体文化与大众文化［M］．黄建华，译．上海：上海人民出版社，1987：111.

[2] L. A. 怀特．文化的科学［M］．沈原，黄克克，黄玲伊，译．济南：山东人民出版社，1988：353.

[3] 转引自张明国．“技术—文化”论——一种对技术与文化关系的新阐释［J］．自然辩证法研究，1999（8）：91－96.

代技术与传统技术存在本质区别。传统技术的展现被包括在总的文化之中，文化支配技术，而现代技术的本质是'座架'，是一种世界的构造。这意味着技术与文化的关系发生了转折：受文化约束、支配之技术反过来构造、支配文化”。❶ 无独有偶，埃吕尔也是以工业革命为界将技术分为传统技术和现代技术，工业革命之前的社会被称为传统社会或前技术社会，而工业革命之后的社会则是现代社会或技术社会。传统社会中，技术被束缚在文化之中；而现代社会，技术超出了文化的限制并对文化构成威胁。尽管埃吕尔对技术的分析完全不同于海德格尔，但在技术与文化的关系问题上却得出与海德格尔相同的结论。

在海德格尔看来，导致技术与文化关系发生历史性转变的根本原因是形而上学自身的发展，现代技术就是“完成的形而上学”；而埃吕尔则认为，绝对效率对其他因素的胜利成就了现代技术，带来技术与文化关系的转变。但是，不论是海德格尔还是埃吕尔，都没有进一步分析技术与文化关系的转变是如何实现的。如果技术与文化的关系确实像海德格尔和埃吕尔分析的那样发生了历史性的转变，那么，这一转变究竟如何发生？如何完成的呢？

波斯曼和芒福德对现代技术的分析从不同角度部分地回答了这一问题。波斯曼和芒福德认为，技术与文化关系的转变并非一蹴而就，而是有一个发展过程。在这个过程中，技术从受制于文化，到不满足于受文化限制而向文化发起攻击，直到最后战胜并支配文化。“波斯曼把技术的发展分为三个阶段：工具使用阶段、技术统治阶段和技术垄断阶段。相应地，他把文化也分为三个阶段：工具使用文化阶段、技术统治文化阶段和技术垄断文化阶段。”❷ 在工具使用文化阶段，技术受文化的指引和约束，从属文化；在技术统治文化阶段，技术向文化发起攻击，试图取而代之，但不足以撼动文化的根基；在技术垄断文化阶段，文化权威性在力量日益强大的技术的猛攻下逐渐丧失，技术在文化各个领域实行极权统治。芒福德将技术系统分为始生代技术时期、古生代技术时期和新生代技术时期，不同技术时

❶ 梅其君，王立平．技术与文化关系颠倒的历程与根源［J］．江西社会科学，2016（6）：40-46.

❷ 梅其君，王立平．技术与文化关系颠倒的历程与根源［J］．江西社会科学，2016（6）：40-46.

期存在不同的技术与文化的关系。除了分析工业革命以来的技术与文化关系的变化外，芒福德还把目光投向了现代技术之前的一个重要准备时期，即始生代技术时期，从而将技术与文化关系的变化追溯到更早的时期。与海德格尔和埃吕尔不同的是，波斯曼和芒福德都注意到了传统技术所隐含的文化重构力量。事实上，要追问技术与文化关系的转变何以可能，就不能不揭示技术的这种文化重构力量。若要揭示技术的这种文化重构力量，就必然探讨技术与人的关系。换言之，技术与文化的关系，本质上也是技术与人的关系。

> 斯蒂格勒对人与技术关系的考察，特别是对人与技术的起源的考察，为技术与文化关系及其变化提供了新的解释。一般认为，技术是人的发明。但斯蒂格勒借助古人类学的研究，提出人与技术相互发明的观点。
>
> 技术离不开人的发明，而人的生存也离不开技术。人始终处于技术体系之中，因而技术一方面能使人通达他未经历的“已经在此”的过去，另一方面又为人开启新的可能性。[1]

斯蒂格勒认为，人之起源存在原始缺陷，人不存在某种本质属性，即人缺陷地存在于世界之中，而超越人之原始缺陷的“代具性”（技术性）生存则是人之为人的首要条件。

> 技术与人的关系决定了技术与文化的关系，技术所具有的文化重塑力量根源于技术与人的这种原初关系。因此，技术的文化重塑力量不是现代社会（技术社会）所特有，在传统社会（前技术社会），技术同样具有文化重塑力量，只不过，由于传统社会中的技术进化速度并不快，这种力量表现得并不明显。然而，技术的领先或超前使得技术总是不断地影响、塑造乃至重新构建文化。
>
> 斯蒂格勒对人与技术关系的考察，特别是对人与技术的起源的考察，虽然其意并不在于阐明技术与文化的关系，却从根本上揭示

---

[1] 梅其君，王立平．技术与文化关系颠倒的历程与根源［J］．江西社会科学，2016（6）：40－46.

了技术所具有的文化重构力量，回答了技术与文化关系的变迁何以可能。❶

人类学家则习惯把技术作为文化的一部分，而没有认识到人类目前生活在由技术所主导的文化之中。正如有学者指出："在技术视野中，现代乃至后现代社会的文化在很大程度上是依靠技术塑造出来的，离开了技术，文化就失去了坚硬的骨骼（表现在器物、制度层上），失去了理性之光（表现在观念层上）。"❷ 认识技术与文化关系的转变，对技术哲学、技术人类学及文化变迁研究无疑都具有十分重要的意义。

基于对技术与文化关系的认识，本书首先对现代技术予以界定，阐明它的体系和特征。因为现代技术是一个相对模糊的概念，人们对它的理解也不尽相同，甚至有较大的差异，而阐明其体系和特征旨在说明现代技术传播的影响不同于传统技术传播的影响。其次，本书对贵州少数民族村寨的现代技术传播的状况进行了描述，旨在揭示现代技术渗透到人们生产生活的广度和深度。再次，本书重点考察了现代农业技术、现代建筑技术、现代信息技术的传播对少数民族村寨文化的影响。由于现代技术涉及的内容太多，难以面面俱到，我们只能选择现代技术的某些领域来探讨。在所有现代技术中，与少数民族乡村生活关系最直接、最密切的，对人们生活最重要的，就是农业技术。正如怀特指出，"全部伟大的古代文明都是通过谷物培植而获得实现的。离开谷物耕作，就永远也不能达及伟大的文化"。❸ 因此，我们选择现代农业技术传播作为个案分析。选择现代建筑技术和现代信息技术作为个案分析也是基于这样的原因。需要说明的是，我们这里所说的现代农业技术、现代建筑技术和现代信息技术，是从行业的角度给技术分类而得出的技术类别。实际上，不论是现代农业技术，还是现代建筑技术与现代信息技术，都是与该行业相关的技术的总称，都涉及许多不同方面的具体技术。例如，在现代农业技术中，有机械技术，如农业机械；有化工技术，如化肥、农药；有生

---

❶ 梅其君，王立平．技术与文化关系颠倒的历程与根源［J］．江西社会科学，2016（6）：40－46.

❷ 张明国．"技术—文化"论——一种对技术与文化关系的新阐释［J］．自然辩证法研究，1999（8）：15－19.

❸ L. A. 怀特．文化的科学［M］．沈原，黄克克，黄玲伊，译．济南：山东人民出版社，1988：357.

物技术，如杂交水稻。现代建筑技术也是一样，涉及机械技术，如建筑机械；涉及材料技术，如水泥、玻璃；涉及冶炼技术，如钢筋；等等。因此，现代农业技术、现代建筑技术和现代信息技术都不是某一个方面的技术，而是涉及现代技术许多方面的集合体。最后，在对现代农业技术、现代建筑技术、现代信息技术与少数民族村寨文化变迁的实证调查与分析的基础上，本书对现代技术影响下的少数民族村寨的文化传承进行了探讨。

第一章　现代技术的体系与特征

探讨现代技术传播与文化变迁，首先必须弄清楚我们所谈论的现代技术指的是什么，因此必须对现代技术予以界定，阐明它的体系和特征，确定研究的逻辑起点，避免歧义和误解。

一、现代技术的界定

现代技术的界定问题，实际上是一个如何对技术史进行分期的问题。而关于技术史的分期，学界有较多的分歧❶。国内外学者提出的关于技术史的各种分期方案都有一定的合理性。比较常见的技术史分期有二分法和三分法。二分法是把以蒸汽机为标志的第一次技术革命（工业革命）作为分界，将技术分为古代技术和现代技术（或近现代技术）。三分法是在二分法的基础上将近现代技术进一步细分为近代技术和现代技术。

我们采用二分法，即以工业革命为界把技术分为传统技术和现代技术。这是一种粗略的分法，也是一种相对能被人们广泛接受的分法。因为以机器取代人力、以大规模工厂化生产取代个体工场手工生产的工业革命，改变了人们的世界图景，人与自然、人与社会、人与技术的关系都发生了重大变化。

---

❶ 姜振寰在《技术的历史分期》一文中列举了八类技术史的分期方案，提出了以“主导技术”更迭作为技术史的分期依据及以此为基础的分期方案，见《技术的历史分期：原则与方案》，载《自然科学史研究》，2008 年第 1 期。阎康年认为，技术史分期应该按照广义的工具原则进行，见《技术定义、技术史和产业史分期问题探讨》，载《科学学研究》，1984 年第 3 期。王耀德提出，以技术的“社会化”程度以及技术与科学的关系作为划分技术历史阶段的基础，见《论技术和技术的历史划分》，载《理论学刊》，2007 年第 3 期。

技术哲学家海德格尔、埃吕尔、伯格曼等人都是采用的这种分法。三分法中的近代技术与现代技术的区分可以看作是近现代技术内部的分期，正如古代技术史可划分为旧石器时代、新石器时代、青铜器时代和铁器时代一样。而且，近代技术与现代技术如何分界，学界观点也不统一。有的学者以第二次技术革命为分界，有的学者以第三次技术革命为分界，而近代以来究竟有几次技术革命以及技术革命以什么技术为标志，目前也没有定论。

传统技术是与现代技术相对应的概念，通常与现代技术这一概念相比较而存在。传统技术的概念与古代技术的概念略有不同。古代技术有时间向度特征，通常是指工业革命以前的技术。传统技术则既指工业革命以前的技术，也指工业革命以后基本上没有受工业革命影响的技术，或者说仍然保持古代技术本质特征的技术。现代技术取代传统技术有一个较长的过程。时至今日，不少经济落后地区的一些生产技术仍然是传统技术。

总之，现代技术是相对于传统技术而言的，是指工业革命后的有着与传统技术不同特征的技术。因此，现代技术不仅仅是一个时间维度的概念，要准确地把握这个概念，就必须探讨现代技术的体系和特征。

二、现代技术的体系

技术体系是相互联系、相互作用的技术按一定方式组成的技术整体，是在自然规律和社会因素共同制约下形成的具有特定结构和功能的技术系统。在现实社会中，技术体系表现为极其复杂的纵横交错的立体网络结构。近代工业革命以来的技术发展，按时间大致可以分为蒸汽时代的技术体系、电气时代的技术体系和信息时代的技术体系三个阶段。

1. 蒸汽时代的技术体系

蒸汽时代的技术体系（图1－1）形成于近代工业革命时期，它以工作机（或称为工具机）革命为起点，以蒸汽机发明和普遍应用为主要标志。工作机革命的主要代表是纺织机的革命。在纺织行业，市场的需求与生产手段之间的矛盾最早暴露出来。为了弥补这种矛盾，纺织机的改进被提上日程。1733

年，纺织工人凯伊发明的飞梭，冲破了手工织机限制，大大加快了织布速度。织机的改进与广泛应用使纺纱与织布之间失去平衡，甚至出现纱荒。1765 年，哈格里夫斯发明了“珍妮机”。稍后，阿尔克莱特发明了水力纺纱机，克伦普顿发明了自动骡机“Mule”。纺纱机的发明和改进极大提高了纺纱效率，提高了纺纱质量，也降低了成本。相比于高效率的骡机，织机的效率又下降了。1785 年，卡特赖特又发明了水利卧式自动织机。[1] 纺织机的发明和改进引起对动力的需要，工作机和动力机之间的矛盾突显了出来。这一矛盾的解决有赖于蒸汽机的发明和应用。

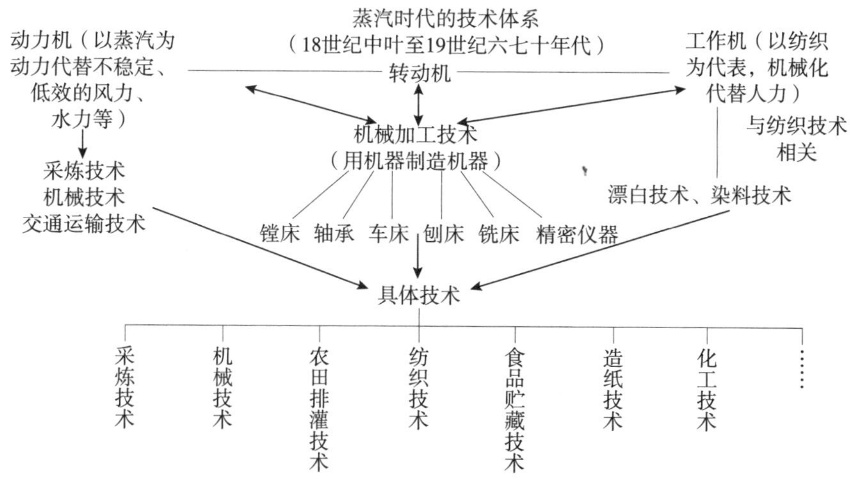

图 1－1　蒸汽时代的技术体系

蒸汽机的发明最初主要是因为煤矿排水的需要，而煤矿的发展又是炼铁进步的结果。在蒸汽机未出现之前，人力、水力、畜力等主要动力不仅受地理条件、生物体能的限制，而且低效、不稳定。1698 年，军事工程师萨弗利发明了第一台可用于矿山抽水的蒸汽泵——“矿工之友”，由于其扬程短且有危险，该项发明并未得到广泛使用。被广泛使用且保证煤矿正常运行的是纽可门 1712 年发明的活塞式大气压蒸汽机，这项发明将提供动力的蒸汽机与工作机唧筒分离开来，使蒸汽机成为独立的动力机。最普遍使用的蒸汽机是瓦特 1769 年发明的外冷凝器的蒸汽机和 1784 年发明的双向动作的蒸汽机。[2] 至

---

[1] 清华大学自然辩证法教研组. 科学技术史讲义［M］. 北京：清华大学出版社，1982：91－93.

[2] 远德玉，丁云龙. 科学技术发展简史［M］. 沈阳：东北大学出版社，2000：101－103.

此，动力机、传动机和工作机组成了机器生产系统，成为技术史上的一次重大飞跃。蒸汽机不仅用于矿山抽水，而且广泛为纺织厂、炼铁炉、面粉厂及其他工业提供动力，它结束了人类对水力、风力和畜力等动力由来已久的依赖。

机械化的蒸汽机和纺织机的发明需要精确的机械制造加工技术的支持。机械化的实现有赖于机器生产，机器生产机器为实现机械化提供了坚固而精确的保障。1775 年，威尔金森制成了第一台镗床。1787 年，机器和车轴的滑动轴承首次获得专利。1794 年，莫兹利发明移动刀架；1797 年，莫兹利又制成带有移动刀架和导轨系统的车床。到了 19 世纪 40 年代，不仅大型车床出现了，而且一系列工作母机也被发明出来。[1] 精密仪器如测长仪等的制造，使过去工匠不能测量的长度能够被精确地测出。

技术之间总是相互联系，相互促进。在工业革命中，一项技术的发明和改进总是促进其他技术的发明和改进，就如纺纱机和织布机相互促进一样。工作机和动力机的革新需要铁、钢和煤的供应量增加，这又促进了采矿、冶金技术的一系列改进和提高。纺织工业、采矿工业和冶金工业的发展又对运输工具提出了新的需求，因为需要运送大宗的煤和矿石。这又促进了铁路、火车、轮船的发展，而蒸汽机正好能为火车、轮船提供动力。

这一时期，与人们生活密切相关的技术发明还有很多。农业方面，农业机械有了初步发展，出现了新式畜力农业机械，如使用畜力的收割机、播种机、割草机等，还出现了蒸汽机为动力的犁地机和收割机[2]；化学肥料开始崭露头角，德国人维勒于 1828 年首次用人工方法合成了尿素，英国人劳斯在 1838 年用硫酸处理磷矿石制成磷肥，这是世界上第一种化学肥料。建筑方面，钢铁、玻璃、混凝土等新材料开始广泛应用；生铁框架结构和装配化建造出现了，生铁框架代替承重墙，使外墙立面获得了解放；新材料、新设备、新工艺的应用使建筑在高度、跨度和层数上都出现了巨大突破。

与传统技术相比较，蒸汽时代技术体系的主要特点是：稳定、有效的蒸汽动力取代不稳定、低效的风力、水力、畜力等动力，工业生产、交通运输都有了廉价而充足的动力，而采矿、冶炼和机械制造等一系列的技术革新又

---

[1] 远德玉，丁云龙．科学技术发展简史［M］．沈阳：东北大学出版社，2000：104－105.

[2] 查尔斯·辛格，等．技术史（第四卷）［M］．辛元欧，译．上海：上海科技教育出版社，2004：1－16.

为生产各种新机器提供了必要的技术条件和材料，机器生产开始取代手工劳动，工厂取代手工工场。技术革命影响人类社会生活的各个方面，使人类社会发生了巨大的变革，把人类社会历史推向了崭新的“蒸汽时代”。

2. 电气时代的技术体系

19 世纪六七十年代，科学技术的发展迎来了新的春天。以电力的广泛运用为显著特点，科学技术又取得了一系列大的突破和进展，随之而来的是工业生产的高涨，人类社会由“蒸汽时代”进入了“电气时代”。发电机、电动机、电灯、电话、电报、电影、汽车、飞机等是这个时代的标志性产品，时至今日，这些产品仍然是我们日常生活中不可或缺的一部分。

19 世纪以前，人们对电的研究主要在静电领域，“电的来源是使用玻璃圆筒或玻璃般的摩擦起电机”[1]。1800 年，伏特发明的电池让人们认识到电与化学的关系，并开始了动电研究。1820 年，奥斯特发现了电流的磁效应。1831 年，法拉第发现了电磁感应定律。1864 年，麦克斯韦建立了电磁理论方程。物理学上对电磁运动规律的研究为利用电能提供了理论准备，强电和弱电领域都得以迅速发展。

在强电领域，1821 年，法拉第首先进行了电动机模型试验。1839 年，雅克比进行了电动轮船实验。1860 年，巴奇诺基发明的环形电枢已经具备现代电动机的结构形式。由于电动机的不断改进，化学电池所提供的能量已经不能满足其需要，而发电机的研制则为其提供了强大动力。1832 年，皮克斯发明了可以为电镀和电解提供电源的实验性发电机。[2] 1845 年，惠斯通制成了电磁铁发电机。1867 年，西门子利用威尔德提出的自激式发电机原理研制成功了第一台自激式发电机。[3] 1870 年，格拉姆制成了环状电枢自激直流发电机，并进行商业生产。1873 年，阿尔迪涅克又研制出鼓状电枢自激式直流发电机。1882 年，爱迪生研究所在纽约制成了当时世界上容量最大的发电

---

[1] 查尔斯·辛格，等. 技术史（第五卷）[M]. 远德玉，丁玉龙，译. 上海：上海科技教育出版社，2004：121.

[2] 清华大学自然辩证法教研组. 科学技术史讲义 [M]. 北京：清华大学出版社，1982：91－93.

[3] 清华大学自然辩证法教研组. 科学技术史讲义 [M]. 北京：清华大学出版社，1982：148.

机——“巨汉”发电机，建立了世界上第一座直流发电厂。为了减少直流电运输过程中的损耗，交流电的研究引起了人们的兴趣。1880 年，费朗蒂改进了交流发电机。1886 年，爱迪生的助手特斯拉研制出二相异步电动机。❶ 这为交流电的产生和应用开辟了道路。但是，实现交流电运输的关键则是变压器。自法拉第提出变压器原理后，很多人在研制变压器方面做出贡献，使交流电能够远距离输送。一系列的技术突破使得电在运输和工业上获得了广泛的应用：1880 年，西门子在巴黎展出了第一条真正的载客电车——有轨电车，同年出现了第一架电动吊车；1881 年，柏林第一条电车线路交付使用；1887 年，电动矿用机车首次出现；1889 年，伦敦的第一条电动地下铁道交付使用；1908 年，第一台电动运输机在矿井中使用；至第一次世界大战前，电力纺织机已全部取代了蒸汽动力的纺织机。❷ 许多家用电器，如电炉、电冰箱、电熨斗、电水壶、洗衣机等，也在这一时期开始出现（图 1－2）。❸

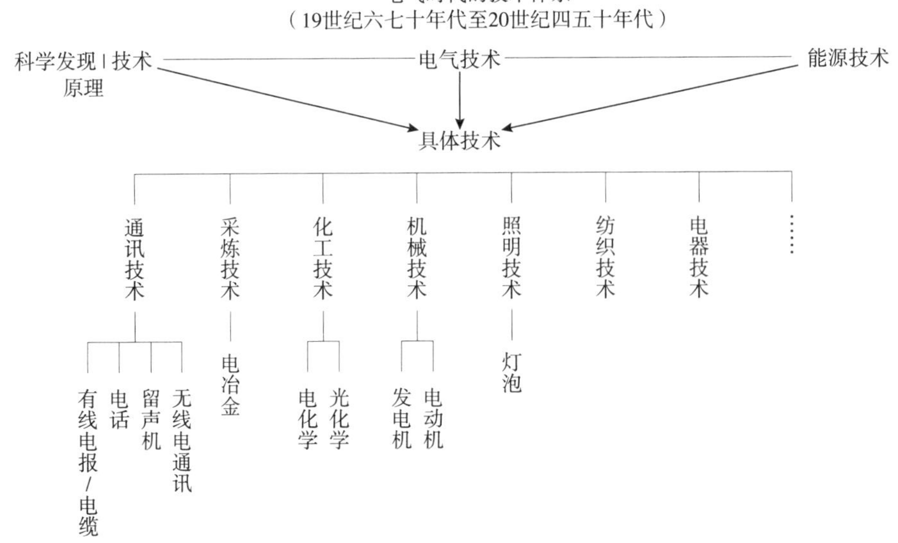

图 1－2　电气时代的技术体系

---

❶ 远德玉，丁云龙. 科学技术发展简史［M］. 沈阳：东北大学出版社，2000：164－166.

❷ 远德玉，丁云龙. 科学技术发展简史［M］. 沈阳：东北大学出版社，2000：165－167.

❸ 特雷弗·I. 威廉. 技术史（第七卷）［M］. 刘则渊，孙希忠，译. 上海：上海科技教育出版社，2004：303－318.

在弱电领域，有线电报、电话以及无线电通讯迅速发展。1833 年，由高斯和韦伯发明的电磁式有线电报投入实际应用。1836 年，库克制成了几种形式的电磁电报机并被用于火车站的通讯。1844 年，莫尔斯借助美国政府的资助，投入使用其电报系统。❶ 电话是在电报之后用电直接传播声音的通信工具。1861 年，莱伊斯制造了一种省电转换装置。1876 年，格雷和贝尔分别发明了电话。两年后，美国建立了第一个电话交换台。❷ 无线电通讯的发展建立在赫兹对电磁波研究的基础上。1890—1894 年，布冉利和洛奇制成和改进了无线电接收器。1895 年，马可尼和波波夫分别实现无线电的发送和接收。❸

除了与电有关的技术外，这一时期重要的技术突破还有煤气机、汽油机和柴油机等内燃机的发明与应用。第一台实用的煤气机由雷诺于 1860 年发明；1876 年，奥托与郎根、戴姆勒等人合作制成了第一台四冲程卧式煤气机；1883 年，戴姆勒制成了第一台四冲程往复式汽油机；1897 年，迪塞尔制成了柴油发动机。❹ 内燃机的发明解决了交通工具的发动机问题，导致交通运输领域发生了革命性变革，此后，以内燃机为动力的各种机车、轮船、飞机等也不断涌现出来。1885 年，戴乐姆和本茨分别造出了汽车；1903 年，莱特兄弟把以内燃机为动力的飞机飞上了蓝天。❺ 内燃机的发明推动了石油开采业的发展和石油化学工业的产生，使石油成为一种非常重要的新能源。此外，这一时期炼钢技术也有了发展，出现了电炉炼钢；农业方面，哈伯和博施的“哈伯 - 博施”氨合成法解决了氮肥大规模生产技术问题，柴油拖拉机开始批量生产，杂交玉米在美国得到推广。

无论是内燃机的发明，还是冶炼等其他技术的改进，都是技术发展史上的重大变化，但其重要性都无法与电的应用相提并论。凡是电所触及的领域都发生了根本性的变化。蒸汽时代的动力机与工作机是分离的，传动机占有重要位置，但是，由于电的发明和应用，传动机的作用降低了。动力机、传

---

❶ 王鸿生．世界科学技术史［M］．北京：中国人民大学出版社，1999：199.

❷ 远德玉，丁云龙．科学技术发展简史［M］．沈阳：东北大学出版社，2000：161 - 162.

❸ 王鸿生．世界科学技术史［M］．北京：中国人民大学出版社，1999：200.

❹ 远德玉，丁云龙．科学技术发展简史［M］．沈阳：东北大学出版社，2000：152 - 153.

❺ 清华大学自然辩证法教研组．科学技术史讲义［M］．北京：清华大学出版社．1982：175 - 176.

动机和工作机体系仍旧存在，但其主导地位已经由电气体系代替了。

这一时期，科学和技术的关系发生了根本变化，科学走到了技术的前面。电气时代以前的技术大多建立在经验基础之上，科学对技术的指导作用并不明显，而电气技术的发展则是以电磁理论为指导，没有科学理论，就没有相应的技术。

3. 信息时代的技术体系

20 世纪四五十年代，以电子信息业的突破与迅猛发展为标志的技术革命开始兴起，人类社会迈进信息时代。新技术革命以前所未有的方式改变人类社会，生产活动广泛引入信息技术，自动化达到一个新的水平，人类活动各方面都表现出信息活动的特征。

这一时期，技术发展取得了很多重大突破。材料技术基本已经从经验阶段走向了科学阶段，深入到分子结构研究等领域研制新的材料。能源技术除了石油和天然气得到大规模的开发应用外，其他非化石能源，如生物能、太阳能等也被开发，新能源技术发展最重要的成果是核能的实际应用。激光技术自爱因斯坦提出受激辐射理论后成为技术发展的又一个重要领域，其应用主要包括激光通信、激光测量、激光医学、激光武器和激光信息处理等方面。空间技术飞速发展，主要包括火箭技术、航天器技术、航天测控技术。海洋技术的发展主要体现在海洋勘测与开发、海洋养殖捕捞、海洋能的开发利用等方面。生物技术得益于生命科学，特别是分子生物学与细胞生物学的发展，基因工程、细胞工程、酶工程、发酵工程发展迅猛，日益影响和改变人们的生产和生活方式。其中，信息技术的发展尤为重要，影响更加深远。

信息技术是获取、传递、存储、加工信息的各种技术的总称，包括信息搜索、感知、接收、过滤等技术；信息跨越空间共享的技术；信息跨越时间保存的技术；信息描述、分类、排序、转换、浓缩、扩充、创新等技术；使信息的获取、传递、存储、加工各环节有机衔接和提高信息交换共享能力的技术。狭义的信息技术主要包括计算机技术、通信技术、传感技术、控制技术等主体层次的技术，以及针对各种实用目的由主体层次技术繁衍而生的各种各样的应用技术群。广义的信息技术还包括部分外围的新材料技术、新能源技术等基础层次的技术和机械技术、电子技术、激光技术、生物技术、空间技术等支撑层次的技术，因为信息技术总是通过各种支撑技术才能实现，信息技术在性能、水平等方面的提高依赖于基础层次技术的进步。[1]

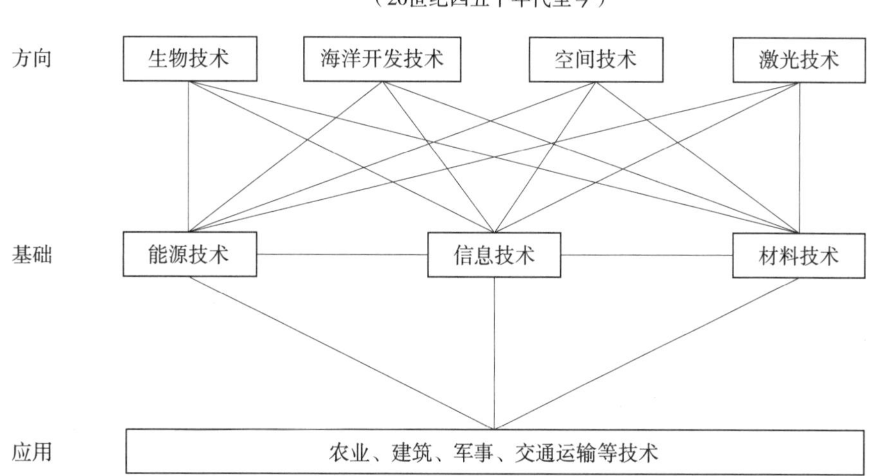

图1－3　信息时代的技术体系

与电气时代的技术体系相比较，信息时代的技术发展速度越来越快，规模越来越大，技术之间相互交叉、相互促进更加显著。技术与科学的结合更加紧密，技术科学化、科学技术化、科学技术一体化成为科学技术发展的一般趋势。科学的发展离不开技术的支持，技术的发展又离不开科学理论的支撑，技术与科学之间的转化过程日益缩短。

三、现代技术的特征

现代技术的特征是相对于传统技术而言的，不少学者对此进行了探讨。舒尔曼从环境、材料、能源、技巧、工具、技术实施的步骤、技术中的合作、工作程序、人们在构造过程中的作用以及技术发展的本性十个方面阐述了现

[1] 谢阳群．信息技术的分类与层次［J］．大学图书情报学刊，1997（2）：1－3．

代技术与传统技术之差异[1]。埃吕尔认为，现代技术具有合理性、人工性、自动性、自增性、一元性、普遍性和自主性等特征[2]。拉普从“物质世界的改造”“生活状况的改变”“世界性扩展”三个方面分析了现代技术的普遍性[3]。但是，对现代技术的特征，学者们要么单纯地从工程学的角度进行描述，不涉及技术的价值方面；要么单纯地从人文主义的角度描述，而忽视技术的工程特征，因而都未能全面地揭示现代技术的特征。综合技术哲学中的工程学传统和人文主义传统对现代技术的研究，我们认为现代技术具有机械化、科学化、复杂性、速新性、单一性、普遍性、强制性等特征。

1. 机械化

机械化是指用机械设备代替人工劳动完成生产作业。现代技术的机械化的含义是：在技术的构成要素中，机械设备的作用越来越大，技术活动日益依赖于机械设备。

技术的构成要素可以分为经验形态要素、实体形态要素和知识形态要素。所有技术都由这三类技术要素构成，这是所有技术的共性，但在技术发展的不同阶段，这三类技术要素在技术活动中所占的比重、发挥的作用及地位是不同的。

经验形态的技术要素是传统技术最重要的构成要素。经验形态的技术要素主要是经验、技能。传统技术一般都是来自亲身参与的经验，传统技术的技能获得一般是多次试错及亲身反复体验的结果，是技术主体即工匠必须具备的个人能力。传统技术的经验范围不仅受到各种自然条件，如气候环境、地理环境等的限制，而且还受到工匠个人本身的身体条件限制，如体力水平等，一般超出工匠体力负荷的技术不可能完成。传统技术依赖于工匠个人的手艺，成为一个出色的工匠可以不具备太多类似于科学原理之类的知识，但必须拥有极其巧妙的操作能力，即便不懂什么是微雕、圆雕、浮雕，古代的工匠们也能雕刻出美丽的图案。因此，传统技术对工匠的动作技能要求非常

---

[1] E. 舒尔曼．科技文明与人类未来——在哲学深层的挑战［M］．李小兵，等，译．北京：东方出版社，1995：9－13.

[2] Jacques Ellul. The Technological Society［M］. New York：Alfred A. Knopf，1964：78－79.

[3] F. 拉普．技术哲学导论［M］．刘武，等，译．沈阳：辽宁科学技术哲学出版社，1986：131－142.

高。传统技术中的实体形态要素主要是手工工具，其产生来自手工制作，用于与人们的身体感官非常密切的手工劳动。虽然手工工具也是传统技术中必不可少的构成要素，但手工工具与人本身的技能是分不开的，人的体力、身体经验、技能是工具的发明和使用的最重要因素。

在现代技术的构成中，经验形态的技术要素仍然存在并发挥作用，如实验室中的经验以及生产线上的经验等，但经验形态的技术要素已不是最重要的构成要素，实体形态和知识形态的技术要素则越来越重要。

现代技术的实体形态要素主要是机械设备，而不再是手工工具，这是技术史的一个重大变化，也是人类改造自然活动的一个划时代的变化。工业革命以工作机的发明为起点，以蒸汽动力的发明和普遍应用为主要标志。工作机、传动机、动力机一起组成机器系统，从此，人类发展就步入了机器时代。“工作机乃是一种真正的代替人手工操作工具直接作用于被作用对象的机构；而一切手工工具则必须依靠人手来直接操纵施作用于劳动对象，这是工具和机器的根本区别。从此，人可以通过操纵机器，并由机器来实现操纵工具，借以实现改造自然的各种技术目的。”[1] 如果说传统技术是一种依靠人的体力及四肢的身体技术，现代技术就有一种脱离人身体的倾向，人们甚至不容易通过机器、设备等现代技术设施感知作用对象。对于自动化的机械设备来说，人们所做的更多的是观察与监督。机械设备是复杂的，而且系统性非常强，其中某部分的使用范围非常窄，甚至脱离了整体环境就丝毫没有一点用处。例如，计算机的硬件装备，其存储器只能用来存储数据，一旦此部分离开了计算机，那么就不具备任何功能。

机械设备代替手工工具使技术构成要素中的经验技能的作用显著下降，经验技能从此在技术要素构成中退居次要地位。在生产劳动中，一些有规律可循的动作技能被机器的机械动作所取代，工人的手动操作大大简化。“机械设备取代了人的大部分体力劳动，现代技术的出现使人某些单纯的动作技能被自动化装置所取代，工人的机械活动已完全成为不必要的劳动，另外，它还使工人的某些劳动技能变得简单化。”[2] 现代机器最大的特点就是自动化，

---

[1] 远德玉，丁云龙．科学技术发展简史［M］．沈阳：东北大学出版社，2000：114－115.

[2] 陈凡，张明国．解析技术［M］．福州：福建人民出版社，2002：43.

它们取代了人们的大部分体力劳动，对人类的体力、身体经验、技能的要求已经大大降低，甚至机器、设备的产生也不再需要人的手工劳动。用机器生产机器成为机器时代一个最重要的特征。传统技术的手工工具的产生主要来自工匠的手工制作，以手工劳动为主，有人的体力、身体机能等方面的限制。现代技术的机械设备的产生主要来自机器的再生产，以机器自动化为主，人体本身的限制已经逐渐消失。

机械设备代替手工工具和经验技能的作用下降也改变了人们对技术的看法。传统技术时代，人们把技术主要看成是通过亲身体会、熟练操作而逐渐获得的技能、技艺，而机器时代到来后，人们不自觉地把技术和机械设备相关联，技术主要被看作是劳动手段的总和，甚至有人将技术等同于机器。经验技能的作用下降也使得经验技能的主体的重要性下降，而了解机械设备的工程师的地位上升，工程师逐渐取代工匠而成为技术活动的主角。机器生产使工人的劳动活动变得日益简单、枯燥，创造性受到压抑的工人将机器视为异己的力量，对现代技术的批判也从这里发轫。

2. 科学化

传统技术时期，科学和技术各自独立发展。到了工业革命时期，科学和技术开始相互影响、相互促进，科学化成为现代技术的一个基本特征。工业革命之初，现代技术的科学化特征还不明显，那时的技术还走在科学的前面，然而，随着时间的推移，现代技术的科学化越来越显著、越来越普遍。

首先，现代技术的科学化表现为人们力图用科学知识阐明技术原理，解释技术现象，指导技术活动，使已有的技术上升为技术科学，形成相对系统的技术知识体系，这种技术知识体系反过来又不断地提高、完善已有的技术。传统技术也暗含着一定的科学知识，但凡行之有效的技术必定符合客观的自然规律，暗合于某种科学原理。但是，人们并不力图发掘传统技术中隐含的科学知识，或者虽想去分析却不能发现隐含于其中的科学原理，也不用它来解释和指导技术活动，技术发明也认为是某种神秘力量的恩赐。传统技术依赖于很少的科学知识，而主要是依赖于言传身教之后的技巧、能力，并且仅限于具体的经验范围内。

其次，现代技术的科学化表现为人们自觉地利用科学发现做出技术发明，技术进步以科学进步为先导。传统技术是一种经验性的、口传身授、与日常生活息息相关的技术，它以实践经验为前提，没有相关的实践经验，就没有相应的技术，因此可以说，传统技术是一种经验性技术。现代技术也含有经验性技术，但更多的是科学性技术，也就是说，现代技术主要是依据科学理论所发明和创造的各种物质手段和方法。科学对技术的导引和推动表现为技术创造源自科学理论的物化或科学实验的放大。电机和无线电技术的发明源自电磁理论，原子弹技术源自原子物理理论，基因重组技术源自基因理论，许多化工技术发明都是源自化学的实验研究。“19 世纪中叶以来的一系列重大的技术进展，无论是电力技术、无线电技术、计算机技术，还是原子能技术、航天技术、激光技术，几乎都是首先在科学上取得突破，继而转变为技术成果的。在很长的历史时期内，人们掌握了‘做什么’和‘如何做’，却往往知其然不知其所以然。随着时代的进步，人们常常是先知道所以然，然后才确定去做什么和如何做。”❶ 科学对技术进步的作用在 18 世纪就开始显现，19 世纪日益增强，技术上的重大突破在很大程度上越来越取决于科学发展和应用的水平。在新技术的研究开发中，人们会不断遇到“是什么”“为什么”的问题，只有解决了这些问题，技术才能成熟，才能发展，才能向生产力转化。20 世纪下半叶兴起的信息技术、生物技术、空间开发技术、海洋开发技术、新能源技术、新材料技术、新制造加工技术等高新技术群落都是建立在现代科学理论发展的基础之上的。❷

最后，现代技术的科学化表现为实验室研究在技术活动中越来越重要，技术发展依赖于实验室研究。实验室研究是近代自然科学的一个基本特征，近代自然科学也称为实验科学。实验室研究不仅是科学家获得关于自然界的规律性知识的基本手段，也是现代技术发明和技术进步的主要途径。工业革命初期，多数发明都是个人发明家的创造，但随着科学技术的发展，越来越多的发明出自实验室。1876 年，爱迪生在新泽西州的门罗公园建立了第一个工业研究实验室。到 1910 年，该实验室获得了白炽灯、电影、留声机等 1328 项专利，平均每 11 天取得 1 项。❸ 美国贝尔实验室是数据型网络、晶体管、

❶ 远德玉，丁云龙. 科学技术发展简史［M］. 沈阳：东北大学出版社，2000：316－317.

❷ 陈筠泉，殷登祥. 科技革命与当代社会［M］. 北京：人民出版社，2001：91.

❸ 清华大学自然辩证法教研组. 科学技术史讲义［M］. 北京：人民出版社，1982：179－180.

移动电话技术、太阳能电池、激光器、语音信号数字传输、通信卫星等许多重大发明的诞生地。自1925年以来，贝尔实验室共获得两万五千多项专利。

3. 复杂性

传统技术依赖于直观诀窍与手工经验。传统技术在生活中可以被人们直接观察和利用，与人们的身体感官以及日常生活存在密切联系。无论是用斧头砍伐树木，还是用渔网捕鱼，人们总是可以通过亲身的感官观察与勤加练习，在不自觉地运用科学原理的情况下了解与把握某种技术的结构和功能。

与传统技术相比，现代技术的科学原理、运行机制与内部结构具有非直观的特征。“与工匠技术的不是很专门化的特征相反，高度发达的现代技术工艺是建立在多种子系统的复杂交互作用上的，这些子系统都各自承担特定的任务。其中任何一个出了故障，往往会使整个系统失效。”❶ 现代技术的复杂性，不仅表现为技术系统内部各要素相互作用的复杂情况，也表现为任何一种技术的产生都与其他技术相关联，各种技术之间的相互依存、相互渗透、相互影响使得任何一项技术都不可能孤立地发展。以内燃机为例，没有炼钢技术提供优质钢材作为原料，没有各种机床提供机械加工工具，没有石油的开采和炼制提供汽油、柴油等能源，内燃机的诞生是不可能的。而内燃机的发明不仅为各种交通运输工具提供了强大的动力，导致了汽车制造业的兴起，也使农业生产技术产生了重大革命。内燃机不仅广泛用于军事目的，而且广泛用于发电、排灌、机械工程、地质钻探等许多重要的领域。

现代技术的复杂性与现代技术的机械化、科学化密切相关。依赖于科学知识与实验室研究的现代技术，其运作原理是经由抽象的、复杂的一系列科学的规律演绎而成，这是很难直接观察、感知的。由于现代机器的机械自动化，往往一个按下某个按钮的动作就能操控一系列巨大的机器的运转，但一旦机器本身出了问题，机器的使用者或操作者一般束手无策，必须依赖于专门的维修技术人员。现代技术的复杂性使得劳动分工越来越细，各个“分工”之间相互不了解。对于机器使用者来说，机器功能的作用是明显的，但其运行原理及其内部结构却具有复杂性，使用者对正在运行的机器往往只知其一

---

❶ F. 拉普. 技术哲学导论［M］. 刘武，等，译. 沈阳：辽宁科学技术哲学出版社，1986：108.

不知其二。

现代技术的复杂性使得集体协作越来越重要。传统技术是简单、直观的，手工工具直接由人来控制，所以传统技术能够达到自给自足的外部技术目标，作为工匠的师傅和徒弟能够个人单独地成为某种精湛技艺代表的典型。现代技术的许多成就则是集体活动的结果。“现代技术产生于工程师（如情况需要也包括科学家）的集体努力，他们运用自己的专业知识和专长，创造并逐步研制新产品直至投入常规生产。”❶ 从更广泛的层面上来讲，某项技术得以平稳运行也不可能只依靠科学家或工程师，除了科学规律的描述、工程规则的制定、工程师的生产活动以外，还包括使用者的运用过程以及维修人员的参与等。

4. 速新性

现代技术的速新性是指现代技术有不断创新、发展迅速的性质。传统技术不仅受到自然条件、四季变更、气候环境等的限制，而且依赖过去的经验传统以及师徒个人经验的传承，技术传承成为传统技术得以维持、发展的重要因素。过去的经验与传统、现在的需要与使用成为传统技术的核心。“在传统社会，人们生活于前人——100 年前甚至 1000 年前的人——所制造和发明的技术之中，从事前人已从事过的工作，使用前人所使用过的工具，并将这些工作和工具几乎原封不动地传递给下一代，只对其中某些技术活动或技术产品做微小的改动。尽管个别发明家会对某项技术做出重大的自改乃至全新的发现，但这一修改或发现对整个社会生活的影响在短时间内基本上是微不足道的。”❷ 传统技术不仅着眼于过去而且着眼于现在，如果从过去继承下来的技术能够维持现有的生存与生活需要，那么对于技术的创新以及未来的把握不那么热衷也是理所当然的事。人们“宁愿尽力去完善操作手法和个人技巧，也不愿把精力花在一件性能更为良好的设备上”。❸ 现代技术则不满足于循规蹈矩与维持现状，它要求不断突破现有的藩篱达到更高要求水准。对持续的技术进步、创新的渴望成为现代技术的主旋律。工业革命以来的两百多

---

❶ F. 拉普. 技术哲学导论［M］. 刘武，等，译. 沈阳：辽宁科学技术哲学出版社，1986：6.
❷ 舒红跃. 技术与生活世界［M］. 北京：中国社会科学出版社，2006：156.
❸ 让－伊夫・戈菲. 技术哲学［M］. 北京：商务印书馆，2000：121.

年时间里，技术发明、技术改进的成果远远超过了传统技术几千年发展的成果。

利用科学知识与自然规律的现代技术明显具有预测的性质，这为现代技术不断追求变革与创新提供了可能性。现代技术追求效率，不断以最少的时间取得最大的成果，导致了对技术进步的不懈追求，而对技术进步的追求必然要着眼于不断的技术创新。追求技术创新不是自古以来就有的，传统技术的创新总是为了某个特定目标，仍旧归属于手段范畴。与传统技术的不同，现代技术的创新本身成为一个目的，即为了创新而创新，创新本身成为一种价值。“由于技术活动潜力的不断增加，使生活内部和外部条件已经完全改变了。技术的进步被当作最高的价值和绝对的衡量标准”。❶ 现代技术对创新与进步的要求使人们的目光转向未来，对未来的预测成为现代科学技术的功能之一。可以毫不夸张地说，有什么样的技术，人类就有什么样的未来。对传统技术来说非常重要的过去的经验与传统，在现代技术看来是无足轻重的，其范围也不再局限于生存和生活需要。各种技术设备的不断研发充分地体现了现代技术面向未来的特征，不断更新的军备技术是其典型，军备竞争不是日常生活的需要，而是为了预防未来的某个事件，为将来服务。

5. 单一性

传统技术是一种综合性技术，它与日常生活中的宗教、信仰、礼仪等文化因素相关联，并受到它们的影响和限制。传统技术的综合性造就了其多样性，不同地理环境、文化风俗地区的技术也因此千差万别。传统技术在目的上包含大量的巫术、游戏、乐趣等意味，如希洛的寺庙开门机械，它体现的戏剧效果产生了令人叹为观止的景象❷。

现代技术是一种单一性技术，它只遵循客观的自然规律和工程规则，不以人的喜好憎恶而改变。现代技术不断地把巫术、宗教等传统文化的价值所扮演的角色弱化，消解神的意义，从而确立自身的世俗化权威及其作为意识形态的统治。

---

❶ F. 拉普. 技术哲学导论［M］. 刘武，等，译. 沈阳：辽宁科学技术哲学出版社，1986：133－134.

❷ 布鲁诺·雅科米. 技术史［M］. 蔓君，译. 北京：北京大学出版社，2000：73－74.

首先，这种单一性表现为技术目的的单一性，效率成为现代技术活动的唯一目的。现代技术遵循的是一种对效率极其推崇的思维逻辑，效率主宰人类一切的生活，效率使整个现代社会提速，用最少的时间完成更多的事，对效率无益的东西被避免、排除。

其次，现代技术的单一性体现在生产过程上，即生产过程的机械运行的单一化与非人性化。遵循某种规则不断重复单一的无机运动取代了千变万化的多向度的有机运动，人们不断地被迫适应机械的运作方式，身体动作的自主性在机器的运转过程中被最大限度地弱化。

最后，现代技术的单一性也体现在技术结果上。以建筑为例，中国古代建筑弯曲的瓦面、凸起四角的尖顶、细节之处精致巧妙的图案及其木头材质；古希腊定型的柱式、山花墙装饰、强调人体美的雕刻及其石材建筑；古印度的穹式圆顶、弧形尖塔、圆雕装饰的轮廓及其泥砖或石质材质，等等，不同的地理环境和文化背景使满足人们物质生活的衣食住行中的“住”千姿百态。而现代建筑，到处是贴满了瓷砖、镶嵌着玻璃的方正的混凝土高楼大厦。利润的诱惑在建造过程中取代对宇宙以及神灵的崇拜与向往，偶尔的建筑特色也是为利润服务，以最少的付出得到最大的收益是无可替代的指导原则。

6. 普遍性

现代技术的普遍性是指现代技术具有超越民族、地域、国别的性质。

首先，从现代技术本身来看，现代技术的普遍性表现为技术标准的国际性，铁路要求不同的国家有同样的路基，航空要求不同的地区有同样的技术构造，与国际技术标准不相符合，就必须修改技术标准。

其次，从现代技术的传播来看，现代技术伴随着商业和战争不断地扩张，从一个国家传播到另一个国家。所有国家，不管它们的文明程度如何，都倾向于应用同样的技术程序，并不是只有“文明”人才能使用技术，也不是要求西方化才能利用技术。现代技术表现出了一种“超文化”结构。传统技术有明显的民族特色和区域特点，而且发展道路也不一样，而现在一切都跟现代技术结盟，都沿着同样的轨迹发展。如果说，传统技术依赖于其各异的社会文化因素，那么现代技术的普遍性则进一步印证了技术对文化的侵蚀。正如拉普所言，“与现实的技术转移一起，总要发生某种文化转移”❶。

最后，从现代技术影响的领域看，现代技术渗透到人类所触及的一切自然领域，远至宇宙空间，近至家庭环境。“现代技术的普遍性意味着实际上没有任何物质活动领域，不受技术产品和过程的这种或那种影响。”❷ 人类的衣食住行、生老病死无不打上现代技术的烙印。现代技术已经渗透到政治、经济、文化等社会生活的一切领域。现代技术推动政治制度、经济形式、生活方式、传统文化、社会结构与社会形态的变化。它破坏道德框架，动摇旧的信仰，推翻社会和宗教戒律，使人和事物非神圣化。文明的所有要素日渐被现代技术所控制，连人自身也成为它的目标。现代社会中的一切都臣服于技术，没有什么能够和它抗衡。

7. 强制性

传统技术“顺其自然”，人们在自然的框架内发挥主体能动性，以内在于自然的方式，在自然的统治权限内从事“利用性”的技术活动。与科学相结合的现代技术则站在了自然的对立面，人们外在于自然，以自然为对象进行“征服性”的技术活动。征服意味着强制，通过实验室，人们创造一些自然界本身不存在的条件，强制自然在人为的控制下交出其最深的秘密。

首先，现代技术不但强制自然界为人的目的做出改变，而且潜移默化地对人及其生活世界进行强制性地改变。“出于种种原因，现代技术需要计划和控制。有一些原因是技术性的，因为只有通过极周密的计划和实施办法，日趋复杂的技术系统才能发挥其效能。其次，由于技术发展过于活跃，迫使社会强制实行某些反措施和控制手段，以预防技术的不良后果的无限蔓延。最后，必须提到的是伴随技术化过程出现了人们情愿接受计划和控制的心理状态。随着技术变成一切生活领域中的决定力量，人们逐渐把它当作理解社会历史过程的模式，以便根据技术可行性来考察社会条件甚至整个历史。与这种技术思维方式相一致，人们甚至把计划和可行性应用于人类本身。”❸ 现代技术作为一种复杂的系统拥有自己的运行规律，在其平稳的运行过程中，人

❶ F. 拉普. 技术哲学导论［M］. 刘武，等，译. 沈阳：辽宁科学技术哲学出版社，1986：139.

❷ F. 拉普. 技术哲学导论［M］. 刘武，等，译. 沈阳：辽宁科学技术哲学出版社，1986：132.

❸ F. 拉普. 技术哲学导论［M］. 刘武，等，译. 沈阳：辽宁科学技术哲学出版社，1986：127.

被要求无条件地适应它，甚至人的自发行为被作为一种障碍加以排除，“要达到最高度的技术完善，人必须是自己服从他的创造物的要求”❶。

> 传统技术植根于有机的生物学的领域（骑能载重的动物和牲畜、工艺、人体气力、风能和水能），因此能轻而易举地与人类的步伐和生活的节奏协调一致。在现代技术的产物中产生的无机的机械的过程就不同于此了，它们有着自己的逻辑。现代的技术过程和系统被设计成这样，即如果我们想要获得它们的最大效益，就必须遵循它们的功能原理（分工、标准化、适应于流动性机械过程、轮班，等等）。我们创造出物质设备来扩展自身的物理能力。所产生的技术系统和我们的躯体相分离，并有其自身的存在。因此我们不能再像支配一只榔头那样来直接支配和控制技术系统。我们不得不为现代技术系统的效率付出代价，即在一定程度上允许它们强制我们。现代技术发展的程度如此之高，以至于其设备要求对所面临的技术过程完全专一和适应。正如已经出现的情况那样，这种统一化的力量被融进了现代技术系统的结构和过程之中。❷

人们依赖现代技术，现代技术在人类生活中已经成为一种不可能被摆脱的强制性的力量。现代技术取消了人们拒绝使用技术的可能性，主要表现在具体生活中技术的强制使用上。例如手机和计算机，这两种技术几乎已经渗透到一切现代人的生活之中，人们无法离开它们。现代技术就是以这样一种使人依赖的强制性方式潜移默化地改变着人，迫使人按照技术本身的内在运行规律进行活动。传统技术服从于形而上学与神学，形而上学和神学左右着人们的思想并赋予人所作所为的依据。现代的技术则取代了形而上学与神学的位置，以其垄断的特性规定人们的生活。

现代技术的上述特征不仅使技术与文化的关系发生了根本性的改变，也使现代技术的传播及其文化影响有别于传统技术。不论是在器物、制度，还是在观念层次上，现代技术的传播都对接受现代技术的当地社会文化产生了深远的影响。

---

❶ F. 拉普. 技术哲学导论［M］. 刘武，等，译. 沈阳：辽宁科学技术哲学出版社，1986：44.
❷ 拉普. 技术传播带来文化异化吗［J］. 现代外国哲学社会科学文摘，1990（5）：6－9.

第二章　贵州少数民族村寨的现代技术传播概况

少数民族村寨的现代技术传播涉及生产生活的各个方面，包括有组织的技术传播和无组织的技术传播。有组织的技术传播主要是农业技术推广，无组织的技术传播则主要是现代技术产品及其使用的各种相关技术的传播。

一、技术传播的概念、内容与形态

技术传播是人类社会传播的一个重要方面。尽管技术传播与技术的产生、发展相伴而生，和技术一样有着悠久的历史，但对于技术传播的研究却是近几十年的事。关于技术传播，至今没有一个共识性的定义，对技术传播的内容、形态等的研究也相当薄弱。因此，技术传播的概念需要界定，现代技术传播的内容与形态有必要予以说明。

1. 技术传播的概念

技术传播，顾名思义就是技术的传播，即技术从一个社会空间向另一个社会空间的流动、扩散、转移。由于学界对技术传播的研究起步较晚，除了对农业技术传播的研究相对比较集中外，更多的关于技术传播的研究分散在对科学传播、科技传播、技术引进、技术转让、技术转移、技术扩散和技术推广的研究中。为了明确技术传播的概念，我们有必要把技术传播与这些相关的概念进行比较。

（1）技术传播与科学传播、科技传播

学术界对“技术传播”“科学传播”和“科技传播”三个概念并没有统一的理解。有学者用“科学传播”指代“科技传播”，将科学传播定义为“指科技知识信息通过跨越时空的扩散而在不同个体间实现知识共享的过程”❶，包括专业交流、科技教育、科学普及、技术扩散四个基本方面。也有学者认为“科学与技术有很大区别，科学传播与科学技术传播、技术传播不能混为一谈”。在谈到科学传播时，往往说明自己“强调的是科学观念和科学事实的方面，不更多涉及实用技术的普及”，“即使谈技术的传播问题，也限于观念层面”。❷ 这里的基本问题是：“科学传播”“技术传播”“科技传播”这三个名称究竟是可以互指的同一个概念，还是三个有区别的不同的概念？“科学传播”与“技术传播”究竟有无区别？为什么人们有时用的是“科学传播”这个名称，但实际上指的却是包含“技术传播”的“科技传播”，而有时用的是“科技传播”这个名称，但实际上指的仅是“科学传播”？要弄清楚这些问题，就必须从科学与技术的区别与联系或从“科技”一词开始分析。

“科技”一词在英语里对应的是“科学”（Science）和“技术”（Technology）两个不同的概念。尽管“科技”一词在汉语里的广泛使用让人们觉得“科学”和“技术”似乎是一回事，但实际上，“科学”和“技术”仍然有着很大的区别。对“科学”和“技术”的区别，有学者从“评价”“承认”“交流”三个社会学的层面进行了分析❸，也有学者从“基本性质和功能”“要解决的问题和结构组成”“研究的过程与方法”“相邻领域和相关知识”“实现的目的和结果”“衡量的标准”“研究过程和劳动特点”“人才的素质和成长”“发展的过程和水平”“社会价值”“意义和影响”11 个方面进行了详细阐述❹。“科学传播”与“技术传播”的区分正是源于科学与技术的这些区别，从这个意义上看，将“科学传播”与“技术传播”区分开来是必要的。

尽管科学和技术有着重要的区别，但“科技”一词的使用仍然有其合理

---

❶ 翟杰全，杨志坚. 对“科学传播”概念的若干分析［J］. 北京理工大学学报（社会科学版），2002（3）：86－90.

❷ 刘华杰. 整合两大传统：兼谈我们所理解的科学传播［J］. 南京社会科学，2002（10）：15－20.

❸ 张彦. 论科学与技术在社会学上的三个主要区别［J］. 南京社会科学，1998（8）：29－34.

❹ 陈昌曙. 技术哲学引论［M］. 北京：科学出版社，1999：162－168.

性。“科技”一词使用的合理性在于它反映了当代科学技术发展的一种趋势，即“科学技术化”“技术科学化”和“科学技术一体化”。科学与技术的关系在当代社会日趋紧密，科学与技术的界限越来越模糊。一方面，在总体的科学活动中包含大量的技术研究，科学的发展日益依赖先进的技术手段，没有一定的技术条件，科学活动很难进行；另一方面，技术进步以科学进步为先导，技术从以经验为基础转向以科学为基础，技术活动已经科学化，科学对技术创新起着规范与指导作用，许多高新技术直接源于最新的科学发现。正是在这样一种发展趋势中，人们往往用“科技”一词既指称科学，又指称技术，而不去细究二者的区别。也正是在这样一种发展趋势中，如果仅仅从传播的内容上严格地区分科学传播和技术传播是几乎不可能的，也是不必要的。正如有的学者指出，科学传播和技术传播的区别不在于传播的内容，而在于传播所要实现的目标和任务以及传播过程的相关方面。

> 科学传播的目标和任务是促进公众对科学技术的意识、愉悦、兴趣、理解，拥有自己关于科学技术的观点，技术传播的目标和任务是促进人们对技术（包括科学）的知晓、兴趣、理解、学习、应用和使用。传播目标和任务的不同是科学传播与技术传播之间最重要的区别之一。而传播目标和任务的这种差异，又会影响科学传播与技术传播的其他一些方面，使它们在诸如技术在传播中的角色、传播中流动的关键信息、传播面对的对象群体、传播的途径渠道等方面产生差异。❶

很多以“科技传播”冠名的研究实际上仅是对科学传播的研究，即使是涉及技术，也仅是把技术作为一种知识来研究其传播。技术传播固然涉及技术知识的传播，这里的技术知识包括两类基本知识，即专业性知识和操作性知识，前者涉及技术的内在机理，后者涉及对技术的操作和使用。然而，技术总是“做什么”和“怎样做”的问题，总是与具体的器物和操作性活动相联系。如果说科学传播是促使社会公众理解科学、参与科学事务，是面向全体公众的一种公共传播，那么，技术传播则是促使特定的公众了解技术、掌

❶ 翟杰全. 科学传播和技术传播［J］. 科普研究，2009（6）：5-9.

握技术、使用技术，成为技术的用户，技术传播总是面向技术的实际用户或潜在用户，总是与一定的经济利益相联系。

从实践上看，人们既笼统地使用“科技”指称科学或技术，但又并没有完全将二者混为一谈。例如，我国立法既有侧重于科学传播的《中华人民共和国科学技术普及法》（简称《科普法》），也有专门针对技术传播的《中华人民共和国农业技术推广法》（简称《农业技术推广法》）。科普法虽然说的是科学技术普及，但偏重科学，其宗旨是通过普及科学技术知识、倡导科学方法、传播科学思想、弘扬科学精神来提高公民的科学文化素质。而农业技术推广法虽然也提技术普及，但其宗旨是促使农业技术成果尽快应用于农业生产，保障农业的发展，实现农业现代化。可见，尽管技术传播与科学传播关系非常密切，但二者并不能相互涵盖与替代。

（2）技术传播与技术引进、技术转让、技术转移、技术扩散、技术推广

技术引进一般是指技术落后的国家为了本国的社会发展，从技术先进的国家引进自己需要的技术。我国国务院 1985 年 5 月颁布的《技术引进合同管理条例》第二条对技术引进作了这样的定义：“本条例规定的技术引进是指中华人民共和国境内的公司、企业、团体或个人（以下简称受方），通过贸易或经济技术合作的途径，从中华人民共和国境外的公司、企业、团体或个人（以下简称供方）获得技术，其中包括：（一）专利权或其他工业产权的转让或许可；（二）以图纸、技术资料、技术规范等形式提供的工艺流程、配方、产品设计、质量控制以及管理等方面的专有技术；（三）技术服务。”技术引进有三个明显的特征。其一，技术引进是技术在不同国家之间的转移，技术引进的双方当事人分属不同的国家。其二，技术引进侧重“纯技术”或“软技术”的引进，单纯的设备进口一般不能称为技术引进。“引进先进技术设备不应包括在技术引进范畴”❶，“对纯技术引进和设备进口加以政策上的区别是必要的”❷。国务院 1981 年 1 月颁布的《技术引进和设备进口工作暂行条例》规定，根据实际情况少量进口的必需的、见效快的单台设备不能享受国

---

❶ 阎廷枢，徐权．论确立科学的技术引进概念及其意义［J］．决策借鉴，1990（1）：12－15.

❷ 孔德堋．关于技术引进概念的探讨［J］．中国软科学，1990（3）：36－38.

家给予引进技术的优惠[1]。其三，技术引进有着特定科技、经济、社会目标[2]，涉及国家政策层面，不少国家对技术引进都有一定的优惠政策。

技术转让是拥有技术的一方将技术转让给需要但不拥有该项技术的另一方，这种转让一般是有偿的。技术转让的实现必须满足两个前提条件：一是存在转让技术的双方当事人，二是以法律关系为基础变更技术的使用权和所有权[3]。技术转让包括国内技术转让和国际技术转让。技术引进实际上是一种国际技术转让，但国际技术转让不具有技术引进的政策含义，它主要是一个贸易和法律上的概念。

技术转移最早和技术转让的意思基本相同，都来自英语“Technology Transfer”，但技术转移的概念后来有了扩展。现在一般认为，“技术转移是围绕某种技术类型产生的某种技术水平的知识群的扩散过程，这一过程可以在地理空间上进行，也可以在不同领域、部门之间进行”[4]。换句话说，技术转移是指某项技术从一个“场”应用于另一个不同质的“场”的过程[5]。技术转移的含义扩大了，变成了一个宽泛的概念，而技术转让成了技术转移的一种形式。技术转让强调的是技术使用权利的转移，而技术转移不仅包括权利的转移，也包括空间的转移[6]。

技术扩散又称为技术创新扩散，可以简单地定义为“技术从一个地方运动到另一个地方，或从一个使用者手中传到另一个使用者手中”[7]。技术扩散与技术转移的含义比较接近，二者的主要区别在于：技术转移往往是一种有明确的目的和对象的经济行为，而技术扩散还包括无意识的技术传播[8]；技术扩散更强调时空概念和技术的外部效应，常常与技术外溢相联系[9]。

---

[1] 王新彪．技术引进的基本概念探讨［J］．国际贸易，1986（2）：43－45.

[2] 李喜岷．论技术引进的目标范畴与概念体系［J］．科学管理研究，1991（1）：52－54.

[3] 范小虎，陈很荣，仰书纲．技术转移及其相关概念的涵义辨析［J］．科技管理研究，2000（6）：44－46.

[4] 雷李军，傅正华．技术转移概念的引进和发展［J］．企业改革与管理，2006（7）：28－29.

[5] 王世良．技术转移概念刍议［J］．管理工程学报，1987（1）：31－73.

[6] 陈丽珍，王术文．技术扩散及其相关概念辨析［J］．现代管理科学，2005（2）：56－57.

[7] 杜长征，杨磊．技术创新、技术进步与技术扩散概念研究［J］．经济师，2002（3）：43－44.

[8] 范小虎，陈很荣，仰书纲．技术转移及其相关概念的涵义辨析［J］．科技管理研究，2000（6）：44－46.

[9] 庄丽娟，庄立．技术转移与技术扩散的概念界定和关系辨析［J］．科技管理研究，2006（8）：225－226.

技术推广是针对特定的技术领域而言的，一般指农业技术推广。我国《农业技术推广法》对农业技术推广作了这样的界定：“本法所称农业技术推广，是指通过试验、示范、培训、指导以及咨询服务等，把农业技术普及应用于农业产前、产中、产后全过程的活动。”技术推广是技术扩散的一种途径，它是依靠政府的力量所进行的一种技术扩散或技术转移。

从传播学的角度看，技术引进、技术转让、技术转移、技术扩散、技术推广都是通过与技术发明完全不同的路径获取、利用的技术的过程，都是技术的一种传播形式。“现实中的技术传播在形态和形式方面更具多样化的特征，技术转让、专利购买、技术引进、技术合作、研发外包、技术并购、技术投资、技术扩散、创新扩散、技术学习、技术服务、技术交流、技术推广、技术展示以及合作生产、许可证贸易、国际技术援助、交钥匙工程、专业人员流动都可以成为技术传播的具体手段。”[1] 技术引进、技术转让、技术转移、技术扩散和技术推广实际上都是技术传播的不同侧面，但又不是技术传播的全部；对技术引进、技术转让、技术转移、技术扩散和技术推广的研究从不同的角度揭示了技术传播的过程和机理，但又没揭示技术传播的全部内容。

2. 技术传播的内容

技术传播涉及两个核心的概念：“技术”和“传播”。“传播”的概念一般没有什么争议，而对“技术”的理解则因人而异，对“技术”的不同理解导致人们对技术传播的不同理解。

现代人其实是生活在一个由技术构筑的社会中，人们几乎每天都和技术打交道。尽管如此，要给技术下一个明确的公认的定义却不是一件容易的事情。关于技术的定义不下百种，一一列举这些定义既不可能，也没有必要。常见的比较典型的技术定义有“知识说”“手段说”“工具说”“应用说”“方法说”“抉择说”“技巧说”“过程说”“行动说”“结合方式说”等。技术哲学史上曾出现过有关技术的不同定义方法，如本质性技术定义、约定性技术定义、报告性技术定义和概述性技术定义等。[2]

[1] 翟杰全. 科学传播和技术传播［J］. 科普研究，2009（6）：5－9.

[2] 参见导论注释。

随着对技术定义探讨的深入，越来越多的学者发现，把技术归结为一种知识、手段、工具、方法、过程或科学的应用等，虽然从不同角度指出了技术的某种属性，但对于描述技术来说都是片面的。于是，当不少学者仍旧倾向于试图在借鉴前人的技术定义的基础上给技术下一个准确而又简要明了的定义时，也有部分学者开始转变思维方式，放弃给技术下定义，选择从各个方面去描述技术。例如，有的学者通过考察技术一词在汉语、英语、德语、法语中的发展变化，指出技术大体包括四个方面的意思："第一，与个人身体实践相关的技巧、技能、技艺、技法；第二，体现在行动和做事情之中的方法、手法、途径；第三，物化了的工具、设备、设施、装备；第四，工业技术、工程技术、应用现代科学的现代技术。"❶ 让-伊夫·戈菲从技术满足的标准来描述，提出了五条标准：第一，技术的文化特征，即由于技术的应用，人们已处于那种可以用另一种方式（非本能）生存的境遇中；第二，技术是后天获得的，而不是天赋的；第三，技术不是以孤立状态存在的，它只能以一种多变复杂的技术集合体的形式存在；第四，人类相对缺乏一些受限本能——没有抵御严寒的皮毛，也没有捕杀猎物的利爪——而这一可塑性使他们得以进入技术领域；第五，一些技术是可以看见的，体现在某种物质上，另一些技术是看不见的。❷

通过从不同的角度对技术进行描述，我们对技术基本上可以形成这样的认识：技术是人的一种实践活动，这种实践活动离不开工具、机器、设备、设施、装备等一定的物质实体（纯粹的精神活动不是技术，即不存在所谓的精神技术或思维技术），工具、机器、设备、设施、装备等既是技术活动的必要条件，又是技术活动的成果，因而应被看作是技术的组成部分或物化的技术；这种实践活动离不开人的经验（包括技能）、知识，当然，不同历史时期，人们的经验（包括技能）、知识在这种实践活动中所起的作用是不一样的。

从系统的观点看，任何技术都是一个系统，这个系统的构成要素有经验形态的，有实体形态的，有知识形态的。换句话说，技术实际上就是经验、

---

❶ 吴国盛．技术释义［J］．哲学动态，2010（4）：86-89.

❷ 让-伊夫·戈菲．技术哲学［M］．董茂永，译．北京：商务印书馆，1998：16-22.

实体、知识在人的实践过程中的动态组合。由此看来，技术传播的内容实际上包括技术经验、技术实体和技术知识。

技术知识的传播是技术传播研究关注得最多的内容，特别是在技术引进、技术转让的研究中，甚至出现将技术知识的传播等同于技术传播的现象。世界知识产权组织（WIPO）、联合国经济合作发展组织（OECD）从维护知识产权的角度出发，都将技术定义为一种知识。这里的技术知识主要是指专有技术、专利等信息，包括技术数据、标准、图纸、配方、技术说明书、技术许可、维护手册等。世界知识产权组织 1977 年《供发展中国家使用的许可证贸易手册》这样定义技术知识："技术是指制造一种产品的系统知识，所采用的一种工艺，或提供一项服务，不论这种知识是否反映在一项发明、一项外观设计、一项实用形式或者一种植物新品种，或者反映在技术情报或技能中，或者反映在专家为设计、安装、开办或维修一个工厂或为管理一个工商企业及其活动而提供服务或协助等方面。"这些技术知识又可以分为专业性知识和操作性知识两大类，前者涉及技术的内在机理，后者涉及对技术的操作和使用。不可否认，技术知识是技术的构成要素中的一个重要部分，特别是在现代技术的构成要素中，技术知识的重要性是不言而喻的，但无论是从历史还是从现实的角度看，它都不是技术的全部，因为技术总是"做什么"和"怎样做"的问题，总是与具体的器物和操作性活动相联系。

随着现代技术的自动化和智能化程度的不断提高，技术经验在现代技术的要素构成中已越来越不重要，但它仍然是现代技术的传播的一项主要内容，因为技术总要涉及操作和使用，而操作和使用就必然与经验相关。而且，由于技术发展在各个领域的不平衡，不同的技术涉及使用和操作的程度也各不相同，有的涉及技术经验较多，有的涉及技术经验较少。

技术实体的传播是指技术产品、技术设备、零部件等的传播。如果说技术知识和技术经验的传播是技术软件的传播，那么，技术实体的传播则是技术硬件的传播。技术实体大体上可以分为两类，一类是生产性的技术实体，一类是消费性的技术实体。前者大多可称为技术设备或技术工具，而后者是一般的技术产品。还有一些技术实体既是生产性技术实体，也是消费性技术实体，如电脑，但人们通常把它看作是一般的技术产品。

在技术传播研究中，消费性的技术实体的传播被众多的研究者所忽视。

技术传播研究所关注的专业性知识和操作性知识大多是与技术设备或技术工具相关的。技术传播的接受者可以通过学习掌握专业性知识，了解技术的原理和细节，如企业可以借此提升自身的技术能力；技术传播的接受者也可以通过学习掌握操作性知识，知道如何操作使用一项技术，尽管这种学习并不涉及技术的内在机理。对于消费性的技术实体，即一般技术产品，研究者往往将它看作一般商品，并把这种商品的传播排除在技术传播之外。这种技术传播的观点是不全面的。技术产品本身也是一种物化的技术，有些产品可以通过反求工程掌握生产这种产品的技术；技术产品的传播也可能涉及一些操作性知识，不掌握这种操作性知识，就不能使用该技术产品，如电脑；技术产品的传播过程中总是有相关的知识伴随着传播，因为技术产品总是物化了一定的知识。可见，一般技术产品的传播也属于技术传播的范畴，尽管其技术含量可能很低。如果我们对技术传播的研究不局限于经济学或工程学的视域，而是把它看成是人类在一定的社会文化背景下进行的有意识的活动，那么，技术传播就不仅是一项技术工程，同时也是一项社会工程。从技术与社会互动的视角看，技术产品的传播往往对一个地方的社会生活、传统文化产生深远的影响，这在经济社会发展比较落后的少数民族地区显得尤为突出。因此，对技术传播的研究不应忽视一般技术产品传播的研究。在实际的技术传播的过程中，特别是在民族地区的科技传播过程中，最先被人们接受的往往是技术产品。无论是对民族地区的技术传播而言，还是对民族地区的文化变迁而言，一般技术产品传播的研究都有十分重要的意义。

3. 技术传播的基本形态

从传播学的角度看，技术传播的基本要素除了上述的传播内容外，还有传播者、受众和传播途径。从受众的角度看，技术传播可以分为面向技术机构的传播和面向技术个体的传播，具体又可细分为四种基本形态：社会组织之间的技术传播、社会组织内部的技术传播、面向用户群体的技术传播和社会个体之间的技术传播。每一种形态的技术传播的渠道各不相同。“社会组织之间的技术传播发生于两个或多个社会组织之间，属于组织传播的一部分，包括公司企业、政府机构、大学组织、科研院所在内的社会组织是当代社会结构中最为重要的一类技术供给者和技术需求者，是社会技术传播网络最重要的参与主体。”[1] 社会组织之间的技术传播的主要渠道是技术转移。在现实生活中，技术转移的具体形式是多种多样的，包括技术转让、技术引进、技术并购、技术投资、技术服务、技术援助、专利购买、研发外包、许可证贸易、交钥匙工程等。“社会组织内部的技术传播发生于社会组织内部，是组织内部部门、团队、成员之间交流、分享技术知识与经验的过程。组织内部的技术传播促进技术在组织内部不同部门、不同团队、不同成员之间进行转移和扩散。”[2] 社会组织内部的技术传播的主要渠道是技术学习，这里的技术学习主要是指组织内部的技术学习。当某个组织获得某项新技术，不论这项技术从外部获得，还是从内部产生，使用技术的组织成员，只要不是亲自参与创造这项技术，都需要通过学习掌握该项技术。“面向用户群体的技术传播发生于新技术、新产品、新服务进行市场和社会推广的阶段，最典型的莫过于高新技术企业为推广新技术、新产品而面向市场用户开展的各类传播活动，通常与整合传播营销活动结合在一起。”[3] 面向用户群体的技术传播的主要渠道是技术与创新扩散，即技术从某个特定的组织向其他组织用户和市场上的消费者扩散，以便扩展技术应用的范围，使技术产品为更多的消费者所使用，其特点是面对的用户对象具有数量大、分散化的特征。“社会个体之间的技术传播最主要的类型是发生于消费者群体之内、消费者之间就新技术和新产品交换和传递信息的交流活动。”[4] 技术信息的人际交流是社会个体之间技术传播的主要渠道，它使社会个体了解相关技术，提高技术素质，获得使用技术产品的必要知识与技能。

需要指出的是，虽然从理论上可以把技术传播分为上述四种类型，但无论是社会组织之间的技术传播、社会组织内部的技术传播，还是面向用户群体的技术传播、社会个体之间的技术传播，其传播过程都离不开作为技术主

---

[1] 翟杰全．技术传播：概念、渠道和企业实践［J］．北京理工大学学报（社会科学版），2010（1）：90－94．

[2] 翟杰全．技术传播：概念、渠道和企业实践［J］．北京理工大学学报（社会科学版），2010（1）：90－94．

[3] 翟杰全．技术传播：概念、渠道和企业实践［J］．北京理工大学学报（社会科学版），2010（1）：90－94．

[4] 翟杰全．技术传播：概念、渠道和企业实践［J］．北京理工大学学报（社会科学版），2010（1）：90－94．

体的人，都必须通过作为技术主体的人的学习来实现。不仅社会组织内部的技术传播是通过个体的技术学习来实现的，社会组织之间的技术传播、面向用户群体的技术传播和社会个体之间的技术传播最终都是通过个体的技术学习来实现的。对社会组织之间的技术传播而言，不论哪种技术转移的形式，都需要技术接受方的技术学习；对面向用户群体的技术传播而言，用户群体要成为新技术、新产品的使用者，需要技术学习；对社会个体之间的技术传播而言，获得使用技术产品的必要知识与技能同样需要技术学习。这些技术学习最终都是个体的技术学习，尽管学习的难易程度有很大的差别。

从传播者和传播方式的角度看，技术传播又可以分为无组织的技术传播和有组织的技术传播。无组织的技术传播是民间自发的技术传播，这种自发的技术传播可能是一个机构内部的个体之间的学习交流，也可能是社会个体之间的技术传播。在传统社会中，无组织的技术传播居于主导地位，而在现代社会中，有组织的技术传播居于主导地位。有组织的技术传播又可以分为政府组织的技术传播和非政府组织的技术传播。政府组织的技术传播一般不以营利为目的，如我国的农业技术推广，就是一种典型的政府组织的技术传播，而非政府组织的技术传播则一般是以营利为目的，如企业之间的技术传播。

从技术来源的角度看，技术传播又可以分为本土技术的传播和外来技术的传播。所谓本土技术是指根源于同一社会文化环境的技术，外来技术则是相对于本土技术而言的，它源自不同的社会文化环境。本土技术的传播是在相同的文化环境下进行的，而外来技术的传播则是在不同的文化背景中进行的。从技术与社会的关联上看，本土技术的传播与外来技术的传播在传播模式上有着明显的区别。

> 本土技术的传播是一种交流型的传播，它在社会系统内部沿着自下而上的途径依次传播并产生效应，即：行动子系统层次—制度子系统层次—规范子系统层次—价值观念子系统层次。社会对技术的控制则沿着相反的途径进行，即：价值观念子系统层次—规范子系统层次—制度子系统层次—行动子系统层次。
>
> 外来技术传播模式不像本土技术那样，从行动子系统层次向制度子系统层次、规范子系统层次和价值子系统依次递进。由外部进

入某一社会系统的技术与社会系统的行动层次、制度层次、规范层次和价值层次同时产生相互作用。❶

由于本土技术本身是社会系统的组成部分，在本土技术的传播过程中，技术的输出者和接受者都受同一社会文化传统的影响，技术接受者对新技术相对容易认同和接纳。因而，社会系统对本土技术传播的反映比较温和，本土技术的传播对社会系统的影响是一种渐进的过程。外来技术本身不是社会系统的组成部分，外来技术传播是从一种社会系统流入另一种社会系统，技术的输出者和接受者受不同社会文化传统的影响，存在着文化上的差异。社会系统对外来技术传播的反应相对比较强烈，社会系统的行动层次、制度层次、规范层次和价值层次与外来技术都有可能产生冲突。冲突的结果可能是社会系统不能将外来技术纳入自己的体系，外来技术不被接纳，也可能是社会系统与外来技术都做出一些调整而达到相容，最终外来技术被接纳。因此，外来技术的传播对社会系统的影响不同于本土技术的传播对社会系统的影响，明确这一点对于研究少数民族地区的技术传播无疑非常重要。

二、民族地区的农业技术推广

农业技术推广是指应用于种植业、林业、畜牧业、渔业的技术的推广，这里的农业技术是广义的农业技术，包括良种繁育、施用肥料、病虫害防治、栽培和养殖技术；农副产品加工、保鲜、贮运技术；农业机械技术和农用航空技术；农田水利、土壤改良与水土保持技术；农村供水、农村能源利用和农业环境保护技术；农业气象技术以及农业经营管理技术等。农业技术推广是少数民族村寨技术传播的一个重要方面。

民族地区有组织地引进现代农业技术可以追溯到民国时期。以贵州为例，1938 年 4 月成立的贵州农业改进所，以引进、改良、推广农作物和畜禽品种为中心，开展各种农业技术试验，协助建立区、县农业推广机构。抗战内迁

❶　江昀．论技术传播的社会学机制——兼论我国加入 WTO 后技术引进问题［J］．软科学，2003（1）：2－5.

的教育单位的农科机构也不同程度地在贵州开展农业技术研究与推广工作，取得了一些成绩。

新中国成立后，民族地区的农业技术推广和全国农业技术推广工作一道开始。1952 年农业部制定了《农业技术推广方案》，1955 年又颁布了《农业推广站工作条例》，到 1957 年，已基本形成了覆盖全国的农业技术推广网络。1958 年的“反右”运动和“大跃进”期间，农业技术推广体系受到了很大冲击。1962 年，农业部出台了《关于充实农业技术推广站，加强农业技术推广工作的指示》，新的政策措施使农业技术推广体系得到了一定程度的恢复与发展，但在“文革”期间，农业技术推广体系又不可避免地遭到了更严重的冲击。❶ 改革开放后，我国农业技术推广进入了一个全新的历史性转变时期。1979 年，农林部在全国 29 个县试办县级农业技术推广中心，取得了积极成果。1982 年，农牧渔业部组建了全国农业技术推广总站。1983 年，农牧渔业部颁发了《农业技术推广条例》（试行），对农技推广的机构、职能、编制、队伍、经费和奖惩做了具体规定。1984 年，农牧渔业部颁发了《农业技术承包责任制试行条例》，号召广大农技人员深入基层，开展技术承包活动，用经济手段推广技术。❷ 1987 年，农业部颁发《关于建设县农业技术推广中心的若干规定》，明确指出了县农业技术推广中心的主要任务、建设县农业技术推广中心的基本要求等八项原则。1987 年，农业部、人事部联合颁发《关于贯彻落实国办发〔1988〕11 号文件有关问题的通知》，明确指出了乡镇农业技术推广站、畜牧兽医站、农机管理服务站、农村经营管理站、水产技术服务站等各类技术管理服务站在农业生产发展中起着重要的作用，要求各地尽快建立健全乡、镇农业技术管理服务体系。1991 年，《国务院关于加强农业社会化服务体系建设的通知》出台，该文件明确指出农业社会化服务体系建设的方向和原则，要求各级政府把农业社会化服务体系建设摆在农村工作的重要位置，“八五”期间在县、乡、村三级建立起服务功能比较齐全的农业社会化服务体系。1993 年 7 月 2 日第八届全国人民代表大会常务委员会第二次会议

❶ 王春安，李鹏．我国农业技术推广体系存在的问题及对策［J］．现代农业科技，2009（11）：309－311．

❷ 夏敬源．中国农业技术推广改革发展 30 年回顾与展望［J］．中国农技推广，2009（1）：4－14．

审议通过了《中华人民共和国农业技术推广法》。同年，农业部、林业部、水利部、人事部、国家计委、财政部联合颁发《关于稳定农业技术推广体系的通知》，该文件明确要求各级人民政府切实加强对农业技术推广工作的领导，采取有效的措施，以保持农业技术推广机构和专业技术人员的稳定。1999 年，《国务院办公厅转发农业部等部门关于稳定基层农业技术推广体系意见的通知》颁发。2006 年，《国务院关于深化改革加强基层农业技术推广体系建设的意见》出台。❶ 经过 30 多年的发展，我国逐步建立了中央、省、市、县、乡五级农业技术推广机构，包括农业技术推广、经营管理、畜牧兽医草原、水产技术推广、农机化推广及农业综合服务等机构，形成了上下相通、左右相连的农业技术推广体系。截至 2007 年年底，全国共有农业技术推广机构 103334 个，农业技术推广人员 752441 人，其中县级以下机构及人员数量分别为 98990 个和 679032 人。❷

在全国农业技术推广体系的建设中，民族地区的农业技术推广也得到了充分的发展。民族地区的农业技术推广体系主要由政府主导的公益性机构和准公益性机构组成，包括省、地、县、乡多层次、多功能的农技推广中心（站）和以科技、教育部门为主体的科技推广服务体系等。民族地区的各级农业主管部门下面设有农业技术推广站，以内蒙古自治区为例，截至 2014 年 12 月底，全区共有 4 级种植业技术推广机构 1081 个，其中自治区级 5 个、盟市级 50 个、旗县级 281 个、乡镇级 745 个；全区共有 4 级农技推广人员 10371 人，其中专业技术人员 7722 人，占 74%，共有推广研究员 105 人，高级农艺师 875 人，农艺师 2213 人，助理农艺师 1770 人。❸ 民族地区农业技术推广中心参与制订并组织实施当地农技推广计划，改良耕作制度，测报和防治重大动植物病虫害，检验监督种子、种苗、种畜的质量，承担相关社会公益性职能。

除了农业主管部门下属的农业技术推广机构外，科技部门下属的少数民族科普工作队也结合科技项目的实施推广农业技术，有的科普工作队组织专

---

❶ 农业技术推广体系建设大事记［J］. 农业技术与装备，2008（3）：40.

❷ 杜丽华. 加强农业技术推广体系建设的对策［J］. 中国农学通报，2011（11）：176－180.

❸ 内蒙古农业技术推广网. 单位简介［EB/OL］.［2015－12－15］. http：//nytg. nmagri. gov. cn/dwgk/dwjj/index. shtml.

业技术人员编印《小麦种植技术》《水稻种植技术》《玉米种植技术》《水产养殖管理技术》《林果栽培管理技术》《畜牧养殖技术》等农业科普系列丛书，有的科普工作队与科研院所及高校的专家合作开展无公害蔬菜生产、病虫预防法、嫁接技术、粮食作物生产栽培技术等实用技术培训班，等等。

政府主导的农业技术推广往往借助行政权力把要推广的技术项目以政策的形式贯彻到乡村，有时辅之以资金扶持。这种推广模式组织性强，推广速度快，效率高，但有时会脱离乡村实际，违背农民自己的意愿。随着市场经济的发展，各种以营利为目的的合作经济组织、私人咨询组织、科技公司或科技企业、依托院校和科研院所的中介机构等也开始进入了民族乡村，形成一种比较流行的“公司 + 农户”的技术推广模式，这种模式通过技术交易、技术培训、技术咨询或新产品推销等，实现技术成果转化或技术服务。

三、一个少数民族村寨的现代技术传播概况

农业技术推广是一种自上而下的政府行为，是现代技术传播的一个方面。除了农业技术推广外，其他现代技术传播有的是由政府推动的，有的是自发的或自然的传播。民族地区的现代技术传播大致可以分为这样几类：①与基础设施相关的技术产品的传播，如输电设施、修路材料与工具、自来水设施等；②交通运输工具的传播，如自行车、摩托车、电瓶车、拖拉机、汽车等交通运输工具的传播；③生产工具和生产资料的传播，包括各种机械化和非机械化的农具、农机及零配件，各种生产资料，如化肥、农药、地膜、农作物种子、饲料和饲料添加剂、种畜禽、牧草种子、食用菌菌种、兽药、水产苗种、渔药等，这一类技术产品的传播往往又与农业技术推广及农村科普交织在一起；④家用电器的传播，如收录机、电视机、影碟机、卡拉 OK、手机、电脑等的普及；⑤建筑材料与技术的传播，包括钢筋、水泥、瓷砖、玻璃以及各种装饰材料的传播；⑥医疗技术的传播；⑦服饰及生活用品的传播。现代技术的传播涉及人们生产、生活的各个方面。下面以贵州省的一个少数民族村寨为例来说明现代技术的传播概况。

贵州省关岭布依族苗族自治县新铺乡纳麻村有 7 个村民组，其中一个村

民组也叫纳麻。按当地人的称呼习惯，纳麻是指纳麻组。这是一个只有 23 户家庭的自然村寨，其中 22 户是布依族，1 户是汉族（后搬过来的）。在日常生活中，纳麻人一般可以使用两种语言进行交流，家庭成员之间、邻里之间通常用布依话进行交谈，与不会说布依话的人交流使用汉语。唯一 1 户汉族家庭也都会讲布依话。之所以选择纳麻作为田野调查点，是因为纳麻人口少，可以将每一户的现代技术传播情况都调查得清楚，起到解剖麻雀的效果。

1. 基础设施

①通电。纳麻通电的时间是 1996 年 6 月，当时国家投入大部分资金，寨子里每户人家交 150 元参加拉线通电。通电改变了人们的生活习惯。寨子通电前，人们通常不到晚上 9 点就睡觉了；通电后，寨子晚上明亮方便多了，睡觉的时间推迟了。通电也为后来的电视等家电产品和打米机等农用机械产品的进入提供了前提条件。

②通路。纳麻距新铺乡乡政府驻地约 7 公里，新铺乡距关岭县城约有28 公里。新铺乡到关岭县城是柏油路。纳麻到新铺乡街道的路，一半是水泥路，一半是砂石路。从纳麻到新铺乡街道的砂石路最早修于 1992 年，1998 年竣工通路。2011 年 8 月，政府出资打算将从纳麻到新铺乡街道的砂石路改造成水泥路，但只修了一半，资金就用完了，剩下的一半也就没有修了。路尽管修通了，但没有得到相应的维护。上段铺好的水泥路面几个月后就脱了很多细沙，而未铺水泥的砂石路，一到雨季就变得坑坑洼洼，车辆行驶在上面十分颠簸，也很危险。尽管这样，通路还是为摩托车、货三轮、面包车等车辆的进出提供了条件，方便了村民进出村寨，也方便了外来产品的进入和村寨农产品的运出。

③通水。纳麻于 2001 年开始修建自来水池，没有政府补助，寨子每家每户投资投劳修建。自来水管接到了每家每户门口，但由于水量不够，后来只有邻近水井的三四家人有水使用。2010 年，纳麻再次修建自来水池，这次修了两个供水池，从距离寨子大约 1 公里的老猫洞引水。水管没有接到每家每户门口，部分村民自己拉通水管，把水管接到家里，但住处较高的家庭仍时常停水。自来水修通前，天还没亮，人们就到水井旁排队挑水。自来水修通后，人们不再早起挑水了。通水为人们节省了时间和劳力，也为寨子使用洗

衣机提供了方便。

2. 交通运输工具

①摩托车。纳麻的第1辆摩托车是2000年买的，到2012年8月，纳麻共有13户家庭拥有摩托车，其中有1辆摩托车是作为新娘的嫁妆而进入寨子的。纳麻到新铺乡的这段路没有载客营运车辆。摩托车进入纳麻前，人们只能走路外出，摩托车的引进结束了纳麻人外出只能靠走路的历史。骑摩托车从纳麻到新铺乡需15~20分钟。因为新铺乡街小，纳麻人也到关岭县城以及附近的永宁镇或者花江镇去买卖东西。从新铺乡到关岭县城共有34辆核载13人的金杯牌小型客车，车费是每人13元，发车时间从上午8点到下午6点，每隔30分钟发一班。坐车从新铺乡到关岭县城大约需要1个小时，途经永宁镇。从新铺乡到永宁镇大约需要半个小时，车费是7元。从新铺乡坐车去花江镇也要先到永宁镇，然后转乘永宁镇开往花江镇的车，不算中途等车的时间，大约需要一个半小时，车费加起来是22元。人们一般认为，坐车没有自己骑摩托车方便。骑摩托车想走就走，想停就停，想到哪里就到哪里，而坐面包车或者小型客车常常要等车，也不能想停就停。此外，摩托车在纳麻不仅是交通工具，也是运输工具。人们经常用摩托车运输玉米、稻谷等农作物，特别是在收获季节，摩托车为村民搬运农作物带来了很大的便利。

图2-1　纳麻人用摩托车运玉米

图 2-2　没有摩托车的家庭还得靠人扛马驮

②三轮货车。2005 年，纳麻有 1 户家庭买了 1 辆三轮货车，目前仍然只有这户家庭有 1 辆三轮货车。三轮货车的用途主要是把农作物运出村外，从外面把东西运回村里。与人背、挑、抬相比，三轮货车的容量是非常大的，效率也是人力所不及的。

③面包车。2011 年，纳麻有 1 户家庭买了 1 辆二手面包车。2012 年，纳麻又新增了 1 辆面包车，这辆面包车是 1 户家庭与邻寨村民通过以物易物交换得来的。由于驾驶证和相关手续没有办好，这两辆面包车的使用频率都不高。但在纳麻时常可以见到从外面开来的面包车，包括新铺乡幼儿园接送小孩的面包车和一些走亲访友的面包车。

交通运输工具在纳麻的传播还有一个障碍。无论是摩托车、三轮货车，还是面包车要运行都必须加油，这对纳麻人乃至所有新铺乡人都是一个难题，因为目前新铺乡和附近的永宁镇都没有加油站。纳麻人只能在新铺乡摩托车修理店里买瓶装油，这些瓶装油要从关岭县城或者花江镇进货，所以油价比加油站的贵很多，如 2 升的可乐瓶装油，在新铺每瓶要卖 22 元，而在加油站只要 15.2 元。如果不在新铺买瓶装油，就必须开车到关岭县城或花江镇去加油。无论是在新铺乡加油还是去关岭县城或花江镇加油都不方便，费钱耗时。现代技术传播常常是一个系统的问题，有了交通工具，还必须有相应的配套基础设施，如路和加油站等。

表 2-1 交通运输工具在纳麻的传播❶

产品名称	拥有户数（户）	数量（台）	传入时间（年）
摩托车	13	13	2000
三轮货车	1	1	2005
面包车	2	2	2011

3. 生产、加工工具

①微耕机。2010 年，纳麻人买了第 1 台微耕机，2012 年春节期间又买了 1 台微耕机。用微耕机翻犁速度快、省力，但由于土地面积狭窄、陡坡多、经济压力以及传播时间晚等原因，微耕机还没有得到广泛的应用。

②小型打谷机。打谷机也称为打稻机。纳麻第 1 台打谷机是 2001 年买的，那是 1 台脚踩式半机械打谷机。用脚踩打谷机比传统的人工收稻要省力，但速度较慢。2009 年，纳麻人买了以柴油为动力的打谷机。用柴油打谷机速度快而且省力，但耗油量大，花费高。2010 年，纳麻人买了 1 台用电的打谷机。与之前使用的柴油打谷机相比，用电打谷机费用低，而且这种打谷机带有鼓风机和筛子，可以除去稻谷种的杂草，收到的稻谷比较干净。但是，用这种打谷机需要家里牵电线到田间，不方便。在纳麻，没有打谷机的人家仍然用传统的方法收割水稻，即用谷桶脱粒，或把稻谷砸在石板上，使其脱粒。

③水泵。2008 年，纳麻人买了水泵，主要用于抽水浇灌西瓜地。到 2012 年，纳麻共有 23 台水泵，其中耗油的有 8 台，耗电的有 15 台。耗油的水泵一般用 2 寸水管，耗电的用 6 分管或者 8 分管。这些水泵不光用来浇灌西瓜地，也用来浇灌水稻。没有水泵之前，人们使用的灌溉输水工具是简槽（一种把竹子的骨节处掏空做成的通水管道）。使用简槽，由于没有机器作为动力，水只能从高处往低处流，不能从下往上抽水。使用水泵抽水灌溉能够减轻旱情，保证农作物生长所需的水，保障农户的收成。水泵进村，给纳麻人种水稻、西瓜带来了很大的便利。谈到水泵的好处，村民这样说。

❶ 2012 年的调查数据。

图 2－3　纳麻人用来输水的筒槽

没有水泵时，只有靠天吃饭。寨子里有的人家遇到天干，要不挑水放田，要不就用筒槽。但是，挑水放田要靠河沟比较近才行，离河沟远的水田就没有办法了；使用筒槽，必须有足够的水，有时水要经过别人家的很多块田，而且筒槽里的水只能从高处往低处流。所以，遇到天干，寨子里很多水田救不了，水稻就要减产，甚至没有收成。买了水泵之后，只要河沟里有水，就可以用水泵抽水。和没有水泵之前相比，真是好了很多。只是抽水电费有点高，有的田太远，拉电线太长，水管也长，不太方便，而且，天干少雨时，河沟里的水量不足，必须用石头和烂泥将河沟里的水堵起来，以便水有足够的深度，同时必须有人守着抽水，要不然水抽干了会烧坏机子，有点累人，对于一些不太懂拉电线和接水管的人来说，也有点麻烦。

④充电式喷雾器。2011 年，纳麻一户种西瓜的家庭买了一台充电式喷雾器。这家种的西瓜较多，需要经常给西瓜打药。之前，人们使用的是手摇式喷雾器。使用充电式喷雾器速度很快，为给西瓜、水稻打药提供了便利。

⑤玉米脱粒机。2008 年，纳麻人开始买进玉米脱粒机，现在已有 10 台玉米脱粒机。这种脱粒机脱粒快、省力，以前手工两三天的脱粒量，现在用玉米脱粒机只需要 1 天时间就完成了。

⑥打米机。1998 年，纳麻人买了 2 台柴油打米机。2002 年，一批用电的小型家庭式打米机进入纳麻。2006 年，纳麻人买了 1 台自动切换式碾米粉碎机。这台机器不仅可以打米，换成磨面粉的筛子还可以磨面粉。到 2012 年，纳麻共有 20 户人家有打米机。谈到打米机的好处，村民李某这样说。

> 没有打米机以前，我们拿谷子（稻谷）去对门（对面）坡上的纳色（地名）打米。去的时候要走几十分钟上坡路，回来的时候要走几十分钟下坡路。后来有了烧柴油的打米机，我们就在自己寨子里打米，那时寨子上打 100 斤谷子 6 块钱，要经过三四次工序才成，打出来的米和糠混在一起，要用风扇把米和糠吹开，挺麻烦的。现在我家买了一台打米机，谷子（稻谷）放到机子里，打出来米和糠就直接是分开的，哪个时候想打就哪个时候打，想打多少就打多少，不用再拿谷子到别家去打。以前天气不好时，根本都不敢拿谷子出去打，太麻烦，太累了。去别家打米，有时打米机调得不好，打出来的米就有点碎。现在自家有机子了，可以随时调好机子，打出的米不碎。

⑦电风簸。电风簸即电动风车，又名多功能粮食风选机。2006 年，纳麻人买了第 1 台电风簸，现在共有 4 台电风簸。没有电风簸之前，人们使用的是传统的手摇式木制风簸，现在大多数人家仍然还在使用。电风簸比木风簸省力、省时，使用时把稻谷倒进里面，插电运行，而且还可以调节风力大小。电风簸也比木风簸轻便，木风簸需要要两个人抬，电风簸一个人就搬动。

⑧打浆机。打浆机于 2008 年进入纳麻，目前村里共有 5 台打浆机。打浆机又被当地人称为豆腐机，因为它主要用来磨黄豆，做豆腐。当地平时有人帮忙做事或者操办酒席都需要做豆腐，有时一次就要磨二三十斤黄豆，用打浆机磨黄豆省力、省时。

⑨绞肉机。2011 年，纳麻人买了第 1 台绞肉机，目前村里共有 3 台绞肉机。绞肉机可以用来绞肉，也可以粉碎辣椒，做糍粑。当地人主要用它来打糍粑，这种机子打出来的糍粑比手工打得更细。

表 2-2　生产、加工工具在纳麻的传播❶

产品名称	拥有户数（户）	数量（台）	传入时间（年）
微耕机	2	2	2010
小型打稻机	5	5	2001
水泵	16	23	2008
充电式喷雾器	1	1	2011
打米机	20	20	1998
玉米脱粒机	10	10	2008
电风簸	4	4	2006
豆腐机	5	5	2008
绞肉机	3	3	2011
猪菜机	1	1	2010
电锯	2	2	2011

⑩猪菜机。2010 年，纳麻人买了 1 台猪菜机。买猪菜机的这户人家每年养二三十头猪，需要喂较多猪菜。手工切猪菜耗时费力，用猪菜机切猪菜则轻松得多。

⑪电锯。电锯 2011 年传入纳麻，目前村里共有 2 台电锯。用电锯砍树比用斧子和传统锯子快得多，也省力得多，但距离寨子较远的地方，不方便用电，限制了电锯的使用。

4. 农资产品及种植技术

①良种。近几十年，各种农作物良种开始传播到纳麻。纳麻于 20 世纪 80 年代末开始种植杂交水稻，最初只有极少数家庭用自家小面积的水田试种，而大多数家庭由于担心种植杂交水稻的效果不好，依旧是种植传统水稻。由于杂交水稻产量明显高于传统水稻，到 90 年代末，杂交水稻的种植已经成为人们普遍的选择。纳麻目前种植的杂交水稻主要有“冈优 725”“中优 177”等品种。杂交玉米于 2004 年传入纳麻，主要有“临奥 1 号”“临奥 10 号”等

❶　2012 年的调查数据。

品种。据当地人说，与本地玉米相比较，杂交玉米生长期较短，收获时间早，产量高，易脱粒。但是，杂交玉米不如本地玉米好吃，主要用来喂牲畜。近几年，西瓜良种已传入纳麻，白菜、儿菜、豇豆、小瓜、辣椒等蔬菜良种也开始种植，这些新品种比当地的传统品种要成熟得早。所有杂交产品都不能留种，需要到市场上购买。

②薄膜育苗。在纳麻，薄膜育苗种植技术已广泛应用。种植杂交水稻用薄膜育秧，等秧苗在秧田里长一段时间才移栽到各块水田里。种植西瓜先在营养袋内育苗，等西瓜发芽后才移到塑料棚内，再等西瓜苗长出 2 ~3 片叶子后，将西瓜苗从塑料棚内移栽到外面地里。用薄膜种蔬菜始于 10 年前政府推广早熟蔬菜。当地人说，薄膜育苗可以避免温度忽高忽低，可以防止雨水过多泡烂苗根。

图 2 –4　纳麻的薄膜育苗

③化肥。纳麻使用的化肥主要有尿素、磷肥、复合肥等。种植杂交水稻，犁田之后，插秧之前，要施肥，水稻在生长的过程中也要分阶段施肥。玉米生长过程中要施肥 2 次，第 1 次施肥是在玉米长到 20 厘米高的时候，第 2 次施肥是在玉长到 60 厘米高的时候。第 2 次所用的肥料比第 1 次所用的肥料要多，因为这时玉米正在挂果，需要较多的营养成分。栽种西瓜一般要施肥 3 次，第 1 次施肥是将西瓜苗从营养袋移出时，把复合肥和农家肥放到挖好的坑里；第 2 次施肥是在西瓜藤长到 30 厘米左右时候；第 3 次施肥是要等到西瓜长到 1 公斤左右的时候。各种农作物每次施肥都会有具体的技术要求和注

意事项。

④农药与农作物病虫害防治。农作物病虫害防治，过去人们常常根据经验，用剪刀剪去农作物上患病的地方。杂交水稻推广后，纳麻人开始使用化学农药防治农作物病虫害。喷洒农药的工具是喷雾器，包括传统手摇式喷雾器和最新的充电式喷雾器。

⑤除草剂。除去杂草，传统的方法是用薅刀（一种铁质的农具）除去杂草。2006 年，纳麻人开始使用除草剂。打除草剂后，杂草死得快，就算再生也长得不快。使用除草剂节省了不少人力，赢得一些时间做其他农活。现在每家每户都打除草剂，很少用薅刀锄草了。

表 2－3　几户家庭种庄稼所需的化肥和除草剂❶

家庭	尿素（包）	复合肥（包）	除草剂（瓶）	备注
李 A 家	10	3	60	除了使用化肥外，纳麻人还要施农家肥
吴 A 家	10	3	80	
吴 B 家	10	4	80	
罗 A 家	13	4	210	
罗 B 家	15	4	130	

5. 饲料及现代养殖技术

现代养殖技术在纳麻的传播主要体现在饲料养猪、治病和配种上。纳麻的饲料养猪始于 2009 年，用饲料养猪的那户家庭当年养了 6 头猪。饲料喂养的猪长得比较快，收益自然比没用饲料喂养的高。率先用饲料养猪的那户家庭如今成了养猪专业户，每年养 20 多头猪，用的饲料是“希望 880”，每包净重 20 公斤，买 1 包需要 150 元人民币。这户家庭的男主人说，如果不用饲料养猪，家里根本养不了这么多猪，没有地方去割那么多猪菜，也没有那么多粮食给猪吃，而且同样的时间养的猪也没有喂饲料的猪重。新铺乡街上一个出售饲料的老板这样谈饲料养猪。

❶ 2012 年的调查数据。

图 2-5 纳麻人用来喂猪的饲料

> 新铺乡街上卖饲料卖得最好的是我家。我这里最好卖的是“希望880”，纳麻有好几家人喂的就是这种饲料，大猪、小猪都可以喂这种饲料。不同猪种所需的饲料量不同，100 斤左右的猪，小种猪大概 1 包 20 千克的饲料就喂出槽了（可以卖了），大种猪二三包 20 公斤的饲料都不一定喂得出槽。1 头 100 斤左右的毛猪喂到毛重 400 斤左右，大约需要 1200 斤粮食，按市场价要花 1400 元左右，加上要喂 2 包饲料和买小猪崽需要 1100 元左右，一共需要 2500 元左右的本钱。400 斤毛猪要卖 4000 元左右，这样的 1 头猪要赚 1000 元左右。用饲料养猪还是赚钱的，而且现在的路铺好了，拉饲料、粮食进去和拉猪出来都方便。我这边的饲料还可以先赊给农户，等猪出槽有钱了再把饲料钱给我。我这里不仅有饲料，还有猪药。我对这方面还比较懂，只要农户来我店里告诉我生病的猪的状况，我就可以针对猪的病情给他们药，拿回去喂药后一般都会好。

在纳麻，养猪的人家如今都喂饲料。在磨好的玉米面和米糠中加入饲料是最常见的，偶尔酿酒的家庭还加一些酒糟。纳麻人常用的饲料除了“希望880”，还有“双胞胎”“高原红”等品牌。这些饲料基本上都是在新铺乡街上买的。猪生病后，人们通常把病猪的病状告诉卖猪饲料的老板，卖猪饲料的老板就会给相应的药，或者找兽医来给病猪打针。人工的方法给母猪配种也开始在纳麻应用。人们从镇上买来公猪的精液，输入到母猪的子宫里，以提高配种效能，节省公猪的饲养费用，而传统的公猪与母猪交配的方法逐渐被人们放弃。

6. 家用电器

①电视机。纳麻第 1 台电视机是 1 台 21 英寸的彩电，购于 2000 年。到 2011 年，村里家家户户都有了电视，最大的是 25 英寸的彩电。2012 年，纳麻人买了第 1 台液晶电视机。目前村里共有 25 台电视机，其中有 3 台已坏。光有电视还不能收看电视节目，还需要卫星电视接收器，这是和电视配套买的。人们一开始使用的是大的卫星接收器，后来使用小的卫星接收器。

②洗衣机。纳麻第 1 台洗衣机购于 2004 年。到 2012 年，村里共有了 5 台洗衣机，其中 2 台分别是作为嫁妆和搬新家的礼物进来的。这 5 台洗衣机全是半自动的双桶洗衣机，因为自来水不足，不方便全自动洗衣机的使用。由于自来水没有完全接到每家门口，用水不方便，这在一定程度上影响了洗衣机的普及。其实洗衣机很受人们欢迎，尤其洗衣机的甩干功能，因为甩干后的衣服干得快，特别适合冬天和下雨天使用。

③电冰箱。纳麻第 1 台电冰箱购于 2005 年。到 2012 年，村里共有了 4 台电冰箱，像洗衣机一样，其中 2 台也分别是作为嫁妆和搬新家的礼物进来的。有了电冰箱后，人们可以把剩菜剩饭放进电冰箱里冷藏，家里做的糍粑也可以冷藏在冰箱里。

④电话。2007 年，纳麻人买了 1 部移动座机，需要在屋顶安装天线，这是寨子里第 1 部电话。2008 年，纳麻人买了 2 部移动电话。到 2012 年，村里共有 2 部座机，33 部手机。

⑤电风扇。纳麻第 1 台电风扇购于 2006 年，是 1 台半新的吊扇。到 2012 年，村里共有 11 台电扇。纳麻夏天温度较高，七八月最高温度可达三十八九度。没有电风扇之前，人们常常在天气炎热的时候到河里洗澡降温，但这只是小孩和男人的特权。有了电风扇，夏天的酷热在一定程度上可以得到缓解。

⑥电饭锅、电磁炉。电饭锅、电磁炉在 2005 年后逐步进入纳麻，现在村里多数家庭都有电饭锅、电磁炉。有了电饭锅、电磁炉，煮饭做菜方便多了。农忙时，人们把米淘好后放到电饭锅里，出去干活回来饭就煮熟了。使用电饭锅、电磁炉也为人们节省了很多砍柴的时间，但纳麻人很多时候还是烧柴，如用大锅煮猪食就必须烧柴。

⑦影碟机。影碟机在 2006 年开始进入纳麻。到 2012 年，村里有 8 户家庭

有了影碟机。

表2－4 家电产品在纳麻的传播[1]

产品名称	拥有户数（户）	数量（台）	传入时间（年）
电视机	20	22	2000
洗衣机	5	5	2004
电冰箱	4	4	2005
电话	21	35	2007
电扇	10	11	2006
电饭锅	21	22	2005
电磁炉	14	14	2005
影碟机	8	8	2006
学习机	1	1	2012
电子琴	1	1	2012

⑧学习机、电子琴。学习机和电子琴在2012年进入纳麻，是一对外出打工的年轻夫妇买给自己孩子用的。

7. 建筑材料与技术

纳麻的房屋以前都是木结构房屋[2]，墙壁用木板或竹子做成，屋顶盖茅草。从20世纪90年代末开始，木结构房屋逐渐被砖混结构房屋代替。砖混结构房屋的墙壁最初用石头或土砖砌成，后来用红砖、水泥砖或空心砖砌成；屋顶先是盖小瓦，后来也盖石棉瓦或水泥瓦，再后来则以平顶居多。纳麻的平顶砖房最早建于1992年，当时修建房屋用的水泥是用马从新铺乡驮回来的，钢筋则是寨子里的人从新铺乡抬回来的，现在这座平顶砖房上又加盖了一层砖房。目前，寨子里的平顶砖房有16家，其中两家是两层的平顶砖房。伴随着民居的变迁，钢筋、水泥、黏土砖、瓷砖、玻璃等建筑材料不断进入纳麻。2003年，纳麻有户人家开始在房屋墙壁上贴瓷砖，现在寨子里共有两家房屋贴了瓷砖。铝合金等各种装饰材料也在2010年进入纳麻，不仅门窗用

---

❶ 2012年的调查数据。

❷ 这里所说的房屋是指主体建筑，厨房、厕所、牲畜棚等附属建筑一般比主体建筑要差一些。主体建筑盖瓦的，附属建筑可能盖瓦，也可能盖草；主体建筑是平顶，附属建筑可能是平顶，也可能盖瓦，还有可能盖草。

铝合金材料，连神龛也用铝合金材料做成。修建现代民居所需的建筑工具与工艺也传入纳麻，如搬运石头、砖瓦、沙子、水泥等用的翻斗手推车，纳麻已有了 6 辆。纳麻人还学会了烧砖、砌墙、修建砖房。

表 2-5　纳麻房屋建筑类型情况表❶

房屋类型	户数（户）
砖混结构（屋顶盖瓦，一层）	5
砖混结构（平顶，一层）	14
砖混结构（平顶，二层）	2
木结构房（屋顶盖草，一层）	2

8. 现代医疗技术

纳麻人过去生了病，大多数情况下按照祖祖辈辈传下来的经验在山上挖药吃，或者请当地的老磨或神婆来看，或者通过“立筷子”“倒水饭”等方法消除人们的病痛。现在人们生病了，会到新铺乡街上去看医生，按医生的建议打针或吃药。纳麻的妇女过去都是在家里生孩子的，最近几年，有的妇女开始去医院生孩子。

9. 服装及缝纫技术

纳麻的布依族已婚妇女大多还穿自制的布依族服装。平常穿的大襟上衣长及膝盖，从身体右侧别扣，衣袖和裤筒都很宽大，衣襟、领口和裤脚镶有花边，系围腰，和包黑色或白色头帕。婚丧着装又有不同，女人需要在平时穿的长裤外面再穿长裙。纳麻的男子已不穿本民族的服装，主要原因一是受汉族的影响，二是制作布依族的衣服比较麻烦。

纳麻的妇女自己还做衣服，但不像从前那样自己织布了，而是上街买布。缝衣服也不全是手工制作，2002 年寨子里已有了缝纫机。纳麻的妇女基本上都会做本民族服装，但年轻姑娘已经不穿也不会做民族服装了。在现代服装的冲击下，布依族服饰的制作传统、布依族人的审美观念以及相关的一些风俗礼仪如婚礼、葬礼中赋予服饰的独特意义等非物质文化的东西已慢慢改变

❶ 2012 年的调查数据。

乃至消失。

图2-6 纳麻的缝纫机

10. 沼气技术

1998年，纳麻开始修建第一批沼气池，当时只有两户人家修建。修建的人家负责挖坑，新铺乡沼气办提供修建沼气所需的材料，并派人指导修建和安装。2006年，纳麻修建了第二批沼气池，共有11口。新铺乡沼气办提供水泥、管道、沼气炉等材料，并负责沼气池内壁的粉刷、管道和沼气炉的安装。2009年，纳麻修建了第三批沼气池，这批沼气池有4口。和以前一样，修建沼气池的人家也只需要挖坑，其他的由新铺乡沼气办派人来做。目前，修建的沼气池除了3口闲置外，其余的都在使用。沼气能够烧水、炒菜，给人们带来了方便，同时人和牲畜的粪便也放于沼气池内，比较卫生。但它的不足之处在于，沼气池产气少，不能随时供人们使用，有时烧一壶开水后，就只能炒一个菜了。据纳麻人说，沼气不够用的原因主要有：一是牲畜少，当地一般是把猪粪放到沼气池内，牛粪和马粪一般要留来种玉米，养猪的数量有限，猪粪太少，所以沼气就少；二是沼气的发酵材料要经常换，有的家庭没有经常更换材料，所以产出的沼气少；三是沼气池修建后应该每隔几年掏空一次池子，检查池子及管道是否漏气，最好将沼气池重新粉刷一次，但当地人觉得工程量大、太麻烦，没有一家把沼气池掏空检查，更谈不上重新粉刷。另外，除了使用沼气，人们还可以烧柴或用电，并非一定要使用沼气，因此也就没有用心维护。

考察一个少数民族村寨的现代技术传播的基本情况，目的是揭示少数民

图2－7　纳麻的沼气池

族村寨的现代技术传播的程度，即从技术的角度看，少数民族村寨生产生活中的哪些东西属于现代的。调查表明，现代技术传播涉及人们生产生活的各个方面，对人们的生产生活产生了巨大影响，人们的衣食住行无不深受现代技术的影响。下面就具体从农业技术、建筑技术、信息技术三个方面探讨现代技术传播对少数民族村寨文化的影响。

第三章 现代农业技术传播与少数民族村寨文化变迁

现代农业技术传播是少数民族村寨现代技术传播最重要的一个内容，但目前关于少数民族村寨农业技术传播的研究并不多[1]。少数民族村寨的现代农业技术传播的总体状况如何，现代农业技术如何为人们所接受，如何改变人们的生产、生活，如何导致文化变迁，这些问题目前仍然缺乏细致深入的调查研究。我们以一个少数民族村寨的田野调查为基础，力图揭示一个少数民族村寨的农业技术传播状况，分析农业技术传播与乡村文化变迁的关系。

我们的田野调查点，除了前面提到的纳麻外，主要是贵州省黔东南苗族侗族自治州黎平县水口镇的平善村。平善坐落于云贵高原边缘七倍山的山腰上，海拔 730 米，属亚热带季风气候，多云雾天气。这是一个苗族村寨，全村共有 98 户，498 人，以陆姓为主。全村以从事农业和外出务工为主，外出务工的劳务收入和农产品收入是全村的主要经济来源。水稻是平善的主要粮

---

[1] 目前关于民族地区农业技术传播的研究主要集中三个方面：一是从整体上探讨民族地区农业技术传播情况，包括传播现状、存在问题与改进措施等，如刘小珉（《民族地区乡村技术体系与技术传播过程初探》，2003）、李朝应（《探索新形势下如何搞好民族地区农业技术推广工作》，2009）、黄媛（《民族地区的农业技术推广研究——以广西梧州市为例》，2012）、周劲松（《少数民族地区农业技术扩散的研究》，2016）、庄天慧（《西南民族贫困地区农业技术推广现状及其影响因素研究——基于西南 4 省 1739 户农户的调查》，2016）等人的研究；二是探讨民族地区农业技术推广体系与运行机制，如彭音（《构建凉山民族地区新型农业科技推广体系的研究》，2009）、王欢（《四川民族贫困地区公益性农业技术推广运行机制优化研究》，2015）等人的研究；三是具体探讨某项农业技术的传播情况，如刘光宇（《民族地区农机化技术推广工作存在的问题及对策》，2004）、范连生（《建国初期黔东南民族地区耕作技术的改进与推广》，2013）等人的研究。具体到农业技术传播与乡村文化变迁，主要有秦红增（《桂村科技：科技下乡中的乡村社会研究》，2005）、韦茂繁（《瑶族村寨的生计转型与文化变迁》，2008）等人对民族村寨科技下乡的研究，他们以科技下乡作为研究的切入点和主线，分析了现代农业生产技术传播给少数民族村寨带来的变化。

食作物，其中籼稻种植占的比例最大，糯稻次之，用村民们的话说，籼稻占2/3，糯稻占1/3。出售籼稻也是一些家庭的经济来源之一，糯稻很少出售。除水稻外，粮食作物还有种植得很少的玉米和高粱。现代农业技术在平善的传播，主要体现在杂交水稻及其种植技术的推广、现代农业生产工具的引进、农药化肥的使用、良种蔬菜的种植四个方面。

一、杂交水稻传播与村寨文化变迁

在很长的历史时期，黎平一带的水稻种植仅由糯稻构成。明清以后，籼稻品种及其种植技术从汉族地区传入，而后逐步形成以糯稻为主、籼稻为辅的格局。“苗族社会经济是自给自足的自然经济。新中国成立以前，主要从事农业，兼营林业，沿河两岸有少数人从事捕鱼为生。农业以种植糯稻为主，籼稻次之，兼种小麦、高粱、红薯和少量棉花等作物。”❶ 经过清代、民国时期、新中国成立后的多次糯改籼活动，再加上20世纪70年代末以来杂交水稻的大力推广和种植，如今，在很多地方水稻种植已经不再是糯稻为主、籼稻为辅了，而是籼稻为主、糯稻为辅了。

1. 传统水稻品种

平善的传统水稻种植以“糯禾”为主，村民称为“摘禾”。摘禾是糯稻的一种，有很强的生命力。平善种植的摘禾主要有“红禾”“黄冈禾”“白禾”等。据平善村民说，摘禾黏性强，米质好，味道香，不管是煮饭，还是用来做糍粑，摘禾的味道都是最好的。因此，摘禾的价格比一般糯谷的价格要高。

平善的糯稻种植除了摘禾外，还有其他品种，但平善村民把摘禾与其他糯稻区分开来。摘禾是平善人自己的传统稻种，而其他糯稻是后来与外界交流中引进的品种。根据收割方式上的不同，平善村民把摘禾称为“ou^{214} tɕɔ^{55} t’an^{35}”，意思是“摘的糯稻”，强调收割时只用摘禾刀割回去❷，而不是马上

---

❶ 贵州省黎平县志编纂委员会编．黎平县志［M］．成都：巴蜀书社，1989：153－154.

❷ 摘禾刀是苗族、侗族用来收割摘禾的一种农具，半圆形铜片里或半月形薄木片的凹面上镶嵌锋利的刀片，以竹子为手柄，或近弓面处穿一小孔，孔里系着绳圈，收割稻穗时套在手上。

脱粒；把引进的其他糯稻品种称为“ou^{214} tɕɔ^{55} t'uei^{35}”，意思是“打的糯稻”❶，强调收割时用谷桶打，使其脱粒。

20 世纪 60 年代，为了提高粮食的产量，当地进行了大面积的改种，摘禾的种植面积大大降低。与种植其他糯稻相比，种植摘禾有一些劣势，主要表现在以下三点。一是单位产量低。一般情况下，摘禾亩产三四百斤，其他糯稻亩产七八百斤。二是种植比较麻烦。插秧时，由于摘禾的稻梗比较高，成熟期遇到风吹雨打容易倒，因此需要一根一根地插，以便稻梗能够长得比较粗，增强抗风的能力。其他糯稻的稻梗比较矮，没有摘禾那么容易倒，一般是三至五根一起插。显然，摘禾插秧更为麻烦，也需要更多的人手。收割时，摘禾需要用专门的摘禾刀一根一根地割，耗时费力，而且不能用谷桶或打谷机脱粒，要先将其捆成禾把带回家，放在禾晾上晒一段时间后再脱粒。其他糯稻是用镰刀一兜一兜地割，可以用谷桶或打谷机将其脱粒，比较快捷方便。由于摘禾的生长期比较长，收割摘禾要比其他糯稻晚二十多天，即要农历九月下旬才能收割。而那一段时间，当地多阴雨天气，加上种植摘禾的田里一般留有水，收割不易。三是加工过程比较麻烦。摘禾晒干后，要用木棒捶打使其脱粒，然后用石碓去掉其谷穗上长毛，再用簸箕扬灰，而其他糯谷晒干以后就可以直接用打米机打米了。90 年代后，一些新的糯稻品种传入当地，这些糯稻品种有来自贵州本省的，也有来自湖南、广西的，在当地都称为“糯谷”。随着新的糯稻品种的传播，摘禾的种植面积进一步缩小，以至于近几年来，只有个别家庭种植少量的摘禾。

平善种植的其他糯稻是在村民与外界的交往过程中引进的，常常是从亲朋好友那里获悉某个糯稻品种而带回村寨种植。引进稻种的村民最先种植，到第二年后，觉得这个品种好的村民会跟着种植，而后便传播开来。平善种植的糯稻有好几个品种，因为不知道这些糯稻品种的本来名称，村民常常用糯谷植株的高低或者获得该品种的地名来命名，如“ou^{214} tɕɔ^{55} p'αŋ^{35}”（意为“高的糯谷”）、“ou^{214} tɕɔ^{55} pan^{51}”（意为“不高不矮的糯谷”）、“ou^{214} tɕɔ^{55} t'uŋ^{1}”（意为“矮的糯谷”）。每当人们说起这些品种时，他们常常会提起和赞扬引进这些品种的人。这对引进者是一种精神上的奖励，对其他村民也是

---

❶ 与外界交流时，平善村民称“打的糯稻”为“糯谷”。

一种鼓励，鼓励村民多发现和引进一些新品种。

图 3-1　拿出来晾晒的陈年摘禾

平善的传统籼稻有“大红谷”“细红谷”“七月谷”等品种，这些品种产量低，但味道好。按平善村民的说法，这些老品种主要特点是：①秆高，容易倒；②这些稻谷的稻穗比较短，产量低；③味道好。推广杂交水稻后，这些籼稻品种逐渐消失，糯稻的种植面积也从民国时期占水稻种植面积的 2/3 退到只占 1/3 左右，个别人家还不足 1/5。

2. 杂交水稻的引进及其带来的变化

20 世纪 70 年代末，杂交水稻及其相关种植技术推广到平善。早期的品种主要“三矮”“科六”“双桂”“桂朝”等，与以往种植的水稻相比，这些新品种具有秆矮、秆硬、抗倒伏、产量高等优点，这是政府推广和村民接受的主要原因。

杂交水稻的推广，得益于政府的大力推广和强制手段。在传播初期，很多村民持一种观望的态度，被动地接受。也有一些村民不相信政府，不相信新品种的好处，拒绝接受或消极怠工。有的村民白天在工作人员的监督下种了杂交水稻，夜晚又悄悄将其拔掉，换上以往种的老品种。当然，这种行为被制止了。后来，当村民们真正体会到杂交水稻带来的实效时，他们就从被动接受转变为主动寻求和购买更好的杂交水稻品种。到 20 世纪 90 年代，种植杂交水稻已经成为平善村民的首选。村民陆某这样介绍杂交水稻在平善的推广。

> 开始种植杂交水稻时，政府派工作人员下来负责推广杂交水稻的种植。但是一开始，老百姓不相信杂交水稻，还是认定自己种惯了的老品种好，再加上以前也存在老百姓受骗的情况，所以有人白天插了杂交水稻的秧，晚上又悄悄去拔掉，种植自己的老品种。因为这个事情，政府还抓了下面那个老头去全区游街，说他不相信国家的科学，杀一儆百，以后就没有人敢这么做了。但是，当时由于没有施化肥，一是还没有通村公路，老百姓很难外出买化肥；二是当时经济困难，也没有太多的钱买化肥，所以杂交水稻的产量也不高，和老品种差不多。再一个呢，杂交水稻也是选土的，那种白膏泥的土质比较深，也比较硬，杂交水稻在里面生长比较好。而那种沙土，土质浅，又不含水，种杂交水稻就不太好。但是，现在不管什么土，都种杂交水稻了，和国家的大力推广有关。后来，化肥进来了，化肥用足了，杂交水稻的产量很高。我们以前种的老品种稻梗比较高，快成熟了，风吹易倒，再遇到下雨，谷子容易坏在田里。打谷的时候，一把谷穗抬高，谷粒就容易掉下来。但是，杂交水稻就不容易出现这样的问题，老百姓真正认识到杂交水稻的这些优势之后，就真正接受了杂交品种的种植。

贝尔纳指出，技术变革不自觉地为经济和社会变革开辟道路[1]。杂交水稻及种植技术的广泛传播给平善带来了许多变化，这首先表现在杂交水稻种植过程中的选种、育秧、插秧、施肥等方面。这些变化使平善村民面临新的问题和新的选择。

(1) 稻种获得方式的变化

杂交水稻种植之前，人们种植水稻的稻种，不论是籼稻，还是糯稻，一般是自己留种，有时也会从亲戚或附近村寨的村民那里获得。从别人那里获得稻种依靠的是亲缘关系和地缘关系，是以平善村民对其亲戚或熟人的信任作为保证的，因为是亲朋好友的推荐。但是，种植杂交水稻则不同，村民自己不能留种。杂交水稻种子需要到市场上购买，因此，村民在粮食问题上越来越依赖市场，特别是在一些老的稻种消失之后。这是相对封闭的少数民族

---

[1] J. D. 贝尔纳. 科学的社会功能［M］. 陈体芳，译. 北京：商务印书馆，1982：511.

村寨纳入整个社会市场体系的一个重要方面，自给自足的小农经济进一步瓦解。

在市场上购买稻种，意味着村民要与陌生人进行交易，当然，经过一段时间的交易，陌生人也可能变成熟人。与陌生人进行稻种交易，事关一年生计，村民一般都很谨慎，也必须学会应对市场环境。市场有时并不规范，很多人都在销售种子，如果不谨慎，则可能买到不好的种子，甚至可能买到假种子。面对这种风险，村民不得不发展一套应对方法。村民普遍喜欢到种子公司买稻种，或者通过熟人介绍，到他们认为值得信赖的店里去买。在购买稻种时，村民一般会索要发票。如果买到的稻种不好，即出秧苗不好，可以凭借发票获得赔偿。但是，如果出现稻种出秧不好的情况，实际上也很难得到赔偿，因为销售稻种的人会以种种理由拒绝赔偿，或者说种植者掌握的方法不对，或者说其他购买同样稻种的人并没有反映稻种不好。在反复的市场交易过程中，村民也掌握了应对市场风险的知识和技巧。村民会在购买稻种时尽量向销售者说明自己种植水稻的自然环境，如海拔、天气等，还会根据以往的种植经验要求老板拿自己想要的生长期为140～150天的品种。销售者会根据购买者描述的情况向其推荐品种。对于不熟悉的品种，村民会少量购买，实验性地种植，比较不同品种的产量和味道。对于产量高、味道好的品种，次年就会多购买。

获得稻种方式的变化也导致了平善年长的村民和年轻的村民的地位发生了一些变化。在杂交水稻传播之前，平善村民种植水稻每年都要自己留种。年老的村民更擅长凭借多年的种植经验到田间选种，摘回家将其晾晒后完好地保存起来，这些也正是年轻的村民需要从长辈那里学习的经验和技能。杂交水稻传播后，稻种的选择更多地依赖市场，一些识字更多、经常外出、善于与外界打交道的年轻人更善于在市场上选购稻种，他们成了很多年长村民的信息提供者，年长的村民常常会询问年轻的村民选购稻种的信息，也会在选购稻种时，请年轻的村民一同前往帮忙选购。

（2）育秧方式的变化

引进杂交水稻之前，人们种植水稻老品种的育秧方式是撒水秧，即先备好秧田，然后把用水浸泡两天的谷种撒到秧田里。撒水秧要注意把握秧田里水的深度，这需要根据经验进行控制，但天气变化就无法控制了。如果播种时遇“倒春寒”，就容易烂秧。撒水秧也不好控制秧苗的间距，容易造成秧苗之间的根交错生长，插秧时不好采。

图3－2　育秧棚

在引进杂交水稻后，政府农业技术推广站在当地推广两段育秧。当时政府推广两段育秧的方式是，农业技术推广站先是示范搭建育秧棚，为村民讲解两段育秧的程序和步骤，然后派技术人员下村指导村民进行两段育秧。这一技术引进时，当地还处于生产队时期，一般以小组为单位合作搭建一个育秧棚。20世纪80年代初，实行家庭联产承包责任制后，家庭成为从事农业生产的基本单位，两段育秧就需要多个家庭合作。这种合作有几种方式。常见的一种合作方式是，属于同一个房族的家庭之间合作搭建一个育秧棚，轮流值班，照顾育秧棚内秧苗的生长，共同分担育秧期间所需的柴火。另一种常见的合作方式是，关系比较好的几个家庭合作搞一个育秧棚。这里的关系好一般指有亲戚关系，比如某两个家庭的女主人是姐妹、姑侄等关系；关系好还指同乡、同村关系，这主要是指某几个家庭的女主人是同一个乡或同一个村嫁过来的，这样的几个家庭也常常一起合作搭建和使用一个育秧棚。两段育秧的合作，也不自觉地构建或强化了人们之间的某种关系。

两段育秧的具体方法和过程大致是这样的。谷雨前后两三天一般要开始泡谷种，这时就要搭建育秧棚，准备好秧盘。几户人家共建一个育秧棚，一般用树木和竹片搭成一个约4米长、3米宽、2米高的拱形棚架子，用薄膜把育秧棚的上方和四周盖住。育秧棚里面，中间是约1米宽的过道，两边是用木板搭成的约1米宽的台子，每边分为3～5层，相邻两层之间间隔约0.2米，每层可以放四五个秧盘。秧盘多是各家自备，尺寸大小略有不同。一个秧盘一般可以培育八两到一斤稻种。中间过道的进口处挖一个灶，灶上放一口锅，锅里装满水。灶里生火加温，使水蒸气弥漫在育秧棚内，以保持棚内的温度和湿度。温度一般保持在 30 摄氏度左右。过道的下面是与外面连通的，以便将生柴火产生的烟雾从里面引出，避免烟雾留在棚内影响秧苗的生长。搭好育秧棚后，村民们在秧盘里盛装混有农家肥的泥土，用尼龙袋把用干净水泡了一两天的谷种滤干，然后把谷种均匀地撒在秧盘的泥土上，再把秧盘放到育秧棚的每一层杉木板上。在同一个育秧棚里育秧的人家轮流看守育秧棚，不时地添柴火，往锅里加水，查看棚内的温度，给秧苗浇水等。7 天后，秧苗长到约 2 ~3 寸长，这时就要将秧苗移栽到事先备好的秧田里。移栽好秧苗后，要经常留意秧田里的水量。水面以到秧苗最底下的一片叶子处为宜，太高则容易溺死秧苗，太低则容易干旱。秧苗在秧田里长 30 ~40 天，就可以插秧了，即平善村民所说的芒种前后四五天插秧，最迟夏至前必须全部插完。

采用育秧棚育秧，可以有效避免撒水秧存在的一些问题。用平善村民的话说，育秧棚育秧，把握性高，风险小，需要的谷种比撒水秧用的谷种少一半，采秧也方便。正是因为这些优越性，两段育秧技术才能够在当地得以传播。

使用育秧棚育秧主要是针对杂交水稻的种植，种植糯稻村民仍旧用传统的撒水秧方式。尽管撒水秧比较浪费谷种，但糯稻一般是自己留种，不用花钱买，就算多用点种子也无所谓，不像杂交水稻的种子，价钱贵，人们不敢浪费。与杂交水稻相比，糯稻的谷壳比较厚，在水田里不容易烂种，没有必要选择更为复杂的工序，撒水秧可以省掉移栽的这道工序。

尽管两段育秧技术已经在当地推广二十多年了，村民已经熟练地掌握这项技术。然而，近几年来，差不多有一半家庭放弃了两段育秧，转而采用传统的撒水秧方式。究其原因，主要是 20 世纪 90 年代村民开始陆续外出打工。外出打工的村民一开始是年轻力壮的男人。2000 年后，不论男女，年轻人普遍外出务工了，甚至有的全家都出去了，大人打工，小孩在外面读书。笔者在平善调查时统计，全村 98 户人家，有 44 户全家外出，只有 54 户有人在家。村民说，这种情况已持续了几年。常年在家的主要是老人和小孩，小孩在村里读完小学后就到水口镇或者肇兴乡去读中学，周末才能回家。干农活的主要是老年人，人手少，受到身体状况的限制，两段育秧逐渐被部分村民放弃。

(3) 剩余稻谷的出售

杂交水稻及其种植技术的传播使当地粮食产量增加，温饱问题逐渐解决。这一方面使人们更加相信科技的力量，传统观念不断改变；另一方面也产生了多余稻谷的处理问题。稻谷产量增加了，而稻谷消耗的量却在减少，因为很多人都在外打工。家庭收获的稻谷总产量大于需要消耗的量，每年都会有稻谷的剩余，人们需要采取一定的措施处理剩余的稻谷。

除了家庭成员和牲畜对稻谷的消耗外，平善村民对多余的稻谷的处理主要有两种方式。一是将多余的稻谷存起来，一年又一年的存着，好多人家都还保存着三四年前的稻谷。问起原因，村民说是因为价格低，加上陈了几年的米也还好吃，所以不愿意卖。二是将稻谷卖掉。一般每隔两三个月，附近肇兴镇的商人就会开车来村里收购稻谷。

村民一般只卖籼谷，极少出售糯谷。这主要是因为平善村民生活中有很多地方需要用到糯稻，而且糯稻的价格也并没有村民期望得那样高。从外地运来的杂交糯米价格相对较低，收购稻谷的商人不愿意以高价收购本地糯谷。当地有些人认为，外地运来的糯米在品质上优于本地糯米，但外来旅游者却不这么看[1]，他们认为当地的糯米品质更好，愿意出更高的价钱购买一些带回家。一般只有当一些旅游者肯出高过当地市场价差不多两倍的价钱时，平善村民才愿意出售糯米。

村民出售籼谷，少则一两千斤，多的可以达到六七千斤，一年出售两至三次。这也是村民的一项主要的经济来源，在少数没有人外出务工的家庭，这种收入更是不可或缺的。出售的籼谷，不论品种，单价都是一样的，因为村民常常将不同品种的籼谷混合在一起。很多时候，收购稻谷的老板还顺便带点水果过来卖，平善村民可以用稻谷交换水果，这在当地是非常普遍的。只要卖水果的人允许用稻谷换水果，很多家庭，包括经济很富足的家庭，都会用籼谷换水果。

尽管如今平善村民与外界的交流变得频繁，但从他们对稻谷等农产品的

[1] 平善村也想开发旅游，村里修了一栋三层的木房提供住宿，但平常一般没有游客，偶尔也会有零星的散客来村里。

处理情况看，他们融入市场的程度并不高。这与他们长期生活在边远且相对封闭的山区是分不开的。直到2003年，平善才修通进村的公路。随着面包车、摩托车等交通工具的引进，村民外出融入市场才变得频繁和方便，但很多人已经习惯了长期以来的自给自足的生活方式，特别是很多老年人更为明显。正如有的学者所说："少数民族长期居住在边远地区，生产力不发达，与外界联系少，大多过着自给自足的生活。这种自给自足的生活方式使他们的商品观念十分淡薄。在民族地区，人们为了买东西才去卖东西，以其所有易其所无。"❶ 但是，杂交水稻的引进使人们的生产、生活方式不断地发生变化，无论是杂交稻种的购买，还是多余稻谷的出售，都在一定程度上加速了自给自足小农经济的瓦解，不断地推动村民融入整个市场经济社会。

3. 糯米的文化功能与糯稻的保留

杂交水稻以其单位产量高、收割方便等优势已经在当地推广开来，然而，杂交水稻并没有完全取代其他水稻在平善的种植。尽管村民对糯谷的需求量已经减少，很多家庭都还种植一定数量的糯稻，因为糯米在平善村民生活中扮演着重要角色，有着特定文化功能。

（1）糯米用来做油茶

糯米在平善最常见的用途就是做油茶，平善村民每日都吃油茶（当地话称为"tɕi^{51} ɕiɛ^{35}"）。村民用干净的水将糯米泡一晚，用木甑蒸熟，然后把糯米饭摊晒在簸箕里，等糯米饭的水分晒干后，用袋子装起来，每隔三四天用晒干的糯米饭炸成糯米花。炸糯米花的油一般用当地出产的茶油，不用猪油，因为猪油容易凝固。油茶食用方便，食用前用开水泡当地种的茶叶，或者用开水煮茶叶，用茶水泡糯米花即可食用。有客来访时，一般还会在油茶里加上一些油炸的花生米、糯米丸子或炒熟的猪肉、内脏等。油茶是村民每天必吃的食物，一般早上和下午都吃油茶，而以前老辈人每天要吃三四次油茶。据当地老人们说，吃油茶是因为以前当地交通闭塞，与外界交流不便，很少买卖东西，人们只能食用自己出产的东西，而糯米和茶叶都是当地的出产，人们用自己种的糯米炸成糯米花，储藏时间长，方便食用，做油茶和吃油茶

❶ 徐万邦，祁庆富．中国少数民族文化通论［M］．北京：中央民族大学出版社，1996：410.

就这样流传下来。

图3-3 油茶

在日常生活中，吃油茶也维系着人们之间的某种关系，如妇女小群体的关系。村里如果有某个妇女的娘家亲人去世，与之关系要好的妇女会在家专门备上一餐丰盛的油茶，邀请办完亲人丧事回来的妇女去吃油茶，同时邀请几个同村妇女作陪。妇女们围坐在一起，宽慰亲人刚刚去世的妇女，其间也谈论谷物、蔬菜、孩子等很多话题。村里男人没有类似的宽慰活动，男人似乎总比女人坚强。借助于这样的宽慰活动，一群妇女聚在一起，进行一场没有男人在场的交流。这群妇女通常有亲属关系，或者娘家是同一个村或同一个乡的。吃油茶有助于维系妇女之间原有的关系，增强彼此的交流和感情。

（2）糯米饭用来招待客人

在平善，不管是平日某家有贵客来访、逢年过节，还是遇到结婚、生子❶、立房子、老人去世等红白喜事，主人家便以糯米饭，配上血红、牛瘪等招待客人❷。糯谷产量低，价格高，收获不易。做糯米饭比较麻烦，要先用水泡，然后生柴火，用木甑蒸，但吃糯米饭不容易饿，主人不用担心客人挨饿。村民把糯米看得非常珍贵，用糯米饭招待客人，以示对客人的尊重。如果哪家平时有客人来或者有红白喜事，不用糯米招待客人，就显得主人家小气或有经济困难。

（3）糯米用作礼物

在平善，糯米以及用糯米做的粽粑、糍粑等，在平日的来访、过节、红

❶ 新生婴儿打三朝和满月酒，一般只有第一个孩子需要摆满月酒。

❷ 血红、牛瘪在当地被认为是最好吃的菜，用来招待贵客。

白喜事中被广泛地作为礼物馈赠。人们平日去亲朋好友家做客，都会带上二三斤糯米或者糯米饭去作为礼物。过节的时候，人们也送糯米。有姻亲关系或者是长期友好交流的邻近村寨会在节日里互相邀请做客，糯米和用糯米做的粽子、糍粑，既用于送礼，也用于回礼。每年的农历六月六、八月十五，附近的登杠、东郎等村寨的村民会邀请平善村民去做客。只要对方邀请到，如果没有特殊情况，村民一般都会去。如果一家人接到好几户人家的邀请，家庭成员会分开走不同的人家。走访一般要带上几斤糯米作为礼物。客人们吃过午饭后，一般还要吃完下午的油茶才回家。主人家会用一斤猪肉加几个粽子或一包糯米饭或几个糍粑作为“礼菜”送给客人。农历八月二十八，据说是平善的中秋节，村民会在节前一个星期左右邀请别的村寨的人来做客。邀请的客人越多越好，这表明主人家好客，有人缘。人们会在过节前几天就开始做准备，碾糯米，包粽子，酿酒或在街上购买米酒、啤酒和饮料等。过节当天或前一天，要买很多猪肉、牛肉、羊肉，有的人家还杀猪宰羊。客人走的时候，同样要送客人猪肉和用糯米做的粽子或糍粑。

在平日做客和节日中，糯米及其制品被用来作为礼物，一方面，因为糯米是自己产的，无须到街上购买，作为礼物方便；另一方面，糯米因为其产量低、种植和加工麻烦等性质，被人们认为是很珍贵的东西，用作礼物表示对收礼人的尊重和对彼此感情的珍惜。以糯米作为礼物并不在于主客双方交换有无，而在于加强双方的联系和维系彼此的感情，正如费孝通所说：“接受礼物的人，也做同样的粽子，买同样的东西回送亲戚。这种类型的物品转让意义不在弥补相互间的欠缺而是加强社会联系。”❶ 但是，在平善村民逐步融入市场经济的今天，糯米的礼物功能不断削弱，随着人们经济收入的增加和购买力的增强，很多人已经开始在市场上购买蛋黄派、八宝粥、糖果等食品作为礼物。

遇到红白喜事❷，客人来时也送上十几斤或几十斤糯米。这种送礼除了具有上述的平日走访和节日互访送礼的意义外，还因为有红白喜事的主人家需要用很多糯米，可能会遇到困难，作为主人的亲朋好友，送来糯米以表示帮

---

❶ 费孝通．江村经济——中国农民的生活［M］．北京：商务印书馆，2001：206.

❷ 白喜事即丧事，当地一般只为正常死亡的人操办丧事，非正常死亡的人不能再抬到村里，而是在村外专门的地方焚烧，近年来，也可以打电话请火葬场把非正常死亡的人运去火化。

助主人家，为主人家分忧解难。这种分担还体现在，同村人不仅送来糯米，还会用碗装着两条腌鱼或者一碗腌肉来。在淳朴的乡土熟人社会中，人们互帮互助的传统在这里得到充分体现。

送糯米的多少也显示人们之间关系的远近亲疏。丧礼中，女婿家要送来二三百斤糯米和上百斤米酒、猪肉、蔬菜等，用于招待全村人以及前来参加葬礼的客人，以示对父母养育之恩的报答。结婚的时候，新郎家需要用糯米做几百个糍粑和带几百斤糯米去新娘家，用来招待女方家前来吃喜酒的客人，以表示新娘嫁了一个富裕、大方的家庭，让女方家的亲朋好友不用担心出嫁女儿的今后生活。新生儿的三朝酒和满月酒，外婆家要送来几百斤糯米，用于招待客人和给坐月子的女儿补身体。外婆家送来的糯米不仅具有给女儿补身体的实际效用，还具有体现外婆家富裕、大方的面子功能，有助于提高自己的女儿在婆家及村里的地位。在这些红白喜事中，其他亲戚送来糯米就比较少，没有亲戚关系的一般村民送来的糯米又少一些，从几斤到几十斤不等。

（4）摘禾的特殊功用

摘禾在平善村民的生活中不仅是食物中的上品，而且还被用于一些仪式中。在立屋、丧事等仪式中，摘禾是不可或缺、不可替代的，即使今天村民已经很少种植摘禾了。在平善村民看来❶，他们生活中的平安顺利、繁荣富贵等都是靠龙神、龙脉保佑的，因此，在很多重要的仪式中，一定要用他们祖先种植的摘禾拜龙神、龙脉。尽管摘禾的产量低，种植比较麻烦，但由于它在村民生活中的特殊功用，平善仍然有几户人家种植摘禾。

> 立房子那天，要拜龙神、龙脉，需要两斤糯米煮的饭，一只活的公鸡，三支香和一点烧纸。做法事的人要念：
>
> 龙神龙脉来领知事，开阳大半，弟子好说明堂师礼，白米五升，马料五手❷，斋粑狗灶，蜂糖美酒（拿公鸡来❸）。雄鸡几面，几面生老，鸡叫东方夹一木，鸡叫北方人贵水，四方龙神来富你（杀

---

❶ 老辈人这样看，年轻人可能不这样认为，但这样做已经成为一种习俗。

❷ 指摘禾五把，这些年村里的人很少种植摘禾了，但不管是去别的村寨找还是去街上买，都一定要摘禾。

❸ 是动作，不是念词。

鸡❶)。天杀归天，地杀归地，凶神恶煞，大吃大剩，大发大旺。

表 3－1　平善村部分农户籼稻和糯稻种植情况❷

户主＼种植情况	水田总面积（亩）	籼稻种植面积（亩）	糯稻种植面积（亩）	户主＼种植情况	水田总面积（亩）	籼稻种植面积（亩）	糯稻种植面积（亩）
陆伟刚	2.5	2.0	0.5	陆邦银	1.7	1.2	0.5
陆邦运	4.6	3.0	1.6	陆邦吉	4.2	3.0	1.2
陆邦成	7.0	5.0	2.0	陆　二	1.2	0.9	0.3
陆庆祥	4.5	4.0	0.5	陆庆周	2.6	2.2	0.4
陆　一	1.8	1.5	0.3	陆　辉	2.5	1.5	1.0
陆庆雍	3.1	2.5	0.6	陆　彪	2.8	1.8	1.0
陆庆文	1.8	1.5	0.3	陆　贤	1.5	1.0	0.5
陆邦维	2.0	1.5	0.5	陆正黎	2.0	1.0	1.0
姜　玉	2.0	1.6	0.4	陆庆模	1.7	1.0	0.7
陆庆凡	3.0	1.5	1.5	陆邦国	4.0	3.0	1.0
陆庆权	1.5	1.0	0.5	陆邦远	4.0	2.6	1.4
陆邦文	3.0	1.5	1.5	陆邦宗	2.3	1.5	0.8
陆邦雍	2.5	1.3	1.2	陆邦和	5.0	4.0	1.0
陆邦汉	3.5	2.5	1.0	陆邦智	4.0	3.0	1.0
公朋茶	6.5	4.5	2.0	陆邦全	4.4	3.8	0.6
徐胜和	2.8	2.0	0.8	陆邦玉	4.0	3.0	1.0

糯米不仅仅是一种食物，它与平善村民的生活习惯、节日、仪式和社会交往等文化方面密不可分。正是因为糯米在平善村民的生活和文化结构中所具有的重要的文化功能，尽管面对杂交水稻的强大冲击，糯稻的种植仍然在平善占有一定的面积。

❶ 是动作，不是念词。

❷ 此表只介绍部分农户的主要农作物种植情况，表格中的数据由农户提供，表中数据为 2013 年的情况。

二、生产工具传播与村寨文化变迁

现代农业生产工具的传播是农业技术传播的重要方面。泰勒认为："人借助技术来保护和维持着自己的生存，并支配他所生活的世界。这种技术首先在于利用工具。"[1] 人对自然规律的概括和对生产经验的总结，就构成了科学知识；劳动者的生产技能和劳动工具，则是活化和物化了的科学技术。[2] 人的生存和发展离不开生产劳动，而生产劳动则依赖于生产工具。生产工具的制作、使用是处于变迁之中的，而生产工具的变迁与一个社会或者社区的自然环境、经济发展水平、文化等因素密切相关。

1. 传统农业生产工具

平善的传统农业生产工具主要有耕翻平整土地工具、中耕除草工具、收获工具、加工工具几类。

耕翻平整土地工具主要有犁、耙、锄头、锹等。20 世纪 50 年代以前，一些经济较为富裕的家庭养得起牛，需要用犁耙，很多养不起牛的家庭全靠锄头耕翻田地。当时流行"泡冬田"[3]，采取"泡冬田"的方式可以使泥土在长期有水浸泡的情况下保持一定的柔软度，有利于来年人力耕翻。到了 20 世纪 50 年代，由于人口增长、自然灾害等原因导致粮食紧缺，当地在政府的主导下实行农作物轮作制度，开始种植小麦、大麦等杂粮，加上实行集体化生产以后，耕牛由为少数富人所有转变为集体所有，使用犁耙耕翻平整土地逐渐多了起来。到了六七十年代，养牛数量逐年增加，犁耙得到广泛使用。当时使用的犁是由木架和铸铁铧口构成，耙是由木架和铸铁耙齿构成。有的犁耙是一整套从镇上买回，有的是买回铸铁铧口和耙齿，村里的木匠自己做木架。

---

[1] 爱德华·泰勒．人类学：人及其文化研究［M］．连树生，译．上海：上海文艺出版社出版，1993：149.

[2] 王海龙，何勇．文化人类学历史导引［M］．上海：学林出版社，1992：198.

[3] 即冬天让田里浸水。

与依靠人力使用锄头耕翻平整土相比，使用犁耙的牛耕具有快速、省力等优点，这是人们广泛使用犁耙耕作的主要原因。但是，使用犁耙也有一些局限：有的田地面积狭窄，甚至容不下一头牛在田地里转身，不合适使用牛耕；有的土地所处的位置险峻，道路不方便，不利于牛走动，也不方便搬运犁耙；使用牛耕，有些田边地角翻犁不到。因此，锄头仍然是当地耕翻平整土地的辅助工具。同时，锄头也是旱地耕翻除草的主要工具，所以，当地每家都有锄头。

收获工具主要有摘禾刀、镰刀、挞斗（也称为稻桶或谷桶）、簸箕、筛子和木风簸（风扇车）。摘禾刀、镰刀是收割工具，挞斗是脱粒工具，簸箕、筛子和木风簸是清选工具。收割摘禾需要用摘禾刀一根一根地收割，然后捆成把，挑回去晒在禾晾上，待晾干后，用棒子把谷粒槌落下来。籼稻和其他糯谷用镰刀收割，然后把稻谷捶打在挞斗上使其脱粒。簸箕、筛子是以竹子为材料，把竹子破成竹篾，然后编织而成。除簸箕、筛子外，用竹子做成的生活用具还有秧篮、弯篓、饭篓、篮子、小笼子等，其中，秧篮主要用于插秧时装秧苗，把秧苗从秧田挑到别的田去；弯篓形状像靴子，用来装镰刀、柴刀等工具；饭篓用来装糯米饭，人们去比较远的田地干活时用饭篓装饭，便于携带。

加工工具主要有石碓、纺车、棉织机等。石碓以前基本上每家都有，人们用石碓舂米，然后用簸箕将米糠簸出去。纺车、棉织机则用来纺纱、织布。

2. 现代农业生产工具的传播与接纳

（1）现代农业生产工具传播概况

传统的犁耙只有铧口和耙齿是铁做的，而犁架和耙架则是用木头做的。到了 20 世纪 90 年代，平善开始引进全部是铁做的犁、耙，即犁架和耙架也是铁做的犁和耙。犁架和耙架是用中空的铁筒做成，这种犁耙不但比传统的犁耙轻便，而且比传统的犁耙经久耐用。这更有利于人们在当地曲折的林间小道和狭窄的田坎上搬运，也能减轻在田间耕犁的村民和耕牛的劳累程度。木头做的犁架和耙架容易折断，而铁制的犁架和耙架不易折断。这些原因使得铁架犁耙很快传播开来，进入 21 世纪后，平善已普遍使用铁架犁耙。传统的木架犁耙逐渐废弃，已没有几个人会制作，也没有几个人会修理，制作和修理木架犁耙的传统技术逐渐消亡。谈到犁耙的变迁，村民陆某说。

我们现在都用铁犁、铁耙（铁架的犁和耙）了，我家里有两套铁犁、铁耙，第一套买得差不多10年了，有点生锈了，加上铧头和耙尖磨损了，去年我又重新买了一套。木犁、木耙（木架的犁和耙）旧社会就有用了，我家的木犁、木耙都还留着，但是木犁、木耙不如铁犁、铁耙好，铁犁、铁耙轻，好搬到田里，用起来人又轻松、牛又轻松。铁犁、铁耙又经用，木犁、木耙很多地方是木头做的，遇到泥巴硬的田，或者有些大牛跑得快，就容易折断，又要拿回来修，又耽误活路。我的这套木犁、木耙坏了都找不到人修，以前我哥哥会搞木犁、木耙，现在他老了不搞了，都没有人会搞了，年轻人出去打工一天随便都能赚一两百，你搞这个有好多钱，不愿意学了。

图3-4　铁架犁耙

平善的耕翻平整土地工具的另一个变化是引进了微耕机。2011年4月，平善支书家和另一户人家合买了一台微耕机。这台微耕机不仅这两户人家用，而且出租给村里别的人家用。有的人家既没有微耕机，又没有养牛，就出钱租微耕机犁田。谈到微耕机，村民陆某说。

微耕机最大的好处就是快，大多数用牛的人家都还没犁完，用机子的就犁完了。但是，微耕机犁田，犁得浅，田不坐水（水容易漏)；犁地也犁得浅，种的苑谷根不深，容易倒。另外，微耕机要用油，要花钱；用牛犁，只要在牛草里放点糠面（玉米面掺杂米糠），不多花钱。

表3－2　平善村现代农业生产工具统计表

工具名称	数量	传入时间（年）
铁架犁	49 个	1991
铁架耙	48 个	1991
微耕机	1 台	2011
脚踩打谷机	43 台	1994
柴油、汽油打谷机	12 台	2011
打米机	14 台	1992

20 世纪 90 年代中期，平善开始引入脚踩打谷机（也称打稻机）。2008 年，有 1 户人家买进柴油打谷机。如今，使用最为广泛的是脚踩打谷机，其次是柴油打谷机或汽油打谷机，挞斗只有个别人家偶尔使用。

加工工具的变化主要是引进了现代加工机械。20 世纪 90 年代初，平善买进了 2 台二手的柴油打米机。90 年代，有 1 户人家买进了 1 台电动的打米机。进入 21 世纪后，有部分人家买进了家庭式小型碾米机。

图3－5　微耕机

(2) 生产工具的选择与接纳

生产工具的传播是一个复杂的过程。人们对生产工具并不是被动地全盘接受，而是根据当地的自然环境、社会文化等因素对生产工具的使用效果做出评价，然后选择性地接纳。正如恩伯指出："我们不仅可以预料社会会对于自己的文化不相容的来自其他社会的东西加以排斥，还可以预料社会会对不能满足某些心理、社会或文化需要的观念和技术加以排斥。"❶ 一般而言，生产工具的类型和组合是由生计方式决定的，不同的生计类型有相适应的工具文化。❷ 一个社会或者社区会根据当地的生产方式和生计类型选择相应的生产工具。

微耕机和打谷机在平善的传播可以很好地说明人们是如何选择和接纳新工具的。在引进脚踩打谷机以前，平善使用水稻脱粒是挞斗使水稻脱粒。20世纪70年代，脚踩打谷机开始从湖南传入。最先传入的打谷机体积大、比较笨重，至少需要3个人才能搬运到田里。当时还是集体时期，大家一起劳作，搬运打谷机并不困难。到80年代实行家庭联产承包责任制以后，家庭成为从事农业生产的基本单位，打谷机的制造厂商对打谷机进行了改良，减少打谷机的体积和重量，以便搬运。90年代后，当地外出务工的人越来越多，在家务农的劳动力减少且多是年纪较大的人，厂商对打谷机进一步改良，打谷机变得更小、更轻。这一时期，脚踩打谷机有了三个型号：最大型号的打谷机需要一个人扛滚筒、两个人抬谷桶，适合人口多、田块面积大的家庭使用；中等型号的打谷机需要一个人扛滚筒、一个人扛谷桶；小型打谷机可由一个成年男子将谷桶连带滚筒一起扛到田里。这三个型号的脚踩打谷机都被平善村民使用过，但近几年来，大多数家庭使用的都是三号小型的打谷机，因为搬运方便。

脚踩打谷机在平善已经普及，它比挞斗脱粒更快、更省力，但在引进之初，也曾受到村民的怀疑和排斥。正如费孝通所说，"新的技术虽然已经被证明有用时，人们一方面准备接受改革，一方面还在怀疑新鲜事物"❸。这是因

---

❶ C. 恩伯－M. 恩伯．文化的变异——现代文化人类学通论［M］．杜杉杉，译．沈阳：辽宁人民出版社，1988：540.

❷ 庄孔韶．人类学通论［M］．太原：山西教育出版社，2002：165.

❸ 费孝通．江村经济——中国农民的生活［M］．北京：商务印书馆，2001：183.

为人们已经熟悉旧技术的优点，而没有充分了解和掌握新技术，再加上新技术本身可能存在缺陷。脚踩打谷机引进之初，因为滚筒的快速转动，而村民刚接触打谷机，操作技术掌握得不够，把很多稻草搅进谷桶中，要经常停下来把谷桶里面的稻草捞出来。而之前使用挞斗脱粒，没有那么多稻草混在稻谷里，因而人们认为挞斗脱粒的稻谷更干净，而用挞斗脱粒操作上更简单。后来，当人们越来越娴熟地掌握脚踩打谷机使用的技巧后，脚踩打谷机的优点显然超过了它的缺陷，因其功效和实用性，脚踩打谷机得到了人们的认可和接纳。

图 3－6　脚踩打谷机的使用

柴油打谷机和汽油打谷机在 20 世纪就已经有了，但在平善的传播却是近两年的事。与脚踩打谷机相比，以柴油或汽油为动力的打谷机效率更高，更省力。这为解决当地因大量年轻劳动力外出务工而导致的劳动力严重短缺问题提供了有效的办法。平善村民针对农业生产中劳动力不足的问题主要有三种解决方法。一是减少耕种面积，放弃种植那些距离远、面积小的田块。这造成了大量的荒田，目前全村的荒田已超过 100 亩。二是农忙时雇用附近的劳动力，但在外出务工越来越普遍的情况下，雇用附近的劳动力也很困难。三是采用新技术，利用机器的快速和省力来解决劳动力短缺的问题。劳动力缺乏，其价格就高。请人干农活，时间长，开支大，而使用柴油打谷机或汽油打谷机能够大大缩短农事时间，从而节省开支。正因为机器的使用是解决劳动力短缺的重要手段，所以，柴油打谷机和汽油打谷机在平善传播得很快。

图3-7 柴油打谷机

尽管新的农业生产工具的传播速度很快，但旧的农业生产工具并没有马上退出历史舞台，因为旧农具在某些情况下仍然发挥作用。脚踩打谷机在平善的传播已有二三十年了，柴油打谷机和汽油打谷机，平善也有12台，然而，很多家庭还保留以前使用的垯抖。所有机器都会出现故障，而机器维修又是专业人员才能胜任的事情。当柴油打谷机或汽油打谷机出现故障的时候，一般村民往往束手无策，只有运到镇里维修，或请专业人员来维修，这都需要时间。这时候，脚踩打谷机又派上用场。脚踩打谷机也有出现故障的时候，如螺丝掉了，这时候就需要挞斗。有些面积很小或者地势险峻的田块，无论是脚踩打谷机，还是耗油打谷机都不方便搬运和使用，平善村民会仍然使用挞斗脱粒。技术传播有一个消化、吸收的过程，在机器的维修、零部件的获得村民自己不能解决的情况下，一旦机器出现故障，要排除故障就很麻烦。从这个意义上说，技术传播使平善村民与外界的联系越来越多，对外界的依赖也越来越强。

与打稻机在平善的传播不同，微耕机在平善的传播则是另外一种情形。微耕机是近年来传播到平善的。在当地愿意购买和使用微耕机的人看来，微耕机耕田速度快，1台微耕机1天耕田的数量，如果用牛耕则需要三四天。由于外出打工的人越来越多，村里多半是老人和孩子。一方面老人的身体不允许他们干太多的农活；另一方面劳动力的减少而导致饲养耕牛的数量越来越少。不少家庭主要依靠花钱请人干农活，如请人耕田。那些拥有微耕机的村民能够较快地耕完自家的田，然后腾出时间来替别人耕田以换取一定的收入。这是微耕机能够为部分村民接纳的原因。

在部分村民接受微耕机的同时，另一部分村民则表现出排斥态度。不愿接受微耕机首先是出于经济的考虑，购买微耕机的成本高，不像打米机、打稻机那样只要一千多块钱就可以买到了，微耕机每台需要三千到四千块钱才能买到。不少老人认为自己也种不了几年田了，他们不确定自己的儿孙是否会在家里种田，因此不愿意付出这笔费用。其次，搬运不方便是人们不愿买微耕机的另一个原因。微耕机比较重，尽管已不断改进，以便能比较方便地搬运，但平善梯田遍布，山路和田埂路居多，微耕机一般需要两个人搬运。这与打谷机的情况又略有不同。打谷机虽然重，但收割稻谷总是抢在阳光明媚的日子，一般多人一起参与劳作，总能有两个人抬动机器，而且收割稻谷时，田里的水都放干了，田埂太窄也可以走在田里。耕田时，田里浸泡着水，不方便两个人在狭窄的田埂上抬着机器走动。传统上，耕田总是一个人的工作，而使用微耕机需要两个人，当一个人操作微耕机耕田时，另一个人无所事事，这在村民看来是一种人力浪费。再次，微耕机的动力比较大，实际操作中，耕田的人需要一定的力量才能掌控，而在家耕田的主要是年迈体衰的老年人，他们不擅长微耕机的操作，也不懂得微耕机的维护和维修，因此不愿购买和使用微耕机。最后，人们对微耕机的使用效果尚存疑虑。一种新技术引进之初，很多人都是持一种观望的态度，他们要对新技术的使用效果进行判断，以便做出是否引进的决定。这种观望态度反映了人们引进新技术时求稳和害怕承担风险的心理。在微耕机的使用中，不少村民认为微耕机翻犁的土不透彻，泥土黏性没有用牛耕的大，不利于保水，而且，微耕机动力比较大，容易搞崩田边和田埂，这可能严重损坏梯田，导致水土流失。费孝通指出："一个人如果扔掉某一件工具，又去获取一件新的，他这样做，是因为他相信新的工具对他更加适用。所以，任何变迁过程必定是一种综合体，那就是，他过去的经验、对目前形势的了解以及对未来结果的期望。过去的经验并不总是过去实事的真实写照，因为过去的实事，经过记忆的选择已经起了变化。目前的形势也并不总是能得到准确的理解，因为它吸引注意力的程度常常受到利害关系的影响。未来的结果不会总是像人们期望的那样，因为它是希望和努力以外的其他许多力量的产物。所以，新工具最后也可能被证明是不适合人们的目的。”[1] 平善村民最初通过亲朋好友或者销售者了解到微耕机的方便和好处，引进了微耕机，但在具体的使用中，微耕机在当地特定的生产环境中呈现出种种不足，以至于很多村民不愿购买和使用微耕机。微耕机在当地只得到了较低程度的使用，而未得到广泛的传播。

尽管微耕机在平善没有得到广泛传播，但仅有的一台微耕机也给平善带来了一些变化，因为这台微耕机不仅满足了主人耕田的需求，而且还出租给其他村民耕田。微耕机的出租正在改变村民之间的关系。过去人们在农忙时经常换工，比如，你帮我犁田，我帮你插秧，那是一种互帮互助的关系，而机器的出租是一种租赁关系，是一种市场交换。生产工具的革新提高了劳动生产效率，也改变了人与人之间的关系。它不断突破原先建立在血缘或姻缘关系基础上的“差序格局”，瓦解小农经济，确立市场关系，使乡村人际关系变得愈来愈理性化。

3. 农业生产工具传播中的年龄差异与生产技能学习的变化

农业生产工具在少数民族村寨的传播过程中呈现明显的年龄差异，不同年龄阶段的人在农业生产工具引进、使用和维修中会有不同的表现。与年长者相比，年轻人拥有更多的外出机会，能够接触更多的新鲜事物，因外出务工而拥有一些掌握和操作机器的技能和经验，他们比年长者更善于接受新的农业生产工具。在平善，很多农业生产工具尤其是机器如打谷机、微耕机等最初都是由当地较年轻的村民引进的。以往，年轻人多从那些善于耕作的长辈那里学习生产技能，而在农事机器的使用中，很多年长的村民是通过向年轻的村民学习而获得操作和使用技能的。在农事机器的维护和修理中，年长的村民更是表现出对年轻村民的依赖性。平善很多家庭只有老人在家从事农业生产，一些老人通过使用农机代替欠缺的人力，但是他们并不具备维护和修理农机的知识和技能。每当机器出现故障时，他们往往都没办法解决，就只能在村里找年轻人帮忙，请他们检查故障和修理机器。当笔者调查村民是否有购买和使用微耕机的倾向时，愿意购买和使用微耕机的多是年轻人，但前提是他们留在家里从事农业生产。年长的村民不愿意自家购买微耕机，宁

---

[1] 费孝通．江村经济——中国农民的生活［M］．北京：商务印书馆，2001：21.

愿雇用村里或附近村寨的微耕机，主要原因就是他们不擅长微耕机的操作与维护。这也正是那些不在家从事农业生产的年轻人不愿意购买微耕机给长辈使用的原因。村民陆某这样说。

我这个打谷机是我今年才买的，以前我们不在家干农活，我们在外面开厂子，我家里只有我老爸和两个读书的孩子，我爸年纪很大了，他不会用这些机器，哪里有问题他也不会弄。这些老年人都不怎么会用这些机器，那天你们不是看到了吗，下面那个老人的打谷机发动不了，他不知道是哪里出现了问题，后来我去看，是要换机油了。如果明年我还在家种庄稼，我也打算买一台微耕机，我们年轻，抬也方便、操作也方便。

对于生产工具传播中的年龄差异，另一位村民也这样说。

我都用了两台打米机了，现在这台是前两年买的，旧的那台我送给我叔了。一开始买来打米机的时候，只有我会打，我爸他不敢打，也不会打。后来我慢慢教，打了几次以后，我老爸慢慢学会了，但是他打的米都没我打得好，调大调小他掌握不好，有时候打出来的米有点碎。脚踩的打谷机，我爸、我妈都会用，但是他们不会修，哪里有问题了，也不会检查，就只好等着我了，那天他们拿打谷机去田里用不了，没办法，就休息了。等我回来检查是掉了一颗螺丝，找来上好就可以了。

农业机械在平善的传播也对一些传统农业生产工具的制作及传统手艺人的地位带来了影响。在铁架犁耙传入平善之前，平善村民主要使用木架犁耙耕地。木架犁耙可以从市场上购买，也可以从村里擅长木工的手艺人家里获取；木架犁耙损坏时，可以请村里的木工进行维修，木工在村里是比较受人尊敬的。当铁架犁耙在平善得以广泛使用后，木架犁耙逐步被人们抛弃，其制作工艺，和其他传统技艺（如竹编）一样，成为只有个别老人还能掌握、年轻人不屑一顾的“老古董”。

现代农业技术的传播使少数民族村寨的农业生产技能学习情况发生了明显的变化。传统农业生产技能的学习，主要是年轻人向年长者学习，而且是在农业生产的实践中边干边学。年长者向年轻人耳提面授，亲力示范；年轻人则虚心向年长者学习，并在日后把这些技能传授给下一代。拥有丰富的生产技能和经验的年长者受到年轻人的尊敬。然而，现代农业技术的传播使年长者的许多生产技能和经验成为过时的东西，年轻人学习生产技能的方式和途径都发生了变化。向年长者学习不再是年轻人学习生产技能的唯一途径，年轻人可以通过书本、媒体、外出等多种方式和途径学习生产技能，并反过来把新的知识和技能教授给年长者。这也对当地一些擅长农活的年长者的地位形成了一定的冲击。

4. 生产工具传播中的性别差异与劳动分工习惯的变化

人类社会普遍存在以性别为依据的劳动分工，尽管在不同的社区，根据性别进行的具体的劳动分工可能存在种种差异。两性社会分工的不同在一定程度上决定了农业技术传播中男女两性的不同角色。“在农业技术传播中，大部分女性仍然是被动、从属的角色，女性在农业技术的获知、学习、咨询方面处于弱势地位。”[1] 在平善的农业技术传播过程中，性别差异也是很明显的，特别是在生产工具传播和使用上。

平善最先传入的打谷机是脚踩打谷机。脚踩打谷机需要依靠脚力来使滚筒转动，使稻谷脱粒。在脚踩打谷机传入之后，又传入柴油、汽油打谷机，这些机器只需要发动后即可自行运转，不需要借助脚力。在打谷机的传播过程中，最初引进打谷机和最先接触和掌握打谷机的是男人，而女人是在观看男人使用打谷机一段时间之后才学会使用打谷机的。

在打谷机的使用过程中，女人还呈现出对男人的依赖性。首先，打谷机在平善的传播使平善村民不可避免地面临打谷机的维护、维修问题，尽管如今女人也在使用打谷机，但她们不负责、也不懂得打谷机的维护、维修工作，只有男人承担这样的工作。其次，在打谷机的使用中，特别是在柴油打谷机和汽油打谷机的使用中，男人负责机器的运转，启动机器、购买燃料、更换机油、检查问题等工作都是男人在做，很多时候，如果没有男性的参与，则意味着不能使用打谷机。关于技术传播中的性别差异，村民陆某这样说。

我家这个汽油打谷机买来两年了，主要是我在管，汽油是我自

---

[1] 付少平．女性在农业技术传播中的角色［J］．西北人口，2003（2）：45－47.

己去街上买，要不要换机油也是我在管，哪里不好了也是我看，不懂就找别人帮忙看。一开始买这个机子的时候，我老婆看到都害怕，不敢用，后来看我们打多了，也敢打了，但是她还是不会启动，机子在田里，我不在家或者我还没有到田里，她都不会启动和使用这个机子。她连电磁炉都不会用，我家里的电磁炉买了好几年了，她都不会用，要用的时候她就抬来等我去开。

图 3－8　小型打米机

在平善男人看来，妇女胆量比较小，害怕使用动力比较强、运转比较快的机器；而且与男性相比，妇女的受教育水平较低，不能较好地理解机器的运作和掌握使用机器的技术。在农业机器的传播中，男人处于主要地位，男人通过市场、亲朋好友、农业技术培训等渠道获得农业机器的相关信息和使用技术，而女人在农业机器传播中处于次要地位，她们常常通过村里的男人特别是自己的丈夫和儿子获得一些农业机器的使用技术，并在农业机器的使用中表现出对男性很强的依赖性。农业技术传播中呈现的这些性别特点，深层原因是长期以来形成的“男耕女织”“男主外、女主内”的社会文化。

随着更多的农业机械的传播，妇女在农业生产工具传播中的弱势地位又导致了传统社会分工习惯的某些变化。在碾米机引进之前，平善妇女经常要做的一个工作就是舂米。用石碓舂米，按平善长期形成的习惯，这是女人们的工作，男人则基本上不做。碾米机传播到平善后，特别是小型家庭式碾米机的引进后，这一长期形成的分工习惯发生了变化。由于机器基本上是男人使用，碾米变成了男人的工作。村里除了两家盈利的碾米房有时是女主人在碾米外，一般的家庭碾米机都是男人在使用。碾米机的应用把女人从舂米的劳作中解放出来，但是，解放的代价是新的束缚和依赖。女人更多依赖男人碾米，这种情况在拥有小型家庭碾米机的人家表现得尤为突出，她们从不接触碾米机，认为那是男人们的工作，以至于男人不在家时，碾米工作变成无人承担的麻烦事情。

陆某 A：以前我们是用石碓舂米，都由女人舂米。男人不舂米，不做菜，不喂猪；女人不耙田，这是我们的传统和分工。用机器打米，一开始只有男人会掌握，那时候的女人基本上没有文化，像我老婆，我老弟的老婆连一、二、三都不会写的，她们不敢摸机器，不敢用机器打米。

陆某 B：我家的打米机，我老爸会用，我妈不会用。我妈挺灵巧的，但她不去管打米的事情。以前按我们的民族传统，都是妇女舂米。后来有打米机了，妇女们很少管的，像我妈，她就不打。她不是学不会，你打米，她看都不看。

陆某 C：像我家这个家庭式打米机，都是我在打，我家老奶（指老婆）和媳妇都不打。她们害怕这些机器的东西。如果我不在家，家里没米了，她们就挑谷子去支书家打米房打。她们也不会学着用自家的打米机打米。支书的老婆和下面那个打米房的老奶现在会用机子打米了。一开始她们也不会打、不敢打，后来学会了。如果她们不学会打米，村里有人挑谷子来打米，男的又不在家，那就不能帮人家打米，又不能赚钱，这样就不好了。

三、农药化肥传播与村寨文化变迁

与杂交水稻和现代农业生产工具几乎同时在平善传播的现代农业技术还有农药和化肥的使用，它们交织在一起共同改变了平善的传统农业生产。特别是杂交水稻的种植，除了每年需到市场上购买种子外，还需要合理施肥，防治病虫害。

1. 农药的使用与相关习俗的变化

在农药传入平善之前，平善村民使用一些传统的方式防治农作物的病虫害。20 世纪 70 年代后，人们开始使用化学农药，而后化学农药的品种逐渐增多。如今，平善村民已经广泛使用化学农药了。化学农药的使用对平善的一些习俗产生了影响，而这些习俗也在一定程度上限制了化学农药的使用范围和数量。

（1）农作物病虫害防治的传统方法

20 世纪 70 年代以前，农药没有进入平善，平善村民在农作物种植中主要使用一些传统的方法防治病虫害。撒油枯是防治病虫害的一种主要方法。平善村民很早就开始种植茶油树，人们常常把茶油树种植在菜园边、田埂边。茶油果用来榨茶油，榨油后剩下的油渣可以用来给田里的水稻杀虫。在农历六月，人们先把稻田里的水放掉，把田里的鱼抓出来，再把用石碓舂成粉末的油渣撒到稻田里，过四五天，待水稻田里的虫杀死后，再重新放水进田，把鱼也放进去。茶油果榨油后剩下的油渣还可以做成油枯饼，用来洗用火烧过的猪皮、狗皮等。平善村民杀完猪、狗等牲畜后，用稻草烧火将其身上的毛烧掉，然后用油枯饼在烧过的皮上搓，把已经烧焦的那一层皮退去。撒草木灰也是防治病虫害的一种方法。人们把草木灰撒到稻田里，或者把草木灰与粪水搅拌后撒到稻田里，既可以提供稻谷生长所需要的肥料，也可以起到杀虫的作用。

稻田放鸭也是防治病虫害的一种方法。以前平善每户人家都养一群鸭，每天早上，人们用秧篮把自家的鸭挑去放到田里，到傍晚又去把鸭挑回家。稻田里放鸭有几个好处。一是鸭子找到了放养的地方。平善没有河流，如果不把鸭子放到田里，就只能养在家里了，这样鸭子需要的食物就比较多。把鸭子放到田里，它可以吃田里的虫子，就少吃粮食了。二是鸭子放在田里，排放的粪便可以留在田里，既可以养鱼，也可以肥田。三是鸭子在稻田里吃虫子，稻谷就少受虫害。如果发现某一丘田有虫子，人们就专门把鸭子放进去吃虫。尽管稻田养鸭有诸多好处，但是在 20 世纪 90 年代，为了整治村庄卫生，减少因环境肮脏而引发的疾病，村里干部制定了不准放养鸡、鸭、鹅、狗的村规。若有违反，村民可以直接将别人放养的动物打死而不负责任。有了这样的规定，鸡、鸭、鹅、狗只能圈养，村民饲养鸡、鸭、鹅、狗的数量大大缩小，大部分人家直接放弃饲养这些动物。稻田养鸭也因此废弃。

（2）化学农药的引进

20世纪70年代，六六粉传入平善，这是最早使用的化学农药。据老人回忆，六六粉杀虫效果很好，什么虫都可以杀死，但由于当时农药买卖受到限制，而且要使用喷粉器，而喷粉器是由上级统一发放的，所以六六粉的使用不多。由于六六粉的使用容易造成中毒事故，国家已经明令禁止生产、销售和使用农药六六粉。

直到20世纪80年代，化学农药在平善的使用都是十分有限的。集体公社时期，政府限制多，农药、农具等多由政府分配，当时国家不富裕，能给农民发的东西也少。另外，当时人们的观念也没有完全转变，不相信科学技术的效果，因此，农药用得很少。

改革开放后，国家政策放宽了，买卖农药变得自由。继六六粉之后，敌敌畏、甲胺磷等农药陆续传入平善，农药的品种越来越多。这个时候，平善村民的观念也逐渐发生了变化。人们已经看到农药能够很快杀虫，防治病虫害的效果明显，而又没有认识到使用农药的害处，农药的使用变得广泛起来。如今，人们使用的农药品种繁多，其中包括敌敌畏、甲胺磷等国家明令禁止销售和使用的剧毒农药。平善村民使用农药的范围也比较大，水稻、蔬菜、茶油树等农作物都需要打药。

图3-9　销售的各种农药

（3）相关习俗的变化

化学农药的使用与平善的某些传统生计和习俗是相冲突的。稻田养鱼是平善村民长久以来形成的传统生计和生活习俗。每年四月，人们就把自己留的母鱼产下的鱼仔抓到每一丘稻田里。如果自家的小鱼仔不够，还要上街去买小鱼，或者买商人贩来的小鱼。每年农历七八月是稻谷的成熟期，人们开始把田里的水放掉，把鱼捉回家做腌鱼，或者先抓到有水的田里，等到冬天再做腌鱼。每家每年总要保持一两丘田全年有水，把鱼养在里面。冬季，村民在养鱼的田里选一个位置，把泥土刨开，做成一个窝，然后插上一些树枝，盖上稻草给鱼搭棚子。村民说搭鱼棚有几个作用：首先是保暖，当地处于半山腰上，冬季气温低，寒风凛冽，鱼可以躲在棚子下面，从而达到保暖的作用；其次是藏身，鱼躲到棚子下面以避免遭到一些鸟兽的捕食；最后搭鱼棚还方便当地人冬季捉鱼，鱼基本上都在棚子下面，人们要吃鱼时，把鱼棚围起来就可以挑大个的拿，而不用在冰冷的水田里到处捉鱼。

稻田养鱼在当地有着悠久的历史，也有着丰富的文化。说起稻田养鱼的来源，村民说他们也不清楚，只知道祖祖辈辈都是这样的，鱼是祖先发现的，就这样传下来了。因此，每次人们到稻田里拿鱼回来吃，摆好饭后，都要先敬祖先，在地上洒几滴酒，以告知祖先，他们拿鱼回来了，做鱼吃了，感谢祖先把美味传了下来。如遇丧葬，也要用腌鱼敬逝者，以期望逝者在另外一个世界也能拥有鱼这一美味食物。逢年过节、红白喜事，腌鱼也是桌上必备的菜肴。鱼也是人们走访的礼物。在村民看来，鱼是他们原本拥有的，养鱼、吃鱼是祖祖辈辈传下来的，因此，他们常常以鱼待客或以鱼送客，这是他们的传统习俗。

在使用农药杀虫时，村民不得不考虑稻田里养的鱼。在市场上买农药时，他们尽量买不会杀死鱼的农药。打农药也要采取一些措施，避免把鱼毒死。谈到农药使用与稻田养鱼，村民陆某这样说。

> 我们的稻田都养鱼了，吃不了好多新鲜鱼，主要是要做腌鱼。不养鱼，你就没有鱼吃，也做不了腌鱼。有客人来，没有招待的；遇到红白喜事，桌上摆不出腌鱼也不行。祖祖辈辈都这样做的，别人家也是这样做的，你不能不这样。打农药的时候也会杀死鱼，所以要注意。我们去买农药的时候，就要跟老板讲，我们的田里养鱼

了，不要那种会毒死鱼的农药。有的农药也会杀死田里的鱼，那打药的时候也要有点办法，减低药量啊，或者哪一丘田虫太多了，必须要农药多，就要先把田里的鱼捉到别的田里去。打药时，水浅了鱼也容易死，你嫌抓鱼出去麻烦，就要多放点水进田去。水深了，鱼不容易被毒死，偶尔死两个关系也不大。

捉蚱蜢吃也是平善的传统习俗。化学农药可以杀死蚱蜢，农药的普遍使用使抓蚱蜢吃的人越来越少。在平善，大多数人家使用化学农药杀蚱蜢，只有少数人家还在用传统的方式捉蚱蜢。他们在竹竿的一端安装一个网兜，田里的蚱蜢很多时，他们就到田里去抓蚱蜢，把抓回来的蚱蜢炒来吃，据说是一道美味佳肴。村民陆某这样描述。

我今年没有打农药，有蚱蜢。我们两老就自己去田里抓，把田里的蚱蜢捉干净了。抓来的蚱蜢也得吃，很好吃的，叫你们来吃，你们不敢来。我们今年抓了好几回，在街上买不到的。

农药的广泛使用对平善村民的稻田养鱼、捉蚱蜢吃等传统生计和习俗产生了显著的影响，因为它们是相冲突的。平善村民还没有完全认识到这一点。他们知道农药会毒死鱼，会杀死蚱蜢，会毒死老鼠。为不让农药毒死鱼，他们会减少农药用量，但是，他们还没有完全认识到农药的危害，没有认识到农药的迁移转化，通过食物链对人体产生危害。如果完全认识到农药的危害，他们将面临两难选择，或不使用农药导致粮食减产，或使用农药，任由传统生计和习俗消亡。

2. 化肥的引进及其与农家肥的整合

(1) 传统农家肥

平善长期使用的是农家肥，主要包括牛粪、猪粪、人的粪便、油枯、“秧青”、草木灰等。20 世纪 60 年代中后期，政府推广种植绿肥。当时没有足够的种子，绿肥种子由县政府分配给公社，公社再分给大队，大队再分给各生产小组，所以当时绿肥的种植和使用不多。70 年代中后期，绿肥开始大面积种植。绿肥不仅可以用作肥料，还可以用来饲养牲畜，只是喂的量不能太多，否则牲畜会中毒而亡。

据老人回忆，以前种植庄稼，多采用刀耕火种、广种薄收的方式。直到20世纪60年代，有的土地上的庄稼都不放肥料，有的用一些农家肥。那时，每到耙田后插秧前，人们都到上山去割“秧青”，把树叶、野草等割来泡到田里，“秧青”经过一段时间后腐烂在田土中，为农作物的生长提供养分。到了冬季，人们就到山上去割枯黄的树枝和野草烧草木灰，直接把草木灰撒在田里，或者把草木灰与人畜粪便混合在一起作为肥料。如果稻田养鱼或稻田放鸭，鱼、鸭的粪便也可以用作肥料。90年代初，平善开始在田里大量种植萝卜菜。村民犁田时把萝卜菜埋在田里，用萝卜菜肥田。

（2）化肥的引进

20世纪50年代末，平善村民就听说过化肥，但由于当时条件的限制，没能够获得、使用化肥。70年代，距平善较近的肇兴镇建了磷肥厂，村民们才开始使用磷肥。80年代以后，复合肥、尿素等化肥投入使用。但是，直到90年代末，由于平善与外界的公路还没有修通，交通车辆不能进出村庄，人们外出赶集只能走曲折、狭窄的山路，不方便负重行路，因此，以往化肥的使用非常少。

直到90年代，平善的粮食问题都没有彻底解决。当时村民种植的水稻主要是老品种，产量不高。村民喜食大米，不积极也不擅长种植杂粮，旱地种植的玉米、小麦、高粱等杂粮产量也不高。引进杂交水稻后，由于交通不便和经济困难导致化肥使用量低，而农家肥又不能满足粮食作物生长的需要，以至于杂交水稻的产量并不高，不能解决粮食不足的问题。从90年代开始，在村干部的带领和号召下，平善村民一方面把旱地改为水田，增加稻田面积。1995—1999年新修四条田间水沟，从山涧引水到水田，增加水田面积约两百亩；另一方面增加肥料的使用，主要是增加化肥的使用量。据平善支书说，化肥的使用对村民解决粮食不足问题是非常重要的。支书介绍说。

我们这个地方到20世纪90年代都还不够饭吃。那时候，人们种的水稻老品种居多，那个老品种产量低。那时候，我们这条公路又没有修通，大家外出都是走那山上的小路，外出不方便，得一点点化肥，有的人家都没有得化肥。那大米的产量低啊，我们到80年代就种杂交水稻了，但是没有化肥，那个杂交水稻的产量也不高。

加上以前家庭人口多，又没有出去打工，那需要的粮食不是多吗？我上任以后，带领老百姓搞改土变田（把旱地改为水田），现在你们看到的下面那些水田以前都是旱地，用来种玉米、红薯、木薯、高粱等杂粮，但那个产量也不高。我们搞了几年，才把那些土地变成田，有两百来亩，但那以前都是旱地，没有水源灌溉。我又带领大家修水沟。我负责找水泥，找来以后，村民们就到堂安坳[1]去拿。那时候还没有修公路，全部是走小路来的。修了水沟，才保证到处都有水源放田。化肥对于粮食生产也是很重要的，我们有家肥，但是也不够放所有的田，放少了，粮食产量低。到90年代，才逐渐认识到化肥的重要，开始想办法出去买化肥，增加化肥的使用，粮食才高产的。不做这些改变，我们连饭都不够吃。

2003年，平善修通了进村的公路，方便了行人进出，也方便了车辆的进出。一些商人开着三轮车、皮卡车、小货车等进村买卖东西。播种季节有商人运化肥到平善村口出售，村民不用外出就能够买到化肥。村里也有人买了面包车，平时需要化肥时，村民也可以委托村里的面包车运输。化肥的使用量在平善增加了很多。

化肥的大量使用，除了化肥的使用效果好和买化肥方便的原因外，还与这一时期国家的封山育林政策和大量村民外出务工有关。封山育林以后，冬季到山上烧草木灰被禁止，怕引发山林火灾，用作肥料的草木灰和树叶大大减少。封山育林也是平善养牛数量减少的一个原因。据村民回忆，以前每家都养几头牛，常常把牛放在山坡上，一放就是一整天。后来封山育林了，不允许放牛上山，人们养牛的数量逐渐减少了，有的人家干脆就不养牛了。用作农家肥的牛粪也不断减少，从而使得化肥的使用量增加。20世纪90年代以后，越来越多的人去外地打工，造成了在家务农的劳动力的缺失。一方面，在家务农的人不能饲养很多的牲畜，也就得不到较多的牲畜粪便作为肥料，直接导致农作物种植中农家肥使用量的减少；另一方面，与使用化肥相比，使用农家肥需要更多的人力，劳动力的减少也使很多家庭无力承担农家肥的担运。有的家庭外出务工几年后又回家务农，牲畜的喂养间断了，没有牲畜

---

[1] 地名。

粪便，只好选用化肥这种方便的肥料。

陆某 A：年轻人都去外面打工了，只有我们这些老家伙和小娃崽，没有劳力。我都几年没养猪、牛了，哪还有家肥。就算有家肥，也挑不了，你一天挑几挑，累得半死，还放不了多大一块田，你用化肥呢，一包就可以撒很大的面积了。

陆某 B：我家有 8 年不种田了，都出去打工了，今年才回来种田。我家没有养猪、没有养牛，没有家肥。以前我们每家都养二三头牛，二三头猪，家肥多，化肥用得少。我今年没有家肥，全部放化肥，我有两亩田，放了 200 斤复合肥，如果有家肥放，要少用一半化肥。

（3）化肥和农家肥的整合

虽然化肥在平善已经普遍使用，但是，农家肥在平善村民农业生产中仍然占据重要的地位。笔者在村寨调查期间，每天都可以看到当地老人挑牛粪去给庄稼施肥。每年收割稻谷之后，人们就开始把家里的牛粪挑到田块里。在他们看来，使用牛粪不会像使用化肥那样会导致泥土板结，或者因为使用过量而损害庄稼的生长，因此，他们对使用牛粪做肥料更为放心。

除了牛粪之外，平善村民还在田里种蔬菜作为肥料。从 20 世纪 90 年代开始，平善村民从附近村寨学会了在田里种蔬菜做肥料的方法。到了水稻的成熟期，平善村民就会把很多稻田里的水放掉，然后在田里撒萝卜菜种子。等收割稻谷时，萝卜菜已经长到一两寸高了。之所以选择种萝卜菜，是因为萝卜菜不仅有茎叶，还可以结出萝卜，而其他菜只有茎叶。到第二年犁田时，田里的萝卜菜已经结了萝卜，人们把萝卜和萝卜菜枝叶砍碎，用来肥田。这是目前平善村民获得农家肥的一种普遍的方式。

农家肥并没有完全退出农业生产，它仍然在农作物种植中发挥重要的作用。虽然外出务工的人员很多，但是，一部分人仍然还在家务农，传统的生计方式依然在延续。在家务农的大部分人仍然还在养牛，以便获得牛粪和用牛耕田。在使用化肥的过程中，平善村民也有一些心得和经验。他们认识到，使用化肥确实比使用农家肥节省人力，没有化肥提供肥料，杂交品种的产量会受到影响，但是，化肥的使用也会导致泥土板结、农作物病症增多等后果，而农家肥的使用则可以避免这些不良后果。因此，化肥并没有完全取代农家肥在平善村民农业生产中的作用，平善村民将农家肥和化肥同时用于农作物生产中，以便获得更好的效果。这个效果不仅包括农作物的产量，还包括农作物的质量；不仅包括对农业生产结果的追求，还包括对生态环境的维护。村民陆某对化肥和农家肥做这样比较。

图 3－10　村民挑牛粪去肥田

以前割树叶肥田，随便哪种树，只要树叶嫩，除了不要杉树的叶子，青岗树、麻栎树最好，枫树也可以。现在不割树叶放田了，有化肥了。你去割一天树叶，割得快的，得四挑，累半死去。你去打一天工，得一百多块钱，买一包肥料，要放多少面积。但是呢，讲起来，化肥还是抵不了农家肥和树叶。放农家肥和树叶的田，里面的谷子好，黄黄的。放化肥呢，你没掌握技术呢，禾苗要坏，化肥放多了也不好，放少了也不好，要掌握点科学技术，还是农家肥好。分田到户那几年，我养四个牛。那牛粪堆成坡，每一丘田都有肥料放，没要买化肥。用那个化肥，稻谷特别爱生 mau^{55} kei^{214}（谷粒瘟）❶，用农家肥，就不会。以前割树叶放田，过去都是荒山，一到冬天，到处烧火，山上的树这么高（老人比画，估计一米多，不到两米），就割树叶去放田。到 1953 年就发动栽树了，七几年又栽树，要消灭荒山，栽的树都得用了，现在你不喊他栽，人家也主动

❶ 谷粒瘟：发病早的颖壳全部变成灰白色形成秕谷，发病晚的产生褐色椭圆形或者不规则病斑，可使稻谷变黑。

栽了。灰也没烧了，有三四十年没烧了，那个树大了，没有好多杂草了，也没有地方，你去哪里烧灰。还没有造林以前，山上的杂树很多，不是人为栽的，是自然生长的。造林栽杉树后，杉树大了，那些杂树生长不了。那边坡，以前都是草地。十几年、二十年前，国家发松树的种来，到处乱撒。现在有的地方没草了，就算有，也少了，杂树也长不赢松树，也减少了。现在要割树叶，要烧灰，也没有地方了。用坡上的野草烧灰，那个土木灰，用人的粪便拌着，撒在水田里也好。浸水和冲头的田，放这个灰，种摘禾呢，风大风小，也不倒。

四、蔬菜良种传播与村寨文化变迁

除了杂交水稻、农业生产工具和农药化肥的传播外，平善的农业技术传播还有蔬菜良种的传播。蔬菜良种的传播比杂交水稻的引进和农药化肥的使用要晚。

1. 传统蔬菜的种植与利用

传统蔬菜是指在良种蔬菜引进传播到平善之前，村民经过烹饪或加工之后日常所食用的植物，包括村民自家菜地里种植的蔬菜和山上采集的野菜。在引进良种蔬菜之前，村民从外地引进到平善的蔬菜老品种也属于传统蔬菜。

种植蔬菜首先是选择菜地。在对有限的土地资源如何配置的问题上，平善村民是非常理性的、有效的。面积稍大的土地都是水田，用来种植水稻。那些石头较多的缺水的小块土地，就会用来种植蔬菜。因此，村里的菜地不会集中分布，通常是这里一小块，那里一小块。近几年，由于很多村民外出打工，导致一些水田荒芜，留在家里的其他村民也会在荒田里种蔬菜。在平善的农业生产活动中，水田与旱地也形成一种二元结构，水田是主角，菜地是配角。

因为菜地稀少，村民充分利用每一寸土地。很多蔬菜都实行间作套种的方式，即错开各种蔬菜的生长时期，一批蔬菜即将摘来吃完的时候，另一批蔬菜已经撒种冒芽了。有的是利用生长的垂直空间，几种蔬菜一起成熟，错落有致，又不互相影响。实行套种的另一原因是充分利用土壤肥力。村民无论种什么菜都会用农家肥去施肥，例如粪水、牛肥、草木灰。肥沃的土壤足以承载并孕育几种蔬菜的生长。村民还会选择在自家稻田的田埂上，尤其是在那些人不经常过路走动的田埂上种黄豆、茄子、豆角、南瓜、冬瓜、瓠瓜。例如，种豆角，村民会在田埂边上插柴杆，把豆角的藤绕在柴杆上生长，而瓜类蔬菜是藤本植物，村民只需把它的藤扶向田坡就可以了，不会影响水稻生长。这些都是村民长期生产实践过程中总结出来的。

村民种菜一般都是点种，即先除菜地面上的草，挖出一个个的小坑，然后撒菜种进坑。点种的菜便于施肥，也方便采摘。村民种菜喜欢放农家肥，从 2006 年开始，村里掀起了一场“厕所革命”，粪水减少，现在村民主要是挑牛粪去施肥。草木灰也可以用作肥料，像种黄豆就不需要多少肥，适合放草木灰，施牛粪太肥，反而不好。由于外出打工的人多，现在村里养牛的人家一共只有 27 户，占全村总户数的 21.43%。牛粪少了，就用化肥补充，但村民说，用多了化肥，土壤板结，蔬菜也不好吃。

图 3－11　村民种菜

传统蔬菜都是村民自己留种。不同的蔬菜留种方法也不相同，有的菜种直接留在菜地里，有的要放在地窖里贮存，有的要放在阴凉处风干，有的用布包裹起来存放。村民在长期生产实践中总结出了各种蔬菜的留种方法。

平善海拔较高，水田基本都是高山冷水田，粮食产量低。在引进杂交水稻之前，粮食不够吃，蔬菜便是村民的重要食物来源。如果蔬菜较多，村民会将一些蔬菜腌制储存起来。吃不完的蔬菜也可以用来喂猪、喂牛。此外，有些蔬菜熟透了可以用来制作生活工具，例如，丝瓜瓤可以用来洗碗刷锅，蒸糯米饭时垫蒸底；瓠瓜可以用作容器，也可以用来做水瓢。

除了种植蔬菜，平善村民还采集野菜。有的野菜可以直接烹饪，有的需要腌制，有的用来做香料配菜。村民还会从山上挖一些自己喜欢吃的野菜香料带回家移栽培育，如山苍子（Təŋ^{55} phiau^{55}）、折耳根（wən^{214}）等。有些植物，平常一般不会采集食用，但在饥荒年月也会用来充饥，如黄麻（pa^{51} kaŋ^{55}）叶、尼泊尔蓼（ma^{55} ka^{55} tɕiəu^{35}）、崖豆藤（tɕiau^{55} tuo^{214} pie^{51}）、淡竹叶（nia^{51}）根、葛（niŋ^{51}）根等。五月艾（ma^{55} xyiŋ^{55}）也大量用来充饥，现在只是用来烧鱼时做蘸水。

2. 良种蔬菜的传播

良种蔬菜是指在蔬菜老品种基础上经过技术改良的优质品种，它能在一定地区或一定栽培条件下表现出高产、优质、抗逆性强或具有较高经济价值的品种。

良种蔬菜在平善的传播有一个过程。良种蔬菜刚开始在市场销售时，并没有引起村民的广泛关注，因为对于生产生活都是相对自给自足的村民来说，家里种植的传统蔬菜已经够食用了，没有必要再去花钱买蔬菜种子，这是村民精打细算的结果，而且经济条件的制约也使村民很少可能去购买良种蔬菜提高其蔬菜的产量和品质。为了开拓良种蔬菜的市场，促使农业技术应用转化为实际的生产效益，将技术成果惠及于民，农业技术推广站联合种子公司想出了一招，即凡是购买杂交水稻种子者，都可以获赠良种蔬菜种子。既然是免费发放，自然就有村民拿回家试种。试种良种蔬菜只需要一小块地就可以了，不会对村民日常饮食中的蔬菜供应造成很大的影响。对于新事物，村民还是持谨慎态度和求稳心理，费力徒劳的种植不符合理性小农的逻辑思考。如果小面积试种效果好，才会考虑购买种植。

村民购买良种蔬菜种子最初是去镇上的种子公司，后来村里的小卖部也销售良种蔬菜种子。每年 7 ~ 9 月，菜种卖得特别好。2013 年，村里小卖部批发了 200 多包菜种到村里卖，主要有白菜、菜心、白萝卜、红萝卜、飘儿菜、包菜、莴笋、芹菜、芫荽、茼蒿、豌豆、菠菜、生菜等蔬菜品种。小卖部批发良种蔬菜不是随心所欲的，而是依据市场上的良种蔬菜种类、当地的自然气候环境、村民种植后的反映、村民的饮食偏好以及自己多年积累的销售经验理性地选择。例如，像白菜、萝卜、包菜，村民们都种得多，吃得多，也可以用来喂猪喂牛，就多批发点，而像芹菜、菠菜、生菜，吃得少，就少批发点；对于村民从来没有买来种过的一些蔬菜种子，可以尝试性地批发一点，等逐渐打开销路以后，再多批发一些；对于村民反映的那些不合适当地种植的蔬菜品种，以后就不会再卖。

尽管市场上出售的良种蔬菜种子，其包装袋上都有该蔬菜“特征特性”“栽培要点”“种子质量”“注意事项”等内容，但是，种菜的妇女很少有识字的，她们都是按照自己以前的方法和经验种植，而不会关注“栽培要点”等内容。良种蔬菜一般是杂交品种，村民自己不可以留种，菜种的包装袋上也写有不能自行留种的提示，但好奇的村民仍然会选择按照自己的经验去尝试留种，留种失败后，仍需购买。

图 3-12 村里小卖部出售的蔬菜种子

村民之所以会选择良种蔬菜，主要有这样几个原因。一是有些良种蔬菜成熟时间早，在传统蔬菜没有成熟之前，这些蔬菜可以补充家庭所需。二是有些村民认为良种蔬菜品质好，有些良种蔬菜不仅个头大，长势好，而且比传统蔬菜好吃。三是随着经济的发展和生活水平的提高，村民有了闲钱买价钱不贵的蔬菜种子，传统蔬菜留种的重要性下降。为了丰富日常的饮食生活，村民还会购买当地原本没有的一些蔬菜品种种植。四是思想观念的转变，有的村民相信科学，他们认为杂交菜种和杂交水稻种子一样好，凡是杂交的都好。谈到良种蔬菜，村民陆某这样说。

> 我们喜欢买国家出产的那种大白菜、辣椒。杂交辣椒要熟得快一点，我们自己的本地辣椒要迟点，像现在我们本地辣椒还没有熟，杂交辣椒已经熟了，可以吃了么。杂交菜和杂交水稻一样好，相信科学。买的种子好一点，茂盛一点，可靠一点，一样好吃。样样都是杂交的好。

良种蔬菜的传播并没有完全取代传统蔬菜，一些传统蔬菜仍然被保留下来，这主要有下几个原因。一是有些传统蔬菜比良种蔬菜更能适应平善的气候环境，尤其是冬天的蔬菜品种，传统蔬菜比良种蔬菜更能抗寒。二是由于错开了成熟期，传统蔬菜与良种蔬菜可以相互补充。三是部分传统蔬菜品种方便留种，易于储存。四是有的传统蔬菜品种优良，村民认为好吃。此外，个别蔬菜在民族饮食中扮演重要的角色而得以保留，如辣椒，村民认为本地辣椒比外地辣椒更辣。辣椒是当地制作腌鱼腌肉必不可少的作料，腌鱼腌肉是亲友间相互馈赠的一种礼物，也是丧事饮食中的重要食物。

3. 良种蔬菜传播带来的变化

蔬菜品种变迁是与整个村寨的社会文化变迁相伴的，二者相互影响。良种蔬菜的种植，丰富了平善的蔬菜品种与数量。一些原本只是种来给人吃的蔬菜，现在多拿来喂猪、喂牛。以前菜地边上的杂草，村民一般是把它们割回去喂牛，而现在有些村民会用除草剂直接把杂草杀死。品种与数量的丰富也导致一些传统蔬菜品种退出菜园、面临消失的境遇。有的传统蔬菜现已没有种植，如刀豆、红苋菜；有的只有几户人家还在种植，如紫红薯。由于市场上很容易买到各种蔬菜种子，村民自己留种的越来越少，而以前那种建立在留种基础上的村民或亲友之间相互讨要或赠送菜种的行为也越来越少。村民们在长期的生产实践中获得选种、留种的经验与方法也慢慢消失，而这以前是年轻的村民需要从长辈那里虚心学习的。现在年轻村民不但不向长辈虚心学习，反而表现出对传统留种技艺的轻视。由于年轻人经常外出，相对见多识广，他们反过来为年长村民提供良种蔬菜的相关信息，这也一定程度上导致了年长村民和年轻村民之间地位的变化。

蔬菜种植传统上是妇女的事情。平善村民以前干活有明显的男女分工，通常是“男主外，女主内”。妇女除了在家带孩子、舂米、挑水、做饭、纺纱、织布，还要负责种菜。平善以前有句“妇女不下粮田”的俗话，意思是说粮田主要是由男人负责耕种管理，而种菜则是妇女的事。随着农业技术的传播和年轻妇女外出务工的增多，男人也参与蔬菜种植，帮助妇女买种、挖地、挑肥、除草、杀虫等。以前蔬菜有了虫，一般是妇女去菜地直接用手把虫抓来捏死，或是撒点草木灰。现在蔬菜似乎比以前更容易长虫，村民开始用农药杀虫，但是，除了一些识字的年轻妇女外，一般都是男人给蔬菜打药，或者是由男人依据产品说明书，在喷雾器里面兑上农药和水，再由妇女去打药。这使得女性更依赖男性。村民陆某这样说。

> 那蔬菜遭虫了，就拿农药去打嘞。那都是我打啊，你大妈会也会，但打药要看说明书的哟，你大妈不认识字，都是我先买来啊，然后我再教她怎么打。我先给她配好药，再让她去打，她一个人搞不来。因为她认不到字，像她去外面买菜种的时候，就只是看那个图。那要是以前没种过的菜呢，就问老板怎么种。我也会帮她看那个菜种的说明书，给她看哪样菜好。那像村里其他女的，有拿农药去喷菜的，但都是些年轻的女的，像那新寨里头的几个女的都会嘛。像她们年轻的都去外面打过工，都认识字，都会搞。村里老人没晓得，老人不会那个。要是家里年轻的都出去打工了，就请别人帮忙。

蔬菜良种作为一种良种技术，村民们将它与杂交水稻技术相提并论。由于杂交水稻的高产优质使村民的温饱问题得以有效解决，这就增强了村民们对蔬菜良种的认同。反过来，良种蔬菜种得好，又进一步促进、强化了村民观念的改变，使人们越来越相信科学，科技意识不断增强。

现代农业技术的传播，对少数民族村寨的传统生计、行为方式、生活习俗、思想观念等产生了深刻的影响。现代农业技术的传播改变了传统的生计方式。杂交水稻及种植技术的推广改变了传统水稻选种、育秧、插秧、施肥、管理的方式，使传统水稻品种不断减少；农业机械的传播改变了传统田间劳作方式，传统农业生产工具的制作技艺日渐式微；农药的应用使农作物病虫害防治的传统方法面临失传，稻田养鱼的传统生计面临困境；良种蔬菜的传播使一些传统蔬菜品种退出菜园，逐渐消亡。现代农业技术的传播提高了劳动生产效率，也改变了人们的行为方式及人与人之间的关系。由于传统的生计方式发生了变化，建立在传统生计方式基础之上的行为方式也不断改变。现代农业技术的传播使少数民族村寨年轻人学习农业生产技能的方式和途径发生了明显的变化，这在一定程度上导致年长者和年轻人之间地位的变化。现代农业技术的传播在性别上的差异导致了一些传统社会分工习惯的变化，也使女性更加依赖男性，特别是在农业机械的使用中。现代农业技术的传播使人们与外界的联系越来越多，对外界的依赖也越来越强。种子的购买、农产品的出售、农业机械的租赁等，不断突破原先建立在血缘或姻缘关系基础上的“差序格局”，加速自给自足小农经济的瓦解，确立市场关系，推动传统村落融入整个市场经济社会。现代农业技术的传播增强了人们的科技意识。劳动生产效率的提高、温饱问题的解决、生活质量的改善，让人们看到了科技的强大力量，使人们越来越相信科学，尊重科学，崇尚科学，科技意识不断增强，进而在生产实践中自觉地运用科学，而过去那种靠天吃饭的观念被改变。

现代农业技术传播是在整个社会变迁过程中发生的，它虽然不是推动社会文化变迁的唯一力量，但却是一支很重要的力量。现代技术传播促使整个村寨社会文化的变迁，而村寨社会文化的变迁又反过来影响农业技术的传播。现代农业技术在少数民族村寨的传播，虽然有政府的大力推动，甚至有一些强制手段，但更多的是一种自发的过程，现代农业技术的接纳主要还是村民理性选择的结果。换句话说，即使没有政府的大力推广，现代农业技术也会传播到少数民族村寨，只是进程上要晚一些，适宜的技术同样会被村民接纳。

第四章　现代建筑技术传播与少数民族村寨文化变迁

自20世纪80年代以来，贵州少数民族村寨传统民居随着社会经济的发展和现代建筑技术的传播发生了很大的改变。以黔东南苗族传统民居为例，许多苗族村寨民居都经历由纯木房到砖木结构房再到砖混结构的新式楼房的变化过程。传统民居逐渐向现代民居演变，人们的建房习俗、生活方式、审美观念、人际关系等也在这个演变过程中悄然变化。尽管现代建筑技术传播并不必然导致少数民族村寨传统民居变迁，但它却是传统民居变迁的必要条件。笔者以苗族传统民居变迁为个案，通过调查贵州省黔东南苗族侗族自治州台江县施洞镇巴拉河村的现代建筑技术传播和传统民居的变迁状况，从技术人类学的视角考察在传统民居的变迁过程中因建筑技术的变化而引起的文化变迁。

一、传统民居的建筑构造及其文化特质

黔东南苗族传统民居大致可以分为两类，一类是被称为吊脚楼的干栏式建筑，另一类是落地式建筑。干栏式建筑多分布在东南雷山一带。这一带地处高山峡谷，沟壑纵横，可供用于建筑的平地比较少。吊脚楼对周围环境具有极强的适应性，便于合理利用土地，因地制宜，不受地形限制，既可依山而建，又可临水而居。吊脚楼一般采用沿等高线累叠式分布，前吊后坐，采用挖、填、筑的方式对陡坡进行处理，全部建筑采用穿斗式榫卯结构。楼房分为三层，一层即吊起的部分，通常用作猪圈和储藏农具的地方；二层为全

家的生活起居区域，平面布局以堂屋为中心，左右为卧室及火塘间；三层通常无实际用处，多做储藏间，或者临时卧室。落地式建筑多分布在黔东南台江、施秉一带。这一带山势平缓，河流经过，可供建筑用地比较多，建筑需要吊脚的情况比较少，只需将地面填补平整，砌好石墩，将排好的房屋扇面一次性搭好即可。落地式建筑一般只有两层，第一层就是常见的生活起居区域，平面布局同吊脚楼大体相同；二层做储物空间。落地式建筑的牲口棚和厕所则另外选址单独建造，一般在主体房屋的一侧，成垂直方向。笔者考察的是台江一带的落地式建筑。

1. 传统苗族民居建筑构架与建造工具

落地式传统民居多为上下串通的穿斗式整体木结构体系。柱子与梁、柱子与枋等构件在横向和竖向的连接采用的是榫卯结构。榫卯结构分为榫头和榫眼，横梁上凿榫头将边柱及中柱串起来，在每根中柱的上、中、下各部位分别凿穿榫眼，用枋串联。上榫眼的穿枋位于天花板部位，中榫眼的穿枋位于铺楼板部位，下榫眼又称起脚孔，安上木枋以嵌固板壁。榫头扣在相应的榫眼上以固定各部件。这样的结构使柱梁、柱枋结合后保持固定，难以在水平和垂直方向上移动。榫头和榫眼的尺寸有严格的要求，过大或过小都不行。榫眼通常略小一点，榫头扣进榫眼，利用木材的柔韧性，用榔头一敲就扣紧了。横向用 3 根、5 根或 7 根柱串联，中柱最高，前后柱最矮，高柱与矮柱之间加瓜柱，串联架梁，形成排架。排架之间用穿枋相互串联起来，可将两排、三排或者四排的排架，用穿枋相互串联成一开间、两开间、三开间。由于柱脚之间设置了水平穿枋构件，因此民居构架的下部很稳定。

木结构房屋（下文简称“木房”）主要部件有：①柱，这是木房构架中垂直的主结构件，承托上方物件的重量；②梁，即顺着前后方向架在柱子上的长木，在水平方向上起承重作用；③枋，即柱子之间起联系和稳定作用的穿插构件；④檩子，即架跨在房梁上以支承椽子的水平横木；⑤椽子，即垂直安放在檩子上的架屋面板和瓦的木条；⑥瓜，即梁柱中两层梁间的短柱和支承脊檩的短柱，主要是为了满足柱间檩条支点而设的，同时还起到防止横向位移的作用。常见的木构架类型有五榀四间、四榀三间、三榀二间、二榀一间等。

传统苗族民居建造所用的工具主要有木尺、墨斗（包括墨线、墨签）、斧头（有大小两种）、锯子（分大、中、小三种）、刨子（按刨身长短可分长、中、短三类）、凿子、铁锤、木槌（分大、中、小三类）、竹笔、木马、丈杆、长木杆（立屋用）、棕绳（立屋用）等。

2. 传统苗族民居的建筑程序和仪式

对传统乡村社会而言，建房是一件大事，它有一套比较固定的程序，涉及一系列的仪式。

（1）前期准备

① 择屋基。选择合适的房屋地基是建房的第一步。人们对房屋地址的选择都非常慎重。合适的房屋地基主要出于三种因素的考虑：家庭财力、家庭需要和风水观念，其中又以风水观念最为重要。因为房址的选择不仅关系到居住是否舒适，还关系到全家人的运势好坏；不仅要为当下的人着想，还要惠及子孙后代。很多村民在家中不顺的时候，多会将责任推到祖房的宅基地没有选好或祖房风水不好上。

屋基风水的好坏需要请专门的风水先生来勘察，风水先生主要勘察屋基的环境和地段。看风水主要依据的是房主一家人的生辰八字，特别是男主人的生辰八字，讲究生辰八字同山、水、土、石、树等很多因素相合，即测算屋基的这些因素是否可以迎合主人的命相。风水先生会告诉主人所勘察的屋基是会给主人带来好运，还是厄运，供主人家选择。他们相信只有风水好的房屋才可以保证住在这间屋子的人生活幸福、身体健康。因此，被他人看中的屋基，很多时候即使地价很高也会被买走。选址看风水可能是受汉文化的影响，据说民国以前没有这么多讲究。[1]

> 在巴拉河村，选择合适的房屋地基是准备起房子的第一步。人们对房屋的选址是非常慎重的，地基的好坏，讲究一个风水问题，这得请专门的风水先生到现场勘察。通常，人们认为有山有水的地方风水好，而依山傍水的位置为上上选。人们喜欢靠山建房，他们

[1] 麻勇斌．贵州苗族建筑文化活体解析［M］．贵阳：贵州人民出版社，2005：95－96．

相信龙脉的力量，认为房屋背后的山梁是龙脉，山梁又长又舒缓说明那个地方的龙脉好。风水师傅们常说“坟要建在山尖，屋要建在凹凹”，就是说房屋要对着山凹，而不能对着山脊，这样的房子可以聚财。巴拉河村是一个临水的村子，在屋基位置的选择过程中，对水的考虑也尤为重要。从距离上讲，不能将房子建在离河特别近的地方。首先，河边的泥土太过松软，地基不稳；其次，雨季来临，河水水位上涨，房屋临河而建容易遭受河水的侵蚀，也会给人们的日常生活带来一定的困扰，特别是遇到雨水充沛时节，洪水和泥石流等各种自然灾害会对人的生命财产安全构成极大的威胁。1970 年 6 月，清水江一带发生过一次大洪水，巴拉河村在那次洪水中损失惨重，临近河边的房子全部被冲走。从朝向上讲，房屋绝不能横拦水向。通常，人们认为房子与河水同向会给家中带来厄运，会将家里面的财运冲走。巴拉河村地处清水江和巴拉河的交叉口，村里的房子都面朝河水，而不是与河水同向。

② 定规模。在建造房子之前还有一件很重要的事情要做，那就是确定房子的规模。这里的规模一般是指房子的大小和样式，如房子整体的长、宽、高以及需要隔出几间房等。这实际上就是房屋的设计和规划，只不过这种设计是一种没有图纸的设计，所有的设计和规划都在木匠的头脑中。

房子的规模是由木匠根据主人家的实际情况和建房意愿确定的。相对比较平坦的地方，房屋样式多以落地式二层木楼建筑为主，构架类型多为四榀三间房，也有三榀两间房。房屋高度上，有些地区房子高度一定要带有数字八，常见的高度有一丈六八、一丈八八、二丈一八、二丈二八、二丈八八等。“八”就是要“发”的意思，为的是图个吉利。

巴拉河村房屋以平地式二层木楼建筑为主；在房屋间数上，巴拉河村民大多讲究房间数量宜单不宜双，但也有个别人家选择两间房，这种情况多从经济方面考虑。在房屋排扇上，巴拉河村的房屋多为四榀三间房，少部分为三榀两间房。

③ 定日子。定日子就是择定一个大家认为吉利且有好兆头的日子开工建房。由于财力、物力和人力的限制，建房的过程相对漫长，人们希望这段建

房过程可以顺利平安，特别是建房伊始要吉利，要选一个吉利的日子讨个好彩头，因此，定日子是非常必要的。选日子也是一个受多种因素影响的事，首先要选出大概的建房时间段，最好排除农忙时节。谈到请风水师傅定日子，村民张某这样说。

> 一般定日子也得请（风水）师傅来。其实自己翻翻那种万年历，也能知道哪天可以动工，但（风水）师傅看得准一些，而且他会把起房子的每一步时间都看好。我们只要按照这些时间起就可以了。一旦选好了这些良辰吉日，不论刮风下雨，都不得延误。为了表示感谢别个（风水师傅），谁家起房子都要给（风水）师傅包个红包。包多少钱倒是没有具体的规定，可以想给多少，就给多少，看你自己的意愿，通常是1角2、1块2、12块，或是120块。1角2那是十几年前的价钱了，现在要是给别人包1角2，那可是丢人咧。

④ 请师傅。建造木房是复杂的技术活，只有掌握这种技术的木匠师傅才能完成。请一个好的木匠师傅同样是一件很重要的事情。一般情况下，好的木匠师傅在一个地区都是有名气的，并不难找到。建房的主人主要靠平时的观察，比较谁家的房子盖得好，哪位木匠师傅的技术过硬，然后打听木匠师傅的名字，登门拜访，请其为自己盖房子。能否请到木匠师傅，还要看木匠师傅能否达到主人家的建房要求、木匠师傅的工作时间、工钱等因素。

⑤ 准备材料。房屋木材的准备主要靠主人的日积月累。建造传统木房所需要的大小部件都是木质的，包括中柱、檐柱、檩子、椽角、挑梁，因此，木材的选择最为重要。建房一般不用自然死亡的树木，也不用被雷电击过的树木，用自然死亡的树木或被雷电击过的树木建房被认为是不吉利的。

建造房屋的木材主要有杉木、松木和枫木，其中杉木最常用。杉木产量高，树干又长又直，纹理、结构较好，能够满足房屋大多部件的使用要求；杉木能抗虫耐腐，所建造的房屋比较坚固，避免经常维修，节省开支；杉木皮可以用作屋顶防水的材料，以前人们用杉木皮遮盖屋顶，因此，杉木是建造房屋极好的材料。

为了准备材料，主人需要上山砍伐木材。木材砍倒之后，可以就地按需要的尺寸锯断、剥皮、切面成板，就地晒木板，晒好之后搬运回家。砍好的木材要经过长时间的晾晒，充分地将木材中的水分晒干，这样才不至于在房屋成型后因木材变形而重新修缮。

（2）具体程序和仪式

① 筑屋基。筑屋基是建房的第一步，也称之为动土。筑屋基就是收拾好建房的地基，在选好的房址上将土地填挖平整，为建房做准备。因为苗族地区多处山地，地基高低不平，这就要求在修整地基的时候要进行深挖、填补、压实。

动土要举行特定的仪式。人们认为，土地是神圣的，一般不能随便毁坏，要用某块地建房，就得经土地神的同意才行。动土仪式由鬼师做，要杀一只绿头公鸭，沿着宅基地的四周淋上鸭血。主人支一张桌子，准备一碗黏米，在黏米里面插上三炷香，同时也要在老宅子里点上三炷香，意为薪火相传。主人要在黏米里放一些数量不等的零钱，具体放多少根据自家的经济状况来定，但要是 12 的倍数才行。桌子前面要摆三杯酒、三碗茶、一碗米饭、一碗肉。鬼师烧纸祭拜，希望保佑整个修建过程平安顺利。鬼师做完之后，主人家要派家中的一个男孩重复鬼师做过的动作，以作祭拜。仪式结束后，同村的亲朋好友拿着锄头、铁锹前来帮忙，动工挖土，平整土地。

② 发墨。发墨是新房正式动工的标志。建造房屋用的中柱要在发墨前去山中砍伐。一般选择秋后时节，因为这时农忙基本结束，人们的空闲时间日渐多了起来。秋季气候干燥，天气慢慢变冷，砍伐的树木也不易腐烂、被虫子蛀蚀。能被选作中柱的木材是有特殊要求的，除了材质要非常坚固以外，更重要的是木材要笔挺直立，能够一通到底。中柱绝对不能使用两根拼接的木材，一方面，因为拼接的木材很难保证坚固牢靠；另一方面，拼接的木材意味好运中断，不能持续长久，寓意不够吉祥。选作中柱的树木必须高大、挺拔，质地密实。杉木能够满足中柱的上述要求，因此，中柱多用杉木。选中柱也有特定的仪式：将用手搓好的麻绳和棉条（棉条要有大拇指粗细、长约一尺，麻绳没有特别要求）一起捆扎在选中的树干上，然后在树根位置放

置一些零钱，再浇洒一些自家酿制的米酒。即便是自家栽种的树木，如果要砍来做主柱，也要经过如此郑重的仪式过程，意即要经得山神的同意，祈求山神的庇佑。祭拜后，主人家便请寨上的人帮忙砍伐。砍倒的树木经过就地修枝、削皮就可以抬回家了，也可以等到树木晒干之后抬回去。被选中作为中柱的树木一般不能再被其他人家所用。

发墨要选择吉日，主人要为木匠师傅准备一只红公鸡，支一张桌子，上面摆放一升米，米上插三炷香。掌墨师傅在神坛下面点香烧纸，然后杀鸡敬祖师，最后把鸡血和之前准备的米酒洒在地上。杀鸡是很讲究的，要找那些被人们公认为“命好”的人来完成。主人自己一般不杀鸡，如果主人自己杀鸡，表示没有人来帮忙，同周围亲朋好友的关系不好。木匠师傅也不能，木匠师傅亲自杀鸡会被人看作是对祖师的大不敬。祭祀后，掌墨师傅把墨线的一端用钉子固定在柱梢上，另一端由主人在柱根捏线，掌墨师傅在柱中间吊墨线弹在柱子上。整根柱子着墨，墨线笔直均匀，表示吉利，否则就要重发。

③ 排扇。排扇就是把所有的房柱都串起来，做成房架，使每个零部件“各司其职”。排扇之前，木匠师傅要理清每一根木材，每一个部件的用处，然后对它们进行组装。房子的大小不同，排数和列数也都不同，例如：四榀三间的房屋，就有四个房架；五榀四间的房子，有五个房架。一般一个房架有 5 根或者 7 根柱子，都是单数，各房柱之间通过穿枋穿到预先凿出的榫眼里串接起来，房柱间距要保持基本相等。一排房柱穿好即为一个房架，把它靠到一个高约一丈的木马上备用。需要几间房就做几个房架，将所有的房架放到地基处，一个一个地排靠在一起，等立屋的时候使用。等到将榫头和榫眼扣固定在一起，房屋的排扇工作就完成了。

④ 立屋。立屋是整个建房过程中最忙碌的一天。立屋仪式要在天亮之前进行。主人支一张桌子，上面放一碗水、一升米和一碗糯米饭。鬼师在桌前点香烧纸，把香插到米里面。烧香过后，鬼师喝一口碗里的水，朝着宅基地喷出，然后找来一根约 20 厘米长的五倍子木棒[1]，中间划开，然后将五倍子木棒“啪”地一声掷在地上。如果一面朝上，一面朝下，这就意味着大吉大利；如果两面朝向相同，就要重掷。占卜过后，鬼师一边嘴里念念有词，一

[1] 五倍子是一种药材，可以治疗多种疾病。当地人认为，五倍子木棒有驱邪之效。

边抓起一把熟的糯米饭撒向宅基地，紧接着拿巴茅草朝空中、地上挥动[1]，意思是打扫院落，请神灵们降临。请神之后，鬼师要杀一只红公鸡，用新鲜的鸡血淋在宅基地四周，砍下一只翅膀，找来一根约 40 厘米长的带枝杈的木棒，把鸡翅膀连同刚刚占卜用的五倍子木棒和巴茅草一起绑到木棒上，先放在供桌旁边，等到房屋立好之后把木棒绑在中梁下。木棒放上去就不会再取下来，很多人家立屋几十年还挂着这根捆鸡翅膀的木棒。剩下的公鸡煮熟之后继续摆在供桌上供奉。

立屋是一件需要大量人力协作才能完成的事情，一般需要 20 ~ 30 个劳动力。这个时候主人要去请村里人来帮忙，有时候人们知道他家要起房子，不用主人请也会主动前来帮忙。立屋之前，主人家将自家人编好的麻绳分发给帮忙立屋的村民。麻绳承载着主人家对前来帮忙的村民的感谢，也寄托着保佑立屋过程平安顺利的希望。立屋要在木匠师傅的统一指挥下，通过用绳索拉、用木棍支的方式，将原先斜放在木架上的一个个房架立起来。为防止主柱受潮，一般将主柱立在提前准备好的石柱基上，将主柱与地面隔绝开。立屋架有严格的顺序要求，以五榀四间房为例，首先要将中间的房架立起，以中间立起的房架为基准，按照由近及远，从左到右的顺序依次将其余四个房架立起。房架立起来之后，大家齐心协力将房柱的榫头扣在预先埋好的地袱上。

两排主柱立好之后，木匠师傅要用檩子、穿枋、横梁等将主柱串成一个整体。在串联这些主柱时，出于安全考虑，所用到的工具不能随便乱扔，必须手把手相传，或者用绳子系好传用。组装是一件非常缜密的工作，所有的榫眼、榫子的位置和尺寸都要准确无误。组装的顺序也是有特定要求的，如果搞错了再重新组装是一件非常不吉利的事情。这样的木匠师傅得不到人们的尊敬。

⑤ 上梁。房屋架起来之后，主人家在每一个房柱上贴上红对联，准备热热闹闹地做上梁仪式。梁木是传承香火、兴家立业的象征，上梁仪式是所有建筑仪式中最隆重、最热闹的一个仪式。梁木以舅家赠送的最为尊贵。砍完梁木之后，郎舅要用红布包裹树尖，然后带领一些儿女双全的亲戚朋友抬回主人家。主人在家迎接梁木时要放鞭炮庆祝。

---

[1] 巴茅草因其叶子非常锋利，当地人也叫它“霸王草”，这里也是驱邪之用。

图4-1 立屋

上梁之前，木匠师傅要对梁木进行加工。加工出的梁木木渣不能用来烧火，要由主人及时收拾干净，妥善堆放，等上梁完成后再丢到河边。木匠师傅开好梁口后就开始“祭梁”。主人在梁木前支一张桌子，将一个猪头摆在桌子上，另准备一碗米饭、一碗熟肉和三个酒杯。木匠师傅在梁木上用斧头将事先准备好的一块银圆砍成两半，一半自己留着，另一半嵌到梁木中间，在银圆旁放一双筷子、一支毛笔和一本记录了上梁日期的老式日历，用一块红布包裹，再用麻绳捆紧，然后取鸭血沿着梁木从左边洒向右边[1]。

“祭梁”结束后是“升梁”，就是将梁木升到房顶上去。升梁有“主一半客一半”的习俗，就是说在上梁的时候，主人家抬梁木的一头，主人家的亲戚抬梁木的另一头。一般按照树干摆放的方向来安排，主方在左，负责头部；客方在右，负责尾部。一般主人家有几个舅舅，就要派几个舅舅来升梁。在升梁前，主人家准备了红布腰带，分发给升梁的人，让他们系在腰间，据说是为了升梁顺利。升梁前，木匠师傅在梁木上面放一只红公鸡。升梁一开始，

---

[1] 鸭子被认为是连同阴阳两个世界的动物，只有用鸭血祭祖才能联络到阴间的祖先，请祖先保佑阳间的子孙后代。

几十挂鞭炮齐响，公鸡会飞到地上来。公鸡飞起来就意味着主人家将要飞黄腾达，是吉兆。下面的人会哄抢公鸡，谁抢到公鸡，公鸡就是谁的了，他将被认为是最幸运的人。这个时候，木匠师傅会根据新房主人家的实际情况说一些相应的祝福语。升梁的时候，主人在房柱左右两边各放一个只有九个台阶的梯子，每爬上一步，木匠师傅就要唱一句上梁歌，称为“上一步，唱一步”，形式是四言八句。木匠师傅唱的上梁歌跟梯子的级数有关。如梯子是九级，木匠师傅就唱到：“手攀双龙，脚踏云梯；步步高升，节节升起。一上一步，一路平安；二上二步，文武双全；三上三步，三生佳运；四上四步，四面降吉；五上五步，五子登科；六上六步，六位高升；七上七步，七星高照；八上八步，八方来财；九上九步，九九同心。”木匠师傅每唱一句，梁木就被爬在梯子上的人拉高一截，一直拉到房顶为止。升梁时主人要把自家准备的以及亲朋好友们带来的糯米粑粑、糖果，甚至一些零钱一起带到上面，而后大家坐在搭好的房屋木架上唱歌。大意是祝福主人家建好房子之后能够人丁兴旺，富贵双全。这个时候，家中的舅舅会成为主角，他们对主人家的祝福成为人们关注的焦点。

上梁的时候，人们用两根结实的粗绳将梁木的两端系牢，绝对不允许绳子在上梁的时候发生任何意外导致梁木摔下来。梁木被抬到最上端时，要平稳地放到预先凿好的凹槽内，将梁木固定好。这就是所谓的“放梁”。

安放好梁木之后，接下来就是“抛梁”。抛梁就是由舅舅从房梁上将糯米粑粑、糖果、零钱等撒下来，人们在下面疯抢。主人家的儿子必须将女孩子的围腰穿在身后站在中柱旁边，用围腰去接从上面抛下来的粑粑和糖果等，接到越多越吉利。主人家接完之后，在场看热闹的男女老少也在四周疯抢这些洒落下来的东西。据说抢到这些东西是非常有福的。这时候鞭炮齐鸣，一片欢天喜地的景象。

上梁算是立屋子的最后一道工序，上完梁就意味着房子基本上已经建好了。前来庆贺的人会非常多，主人借此机会感谢邻里乡亲朋友在建房过程和平时生活中对全家人的帮助，所以，就地杀猪，生火、吃饭、喝酒是必不可少的。所以上梁宴是非常重要的，通常上梁宴从升梁结束的晚宴开始，持续三天。第一天下午的晚宴是正式的上梁宴，第二天接着吃酒席，第三天的晚宴是送走亲朋好友后，一个村子的人聚在一起把之前剩下的饭菜吃光。

图4－2 上梁宴

相比第一天的上梁宴，第二天的答谢宴更隆重一些，因为第一天上梁太累了，不能好好玩，第二天休息好之后可以好好玩了。为了更好地办好晚宴，主人家把每个流程都安排妥当，比如从酿酒、备菜、接客、砍柴、烧火、做饭和财务上做了具体的人员安排，力争晚宴做得圆满。晚宴基本上在下午三四点钟的时候就开始准备了，在一个比较开阔的地方摆上桌子，桌子数量根据人数确定。

答谢宴一般会持续到晚上12点。宴席结束的时候主人家将早已准备好的白糖分发给客人，作为对客人的回礼，每人约半斤白糖。送白糖的寓意，一是对客人的到来表示感谢，二是祝愿客人的生活如同白糖一般甜蜜。

巴拉河村民刘某家的上梁宴，九张圆桌一字排开，正数第三张和倒数第三张摆的摆品最贵重。桌子上放着一盆盖有稻秆的米饭，一个猪头和装有三条小鱼的碟子。猪头的左边放一条香烟，一包茶叶和一包糖，右边放3个酒杯和10斤左右的猪排。猪头做了特殊的装饰，猪嘴巴里塞了猪尾巴和1200元钱，猪鼻子里插上两面白色的小纸旗，两面红色的小纸旗分别放在猪耳朵上。此外，两根粗粗的棉花条横放在猪鼻梁上。以上提到的两桌贵重摆品，分别是摆给老舅和新舅的。所谓老舅是指父亲的舅舅，所谓新舅是指儿子的舅舅。晚宴之前，舅妈、舅奶奶等人坐在桌子后面唱酒歌欢迎客人们的到来。晚宴后，舅舅们将猪头带走，留下猪尾巴，猪尾巴是决不允许带走的，如果带走就意味着两家人从此绝交不再来往，是非常不吉利的。在其他七张桌子的正中央，生肉堆成小山，肉上放一只杀过的拔了毛的鸭子，这些桌子上还放有12块或者120块钱。一切准备就绪后，大家围桌而坐，女人集中坐在里面，男人则在外面一层落座。开席之前，主人家唱酒歌挨个敬酒，客人们热热闹闹地庆祝主人家乔迁新居。当天下午的晚宴请的人非常多，有时候桌椅不够，只能分批次进行，以便更好地招待客人。第一批上桌的是最为尊贵的客人，比如阿姨、舅舅等，最后一批是自己家的人，比如姑姑和叔叔等。

⑥ 装屋顶。搭好框架之后，房屋就有了一个基本雏形，房屋建造的大体程序就已经完成了。一般在上梁之后就要很快地装屋顶、上瓦片，避免木材受雨水的侵蚀。装屋顶、上瓦片的程序比较简单，在屋顶上钉椽，椽上用小青瓦覆盖即可。具体操作过程是，工人先将椽子提到房顶上去，木匠师傅提前用墨线画好椽子的安装位置，工人只要按照事先安排好的位置钉椽子就行。钉好以后锯去多余的椽头，钉上封椽板即可。最后瓦工上瓦片，瓦片呈弧形，一排排地排放上去，相邻排正反叠放、相互扣压就可以了。瓦片是近几十年才兴起的建筑材料，最早巴拉河人用杉木皮覆盖屋顶，现在仍有一些偏房用树皮代替瓦片。

⑦ 装墙板。装墙板是在搭好的框架上装上壁板，使屋内屋外隔开，然后根据不同的功能需求，对内部空间进行区域分割，包括楼板、地板和墙板。如果是盖三间房就隔出三间，两间房就隔出两间。另外，为了增加房间数量，每间房又会割成前后两间。装板就是将三四公分厚，十公分宽的已经抛光过的木板立起来，两端嵌到上下两柱预留的槽里拉紧即可。这个过程一般由一两个家庭成员来做就能完成，无须请外人帮忙。

值得注意的是，虽然搭建框架这个建造房屋最难的部分已经完成，但是，真正的入住新房仍需几个月，甚至一两年。这主要是因为储存木板要花费很长时间。一般有多少材料就先装多少，材料不够就只能停工，等到有的时候再继续装板。除此以外，装板属于所有工作中比较简单的，一般不会再请外人来帮忙，只需自家人抽时间一点点完成就好。人力少，速度就慢了，有农活的时候还要去忙农活，建房的时间就很长了。装墙板在技术上没有什么难度，但还是需要花费大量的时间；而建框架的时候，集中了很多人力，几天之内就可以完成。

有些村寨建房的时候，不喜欢将框架完全填满，而故意剩下一块无关紧要的地方，不装木板，比如屋顶下面的位置。这样做的解释是，做什么事情都不能做得太满，不然以后就没得做了。木匠以这样的方式表达自己的活路可以延续下去的愿望。

⑧ 立大门。新房装好楼板、壁板和窗子之后就要立大门，也叫安财门或踩财门。立大门先要选好吉日，杀一只红公鸡，烧香纸，祭门神。“祭门神是一项重要活动，它关系苗家人丁安全和财富收入。”[1] 主人家事先要亲自到亲朋好友家里告知安财门的日子，请亲朋好友来吃酒。立大门那天，亲戚朋友来后敲门，主人不轻易开门，而要先用唱歌的形式盘问客人。客人也要用唱歌的形式回答主人，直到主人满意后才开“财门”，让亲戚朋友们进屋。主人和客人的对唱内容多是对主人乔迁新房的一种祝愿，这种对唱有时会持续两三个小时。人们喜欢邀请能说会道的人来安财门，这样显得热闹、吉利一些。开门的时候点燃鞭炮，人们欢呼“开门大吉，儿孙满堂”。接下来，亲戚朋友享用主人家提供的丰厚的食物。饭间人们继续对唱，最后在一片歌声中热热闹闹地离去。

⑨ 立神龛。新房装神龛是一件很严肃的事情。神龛是用来供奉祖先的，以祈求祖先的庇护。神龛是一个木制的倒梯形的小阁子。房屋的大小不同，神龛大小也不一。神龛安放的高度要进行具体测算。神龛上面放置一个香炉和烛台，下间是空的斜面，放祭拜用的香和纸钱。制作神龛可以请专门的师傅，也可以自己做，但仪式是不可缺少的。不管是请谁来完成，都要送给制作的师傅一只鸡、一升米和一些肉。送这些东西给做神龛的师傅是一种礼仪，而不仅仅是一种补偿或者答谢。制作好神龛后，主人家要摆上香炉、蜡烛。立神龛要请鬼师到场。鬼师先烧纸、进香，怀抱一只红色公鸡，跪在神龛面前，虔诚地请各代祖宗神灵安住在神龛上，细数各家庭成员的情况，希望各祖宗神灵能够保佑每一个子孙。然后鬼师将鸡翅膀反绑到鸡背后，抓住鸡翅膀，用刀抹鸡脖子，将流着新鲜鸡血的鸡头碰触神龛，以鸡血祭拜神龛，然后拔几根红公鸡颈部沾着血的鸡毛粘到神龛上面，并在神龛下烧纸、进香。

---

[1] 李先逵．苗族民居建筑文化特质刍议［J］．贵州民族研究，1992（3）．

进香也是有规矩的，要在神龛上面供奉三炷香，然后在神龛下供奉三炷香，最后两边各点两炷香。供奉祖先神灵的时候人们会缅怀当年祖先迁徙时的苦难生活，大意是："历代祖宗啊，你们千辛万苦来到这里，我们也没有什么招待你们的。吃好吃坏，你们都跟着我们一起吃吧；住好住坏，你们都跟着我们一起住吧；我们到哪里，你们就跟随我们到哪里吧。请你们保佑我们。"

神龛立好之后，主人请周围邻居在家里吃饭，把刚刚供奉过神龛的鸡做成佳肴，先摆在神龛下请祖宗神灵们享用，然后端到饭桌前请邻居们食用。在立神龛的时候，请到越多的老年人就越吉利。新房立神龛就是将祖先请进一个新的居住地，除了表示对祖先的尊重和怀念之外，还希望能够得到祖先的守护，期望未来能够安稳富足、人丁兴旺。

(3) 修缮与装饰

传统苗族民居的修缮与装饰主要体现在门、窗、楼梯、阳台、房檐、屋脊、柱头等方面。传统民居的装饰图案不是单纯地从美观与否进行选择。民居建筑上的每一个图案都蕴含特殊的意义。这些图案有些是从生命繁衍的角度来解释，用以表达他们对获得子嗣繁衍和健康的期望；有些同他们的生产生活息息相关，希望这图案可以为他们带来生产上的风调雨顺、五谷丰登；有些和苗族传说相关，希望得到祖先庇佑，期望生活吉祥平安、幸福美满。

① 门。门在巴拉河村人的传统观念中，处于非常重要的地位。首先，它具有防卫的功能。其次，它可以界定私有空间，可以满足人们保护自我隐私的心理需求。

图4-3 方形打门锤

巴拉河村民居的大门一般用厚木板制作成两面式，开关门时发出厚重的“吱”声。门板利用榫眼钉在门框里面。门外面挂有铁锁，内侧设有门闩。每个木房都设有腰门，腰门只有大门一半高。腰门的作用在于防止家禽等进入堂屋，以保持室内的清洁。腰门上半部分常做成井字式的镂空图案，以示美观。打门锤是房门装饰的重点。门框上常看到的两个有碗口粗的圆木，就是打门锤。打门锤家家户户都有，但样式略有不同。有的在外表面刻有“三王”两个字，三王即天王、地王和木王，意为有这三王守护，主人可安康无灾无难。有的人家不刻字，而是将整个木桩做成花形。有的不将打门锤做成圆的，而做成正方形，对角线垂地的方向安在门上。门框里面对应的位置是两个牛角模样的弯木。人们认为有牛帮忙把门，全家都会安然无恙。有的家庭分别在两个牛角上面挂一条红色的布条，据说这样是为了保佑漂泊在外的孩子顺顺利利。

门槛就是门下面嵌在地里的一条横着的木板，高四五十公分，它是传统房门的重要组成部分。它的作用是挡住外面的风尘、雨水以及家禽之类的小动物。在很多重要的场合，人们要严格遵守门槛的规矩，例如，新娘子进夫家门时决不允许踩踏门槛，不然会被认为媳妇不贤惠。一般人家的门槛没有任何装饰，人们认为门槛越旧越好，这样说明这家人人丁兴旺，人来人往，人缘好。

图 4－4　姜某家的挡板

风水观念也制约人们对门的装饰行为。有些人家要在门前立一块挡板，挡板以刚好能挡住大门为佳。据说这样可以挡住外面不吉利的东西。有些人家在门楣中间倒挂一面圆镜，此镜具有“照妖镜”的功能，当别人家的房子建在对自家不吉利的地方，或者外界本身有一些无法避开的东西时，这些东西都被认为是“犯煞”的，就得用这所谓的“照妖镜”来“挡煞”。

② 窗。传统民居一般每间房都设有窗子，主要出于采光和通风的考虑。正门左右两边的两扇窗子最大。窗子一般采用推拉式，窗户四周钉上木板，内侧上下各安两个木槽，晚上将一块木片插到木槽里面去，封住整个窗户。有的窗子直接用木板遮挡，有些窗子则做得很细致，窗子里面用 1 厘米宽，1 厘米厚的木条装饰出各种图案。这些图案包括米字形、田字形、万字形，也有八卦形或寿字形，还有的在这些图案上雕刻一些花鸟鱼虫，特别是蝴蝶图案。人们喜欢蝴蝶，主要是受蝴蝶妈妈传说的影响。蝴蝶产卵多，繁殖快，人们也希望能够像蝴蝶一样快速繁衍后代，将这种美好的愿望刻在窗户上。

③ 楼梯和阳台。楼梯是连接木房上下两层的主要通道。落地式建筑的楼梯不建在房屋里面，而是建在墙壁外侧，用木板搭建一个楼梯。楼梯制作比较简单，按实际长度取两块长木板，然后在木板上横向等距离地钉一些宽三四十公分的木板。

传统苗族民居本没有阳台，受汉文化的影响，在最近 30 年建造的木房中出现了阳台。阳台其实就是在二楼的地方凸出一块空间，然后在边缘做一个护栏。所谓护栏就是把几十根齐腰的木条，上端卡在二楼地板上等间距的凹槽里，下端用开好相同间距凹槽的长木条固定。长木条两侧固定在立柱上。这样形成一个半开放式的空间即为阳台。这样的阳台不是堂屋的入口走廊，而是连接卧室用的。阳台与“美人靠”是有区别的。“美人靠”由几十个弧形的小木条等距离地排列，木条的上面固定在一根横向摆放的长木条上，下面固定到一根长木板上。由于光线比较好，女人们会坐在木板上一起绣花、唱歌，男人们在这里聊天、下棋，小孩子们在这里追逐、嬉戏。阳台没有木板可以坐，也就没有这些功能。

④ 屋顶。屋顶是一栋房必不可少的一部分。传统民居屋顶呈“人”字形双斜面，前长后短，它的装饰主要集中在屋脊和房檐上面。确切地讲，屋脊应该称作瓦脊，它是用一片片瓦片垒砌起来的。瓦脊中间有一个顶，称为瓦塔，它经常被堆垒成古钱式或品字形。瓦脊两头有向上卷曲的翘角，做成翅棱形或羽翼形，房檐的翘角给木房增添一种轻盈飘逸的感觉。

3. 传统民居平面布局及附属建筑

（1）平面布局

在落地式建筑中，第一层为全家人活动的中心地，房屋正中央为堂屋，且空间最大，左右两侧为卧室或者火塘间。如果只有两间房，则河上游方向为大，堂屋多在上游方向。堂屋是整个房屋的平面布局中心，也是全家的礼仪中心，婚丧仪式在这里举行。房屋外侧设楼梯，楼梯乃是连接一楼与二楼的通道。外侧设楼梯可以保持二楼房间的独立性。相比一楼的开放性，二楼更具有隐私性。二楼的格局相对比较简单，根据具体需要用木板隔出房间作为家人的卧室和客房。二楼除卧室以外通常都作为储物间，储藏谷物。有些人家在二楼设有专门的生活阳台，但以美人靠的形式出现的不多。没有生活阳台的人家，就在一楼的墙外支一根竹竿，平常晒衣服，需要晒谷物的时候当成禾晾。屋顶和二楼顶层形成的狭小的锥形空间被当作储物间，放置一些闲置品。

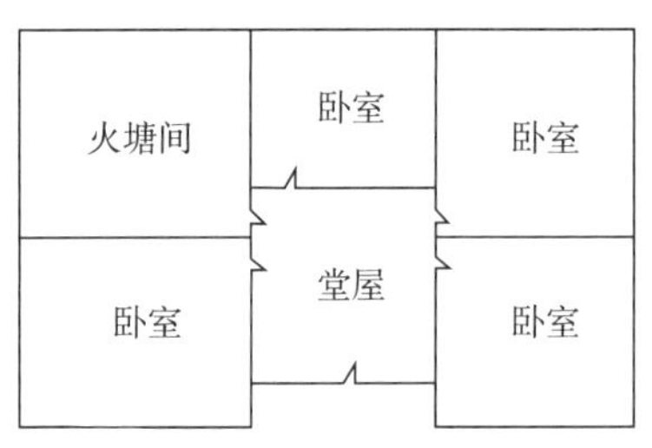

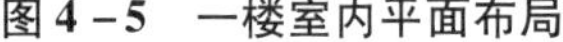
图4-5 一楼室内平面布局

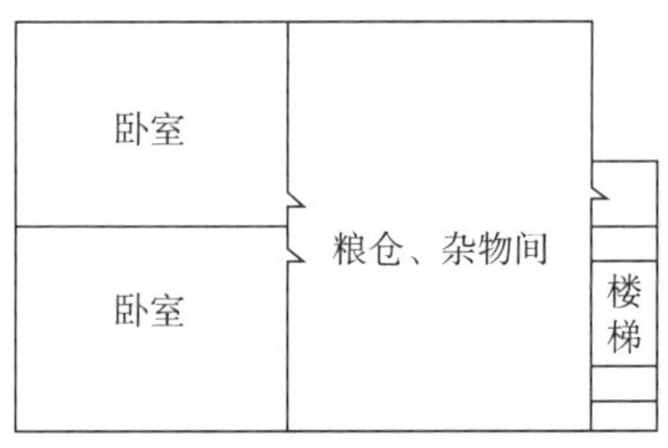

图4-6 二楼室内平面布局

① 堂屋。堂屋是家庭最神圣的地方，也是陈设最为讲究的地方。比较传统的堂屋的一大特点是前壁向内挪一米多，形成一个凹形，称为“吞口”。“吞口”就是姑娘们刺绣、织锦的地方。“吞口”正中央为大门，大门左右侧各有两扇木格窗。堂屋内正中央设有神龛，神龛是祖宗神灵居住的地方。神龛正前方放置一张四角方桌，方桌一般有一大一小两个，大方桌套小方桌整齐摆放，方便平常接待客人时使用。方桌两侧摆长凳或者“太师椅”，其他地方零星地放几张小矮凳，供人休息使用。

堂屋是一个家庭对外社交活动的主要场所，特别是婚丧嫁娶和逢年过节。更多时候堂屋基本上是空着的，人们会在堂屋内放一些日常生产活动所需的东西，比如门后放日常需要的农用工具，墙上钉一些钉子放草帽、蓑衣、小竹笼这样一些平常使用的东西。

有些家庭在堂屋进门的地方将3根并排的木条（木条约5厘米宽、20厘米长）以倾斜45度的方向嵌在地面上，这是求子所用，被称为“求子桥”。人们认为人是通过桥从另一个世界走过来的，桥是幼儿的保护神。架了桥，投胎的灵魂就可以过河来到这个家里。“魂”过不来，就生不了小孩。3根木板必须为杉木，因为杉木的生长能力强，人们希望家中能像杉木那样繁衍后代。

解决家中无子的另一种方法是在中柱下面种一棵“花树”。人们会请一个有儿有女的人到山上挖出两棵连根竹竖在中柱下，因为中柱在人们心目中就是与神灵交流的通道，祖宗会通过中柱给他们送来孩子。竹子要下接触到地面，上接触到房顶，沿着房顶的方向弯放。如果家中的小孩在出生的时候脐带缠着脖子或手腕，也要请人立花树。不仅如此，还要在花树边上做一个小木凳。不同人家木凳的大小不一，一般宽约10~15厘米，长约20~30厘米，高约10~15厘米。木凳是给准备投胎的孩子用的，如果他们的魂魄走累了，可以坐下来休息一下，这样小孩就来到他们家了。

② 火塘间。传统苗族民居每家都有火塘。火塘是在房间的中间挖出一个方形土坑，主要用于做饭、取暖和照明。火塘上面立有生铁铸造的三脚架，三脚架下面生火，上面放煮饭的锅。火塘内的三脚架代表家中的祖先，外人绝对不可以践踏、不可以跨越，一般情况下人们围着火塘而坐。火塘的座次有规定：以房间的通道为界限，妇女坐在通道一侧，便于照顾全家吃饭；老人坐在远离通道的一侧；家中的男人挨着老人坐；小孩坐剩下的位子。如果家中有客人，客人坐老人旁边的位子，位置比较尊贵。饭后撤去碗筷，大家继续坐在火塘边，取暖、唱歌、饮酒。在没有电器的年代里，火塘间成为人们休闲娱乐的中心。

③ 卧室。传统苗族民居每家都有好几间卧室。卧室不但要满足自家人的需要，还要有专门的客房。因此，卧室往往占据整栋房子的很大一部分空间。预留客房，不仅充分体现苗族人的热情好客，更从侧面反映苗族人亲朋邻里的紧密关系。每到节日，周围村寨的亲朋就奔着热闹而来，坐在一起热热闹闹地吃饭、喝酒、唱歌，晚上便睡在主人家。若不能安排客人住宿是一件很丢脸的事情。

卧室虽然数量较多，但是在安排使用方面却没有等级限制。一般父母的卧室被安排在一楼，其他房间任由儿女们随意挑选。主卧也不是按房间的大小而定，父母的房间就是主卧，因为家里值钱的东西都放在父母的房间里，由父母保管。成年子女的卧室一般在楼上，便于他们夜晚踏月幽会出入。

传统民居的室内布局会因分家而有所改变。分家后，原来的公共空间就变私有了，各家开各家的伙食。这样一来就需要对房屋进行重新划分区域，根据生活需要，有的卧室要变成堂屋。

和其他村子一样，巴拉河村也存在兄弟间分家的情况。在分家过程中，不可避免要划分屋宅。以张支书家为例，张支书育有两个儿子和一个女儿。2011 年，结婚近 5 年的大媳妇提议分家，分家的意愿很快被全家人同意。张支书是这样进行分家的：将这栋 70 年代修建的四排三间房分成两份（这里的一间房包括楼上楼下两部分），右边一间分给大儿子，中间及左边的两间分给张支书和小儿子，嫁出去的女儿不参与分房。再以刘某兄弟分家为例，父母跟最小的儿子住老房子，其他三兄弟起了一栋四排三间房。每人一间，按长幼顺利从右到左分配。

（2）附属建筑

这里所说的附属建筑主要包括厨房、厕所和牲畜棚。由于附属建筑很少需要从整个房间整体构造的角度出发，它们只是房屋空间的扩大和延伸，补充生产、生活上的需要，因而附属建筑的结构相对随意、自由。附属建筑位置相对无序，最大限度地根据主人家的实际情况来决定，比如财力、空间位置等。这就导致附属建筑的样式、大小以及功能，都不一而同。

① 厨房。厨房的核心是灶台，一般在厨房内侧靠墙的位置用土坯垒砌而成，台面用泥灰抹平。灶台上有烟囱，沿墙壁一直通向屋顶外。灶台一般有两个灶膛，上面各放置一口大锅。通常一口用来做饭，一口用来煮猪食。

② 牲畜棚。牲畜不但是农业生产中重要的劳动力，比如水牛，更是家中重要的经济来源，比如猪、羊等。很多人家的牲畜棚，大体上是用废旧木料搭一座矮小的人字形坡面木屋。牲畜棚的门是在门框两侧的圆木上分别凿出一个槽体，然后往里面一块一块填上木板，这样就成了一面结实的门。木板一般不需要完全地将槽体填满，只要能起到围栏牲口的功能就行了。木板一块一块地取

下，牲畜便能放出来。牲畜棚的棚顶主要用树皮遮盖，也有的用小瓦遮盖。

③ 厕所。传统苗族民居最初没有厕所，大小便在屋边不远的草丛里或在自己家的牛羊圈和猪舍里解决。后来有些人家在房屋边上用废旧的木料立厕所。这样的厕所基本上比较小，宽约 1 米，高约 2 米，下面放一个木桶，上面铺上板子，板子中间留有大小合适的圆口。这样的厕所方便收集粪便，积攒一定程度后统一清理。

二、现代建筑技术传播与传统民居变迁

导致传统苗族民居变迁的原因有很多。改革开放以来，苗族村寨的经济发展，特别是外出打工带来的收入增多，为传统民居的变迁奠定了经济基础。外出打工的人们带回来的不仅仅是多年的积蓄，还有与一般村民不同的生活习惯和生活观念。生活观念的变化，特别是与外界交流的渴望和攀比心理，为传统民居变迁提供了动力。基础设施的建设，特别是公路、桥梁的修建带来的交通便利，为现代建筑技术的传播创造了有利条件，而现代建筑技术的传播为传统民居的变迁提供了必要条件。

1. 现代建筑技术的传播

现代建筑技术在少数民族村寨的传播包括现代建筑材料的传播、现代建筑工具的传播和现代建筑工艺的传播。

（1）现代建筑材料的传播

传统苗族民居的建筑材料，除了屋顶用青瓦覆盖外（最早用树皮），其他材料都是木材，因为传统民居的建筑结构是榫卯结构，整个房屋修建不用一钉一铆。传统民居近几十年的变迁方向是由木结构向砖木结构、砖混结构变化。所谓砖木结构，是指建筑物中竖向承重的墙、柱等，用砖或砌块砌筑，楼板、屋架等用木料架构。砖混结构有狭义和广义之分。狭义的砖混结构，是指建筑物中竖向承重的墙、柱等，用砖或者砌块砌筑，横向承重的梁、楼板、屋面板等采用钢筋混凝土结构，也就是小部分承重结构为钢筋混凝土，大部分承重结构为砖墙。广义的砖混结构还包括砖木结构和砖石结构。随着

水泥和混凝土技术的发展，钢筋混凝土构件显示其不可替代的优越性，砖混结构中的柱、梁、板都逐渐改由钢筋混凝土来制作，因此，通常所说的砖混结构一般指狭义的砖混结构，它是19世纪中叶以来随着水泥、混凝土和钢筋混凝土的应用而迅速兴起的。

砖混结构民居需要的建筑材料主要有黏土砖、水泥、钢筋、玻璃、砂、石子、石灰等。这些建筑材料随着交通的迅速发展已源源不断地进入到苗族村寨。目前苗族村寨用的黏土砖主要是可以承重的实心红砖，价格每块在4~5角，购买地多为县城或乡镇的砖厂。水泥是在混凝土中起胶结作用的一种水硬性胶凝材料，苗族村寨建筑中所用的主要是普通水泥。钢筋是钢筋混凝土和预应力混凝土结构中的主要材料，用于砌体中能增强砌体的整体性和抗震能力。钢筋一般要到县城或乡镇才能买到，乡镇一般有加工钢筋的小作坊。其他建筑材料一般在乡镇都能买到。

图4-7 钢筋加工小作坊

这些建筑材料，从技术角度看，水泥、钢筋、玻璃属于现代的建筑材料，而黏土砖、砂、石子、石灰则属于传统的建筑材料，只不过传统苗族民居的建筑材料用的是木材，不用这些建筑材料。例如黏土砖，中原汉族很早就用它作为建筑材料，但对于大多数苗族村寨来说仍然是舶来品。村民张某这样介绍水泥的传入。

> 水泥应该是在20世纪80年代开始用的。以前，村里有一条路一直是坑坑洼洼的，那时是用鹅卵石铺的。政府为了帮助我们，就派人来修整了一下，并用水泥铺了路。那算是村里面第一次出现水泥。后来，人们发现水泥比土泥巴好用多了，很多人也买来水泥修

补自家房子，就这样，水泥在我们村里面使用起来了。

（2）现代建筑工具的传播

传统苗族民居的修建主要是靠木工。在民居变迁的过程中，木工的地位和作用逐渐下降。在砖木结构的房屋修建中，木工的地位和作用已让位于泥瓦工；而在砖混结构的房屋修建中，木工已完全退出修建过程。建筑砌体、砌体隔墙、结构改造、瓦片铺装、水泥砂浆抹灰、地面找平、瓷砖的铺装等，都是由泥瓦工完成。修建砖混结构房屋所需要的各种建筑工具也逐渐传播到苗族村寨，包括小型机械、砌筑工具、抹灰工具和饰面安装工具等。

常见小型机械有砂浆搅拌机、无齿锯、瓷片切割机、电钻、水磨石机、地面抹光机等。其中，砂浆搅拌机用来制备砌筑和抹灰用的砂浆；无齿锯，即转动的砂轮片，用于切割饰面块材、板材；瓷片切割机用于室内外装修瓷片、瓷砖和玻璃嵌件的切割；电钻用于对金属、塑料及其他材料或工件进行钻孔；水磨石机用于水磨石地面的磨平、磨光；地面抹光机用于水泥砂浆或混凝土地面的磨平、压光。

常用的砌筑工具有瓦刀、大铲、刨锛、溜子、抿子、托灰板、小灰桶、小水桶、托线板、线杆、百格网、塞尺、筛子、准线、米尺等。瓦刀是砌砖的工具；大铲是铲灰、铺灰和刮浆的工具；刨锛是打砍砖块的工具，也可当小锤用；溜子是勾缝工具，长溜子勾水平缝，短溜子勾垂直缝；抿子也是勾缝工具，用于勾门窗缝；托灰板用于托灰和抹灰；小灰桶用于运输和盛放砂浆；小水桶用于盛水，调和小灰槽内的砂浆；托线板是带线坠的靠尺板，用于检查墙面垂直与平整；线杆是标志砖层、门窗等的辅助工具；百格网用于检查灰浆饱满度；塞尺用于检查墙面平整时确定偏差数字；筛子用来筛沙子；准线用于砌墙拉线；米尺用于丈量门窗框尺寸或分派砖块尺寸。

常用的抹灰工具有各种抹子、刷子、尺子等。抹子有铁抹子、压子、塑料抹子、铁皮、木抹子、阴角抹子、圆角阴角抹子、塑料阴角抹子、阳角抹子、圆角阳角抹子、捋角器等。其中，铁抹子用于抹底子灰及水刷石、水磨石面层、水泥砂浆面层等；压子用于压光水泥砂浆面层和水泥地面；塑料抹子用于压光纸筋灰、麻刀灰罩面等；铁皮用于小面积处抹灰或修理以及门窗框边嵌缝等；木抹子用于抹灰砂浆的搓平和压实；阴角抹子用于压光阴角；圆角阴角抹子用于水池阴角和明沟阴角的压光；塑料阴角抹子用于纸筋灰、麻刀灰面层阴角压光；阳角抹子用于压光阳角；圆角阳角抹子用于楼梯踏步防滑条的捋光压实；捋角器用于捋水泥抱角的素水泥浆。刷子有长毛刷、猪鬃刷、鸡腿刷、钢丝刷、茅草刷等。其中，长毛刷用于室内外抹灰洒水；猪鬃刷用于刷洗水刷石、拉毛灰等；鸡腿刷用于刷阴角及狭窄处；钢丝刷用于清理基体表面；茅草刷用于木抹搓平时洒水。尺子有刮尺（木扛）、八字靠尺（引条）、靠尺板、软刮尺、角尺、木折尺或钢卷尺等。其中，刮尺用于刮平墙面和地面的抹灰层；八字靠尺用于做棱角；靠尺板用于抹灰线、做棱角；软刮尺用于抹灰找平；角尺用于检查阴阳角方正；木折尺或钢卷尺用于测量尺寸。

常用的饰面安装工具有小铁铲、錾子、开刀、花锤、多刃斧、剁斧、钉耙、手锤、木锤、胶锤。其中，小铁铲用于铲灰；錾子剔凿饰面板材块材；开刀用于镶嵌饰面砖拔缝；花锤和多刃斧用于剁假石；剁斧用于剁假石，清理混凝土基础以及打毛；钉耙用于扒拉灰、扒拉石；手锤敲打錾子用；木锤、胶锤用于镶贴饰面板敲击振实。

此外，常用的工具还有人工拌制各种砂浆和灰膏的铁锹、灰镐、灰耙、灰叉子等，以及运输砂浆的小推车等。

从技术角度看，这些工具有些属于现代建筑技术工具，而有些工具实际上属于传统建筑技术工具，但对苗族村寨而言，属于从不同的文化区域传播进来的建筑工具。

(3) 现代建筑工艺的传播

理论上说，建造一座建筑物，首先要有一套设计好的施工图纸，然后通过施工将图纸上设计的建筑物变成实际建筑物。但在少数民族村寨实际的建房过程中，由于房屋结构一般都比较简单，建筑工人往往只需了解建房主人对房屋的要求，并不一定设计施工图纸，而是心中有图，就像传统的木匠师傅修建木房一样。而且，乡村的建筑工人通常没有受过专业训练，一般不会建筑制图，至多能画一个大致的草图，他们主要是凭借积累的经验修建房屋。

少数民族村寨修建砖房需要的建筑工艺主要有：砂浆配制、混凝土配制、砌体砌筑工艺、抹灰和饰面安装工程等。

建筑砂浆是由水泥、石灰、水、砂等按一定比例混合而成的用量大、用途广的建筑材料。单块的黏土砖、石块等需要用砂浆胶结起来，构成砌体，增强砌体的稳定性，提高砌体的强度，减少砌体的透风性；墙面、地面和梁柱结构的表面都需要用砂浆抹面，以起到保护主体结构和装饰、美观的效果；镶嵌瓷砖、贴面砖等都需要砂浆。因此，建筑工人要会选用水泥、砂子，配制各种用途不同、强度各异的砂浆。

现代水泥混凝土的发展是从英国建筑工人约瑟夫·阿斯普丁于1824年取得水泥发明专利而开始的。混凝土在土木工程中的地位非常重要，是不可缺少的工程材料。建筑工人需要懂得普通混凝土配合比设计，知道钢筋在混凝土构件中的位置，掌握混凝土的拌制工艺。

砌体砌筑是指在建筑工程中使用各种砖头、中小型砌块和石材等材料进行砌筑的工程。建筑工人需要掌握基本的砌筑工艺，包括常用的砌筑做法、砖的排法、毛石基础、砖基础、砖墙、砖过梁、砖拱碹、空斗墙、空心墙、砖柱、附墙垛、异形墙的砌筑等。

抹灰是用水泥、石灰、石粒和砂浆，通过各种操作直接做成饰面层。饰面安装是把贴面材料镶贴在基层上。抹灰和饰面安装工程不仅可以使主体结构免受日晒雨淋的直接侵蚀，而且还有保温、隔热、隔音、防渗、防潮的作用。抹灰和饰面安装按建筑部位分类，包括地面抹灰及饰面安装、天棚抹灰、墙面抹灰及饰面安装；按使用材料和装饰效果分类，包括一般抹灰、装饰抹灰、特种抹灰和饰面安装。

苗族村寨现代砖房的建筑技术主要是由外出打工的人传播引进。外出打工的人有相当一部分从事与建筑有关的工作，对他们来说，从事与建筑有关的工作既是一种生存方式，也是一种技术培训。一部分人在掌握现代建房技术之后，回到村里修建砖房，同时又将技术教给村里其他人，成为现代建筑技术的传播者。

2. 传统苗族民居的变迁

（1）建筑结构的变化

从建筑结构上看，黔东南地区苗族村寨中的木结构房屋、砖木结构房屋和砖混结构房屋普遍并存，但总体上呈现出由木结构向砖木结构、砖混结构变化的趋势。从近年来新建房屋中三种结构房屋所占的比例中，不难发现这种变化趋势。

选择修建何种结构的房屋与人们的经济条件、生活习惯、思想观念等密切相关。与砖混结构房屋相比，人们认为木结构房屋有适应本地的气候特点，不潮湿。但是，修建木结构房屋建造周期长，寻找合适的木材是件非常困难的事情，砍伐木材、处理木材也非常耗时间。木结构房屋在立屋时需多人参与，要请人帮忙，仅凭一家人的力量无法修建。木结构房屋耐久性较差，特别需要注意防火。此外，随着国家政策的调整，禁止乱砍滥伐，木材紧俏，修建木结构房屋成本也很高。

与木结构房屋相比，砖混结构房屋建造周期短，结构牢固，不需要经常维修，而且修建成本较低，购买红砖、水泥、钢筋等材料都比较方便。砖混结构房屋耐火、耐久，砖石具有良好的耐火性和较好的耐久性，此外，水泥的平顶屋可以用来晒农作物。因此，尽管人们认为砖混结构房屋阴冷、潮湿，不适应当地气候，但还是有越来越多的人选择砖混结构房屋。

在巴拉河村，传统的木结构房屋仍然占多数，砖混结构房屋占少数，介于二者之间的砖木结构房屋占有很大的比例。

表 4－1　巴拉河村不同建筑类型的民居数量及其比例

民居类型＼数量比例	数量（栋）	所占比例（%）
木结构房	48	44
砖混结构房	15	14
砖木结构房	45	42
合计	108	100

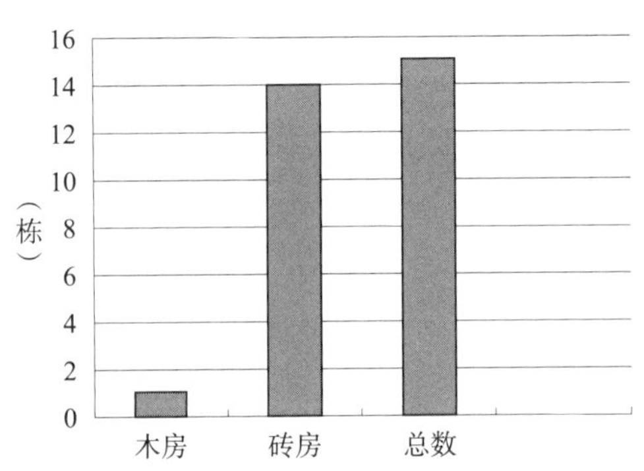

图 4－8　巴拉河村 2006 年以后新建房屋情况

巴拉河村的砖房以二层楼房为主，其中一栋在建砖房是三层楼房。巴拉河村第一座真正意义上的砖房建于2005年3月，为一户姜姓人家所建。2008年，政府出资为巴拉河村扩建了218国道直达施洞镇的这一路段。2009年，政府出资修建巴拉河大桥，巴拉河人摆脱了外出只能渡船的无奈。2006年以后，巴拉河村共修建房屋15栋，除一栋木房外，其余都是砖房。虽然很多人相信，木房比砖房住着干燥、舒适，但是仍然有越来越多的人选择修建砖房。

村民们选择砖房主要有这样几点考虑。一是砖房成本较低，修建方便；木房成本较高，修建麻烦。二是砖房使用家电方便，木房使用家电受到限制。电饭煲、电磁炉这些电器已经在村里广泛使用，木房的电线只能使用明线，很容易发生火灾。木房也不方便使用热水器、洗衣机之类的家电。三是砖房经久耐用，卫生方便；木房不如砖房耐用，也不能像砖房那样在屋里修建厕所。

（2）建造程序的变化

修建砖混结构房屋的建造程序大致可以分为地基施工、主体结构施工、抹灰和饰面安装工程几个部分。

地基施工，首先用白灰勾画出地基的轮廓，然后人工开挖基槽，浇筑垫层混凝土，再砌条石基础，关模扎筋浇地圈梁。地圈梁是房屋结构中连接地下基础部分与上面墙体建筑部分的闭合的一圈钢筋混凝土浇筑的梁，其作用是加强基础的整体性，提高房屋的整体空间刚度，防止由于地基不均匀沉降、地震或其他较大振动荷载对房屋的开裂破坏。地基完成后，主体结构才能施工，施工前还要把开挖基槽剩下的土运出去，以免影响主体结构的施工。

主体结构施工主要包括砖砌体工程和钢筋混凝土工程。砖砌体工程，即砖墙砌筑，砌筑前要计算砖皮数，并画出线杆，线杆上要有砖的厚度、灰缝宽度、门窗过梁及构件位置、墙体总高度等。具体工艺流程大致是：准备木砖——抄平放线、立线杆——整理和补植连结筋、绑扎构造柱钢筋——砖块浇水、筛砂——基层清理、排砖——拌制砂浆——分层砌筑——勾缝——养护稳定——补砌梁底剩余部分墙体——养护——施工混凝土构造柱、圈梁——养护——预制板安装。其中，构造柱、圈梁施工主要是钢筋混凝土工程。

主体结构完成后，房屋就基本上可以居住了，但要居住舒适，还要完成抹灰和饰面安装工程，即要处理地面、墙面和顶棚。新建砖房的地面一般至少是水泥地面，经济条件好的人家会在地面上贴瓷砖。墙面抹灰包括内墙抹灰和外墙抹灰。内墙抹灰的工艺流程大致是：找规矩做标志块——设置标筋——阳角做护角——抹底层、中层——抹窗台板、踢脚线——抹面层灰——清理。外墙抹灰是在外墙上抹水泥砂浆或水泥混合砂浆，如果除分格条外，不作其他装饰，则是普通抹灰；如果通过各种工艺形成饰面层，则是装饰抹灰。现在经济条件好的人家也在墙面上贴瓷砖。顶棚一般是现浇混凝土楼板或预制混凝土楼板，常用顶棚抹灰分层的做法是，用不同比例的水泥石灰膏混合砂浆抹底层和中层，用纸筋石灰或麻刀石灰抹面层。

（3）建筑细节的变化

建筑结构的整体变化必然也带来门、窗等建筑细节的变化。房门逐渐从传统木门变成现代化的安全可靠的防盗门或铁门。这个过程中，传统木门的各部件逐渐消失，比如门锤、门槛、腰门等。村寨的老人们认为，房门必须有门板、连楹、门锤、腰门和门槛五部分才算是完整的，缺了任何一部分都不好，例如，缺了门锤，就没有看大门的，妖魔鬼怪很容易就进来了，家里的小孩就容易生病。然而，在新修建的砖房中，房门几乎没有特意修建成传统形式的。人们的观念已发生了变化，村民李某这样说。

> 我觉得有没有门锤、门槛，无所谓。以前进门非得迈过门槛才行，家里的孩子小，还得爬过去，麻烦。其实有没有都行，那些没有门锤、门槛的人家也不是过得好好的。

窗户是房屋易受损坏的部位，在损坏需更换或新建房屋安装窗户时，玻璃窗成为首选。传统的窗户制作方法是先用木条做成框，再在里面用细木条组合成各种图案。窗户内侧上下固定两个带槽的木条，晚上顺着槽案插一面薄板，从外面就看不到里面了。当下村寨的传统木格窗正逐渐被玻璃窗替代。玻璃窗四周是木框，左右两个扇面，中间镶玻璃。选择玻璃窗代替传统木格窗有两个原因：首先，玻璃窗比较便宜；其次，玻璃窗简单易做。传统民居中，窗户是房屋的主要装饰部位，人们非常在意窗户的美化程度，有钱人家的窗户做得非常精致，雕刻花鸟，标志着富有。传统民居窗雕的逐渐没落，也反映了人们对富有的认同方式的改变。谈到窗子的变化，村民这样说。

> 村民姜某：我祖上是非常有钱的，我们家的窗户做得非常精致，上面雕刻了很多的花啊、鸟啊的，那时候只有有钱人才这么做，你看我家那时候多富。村里另外一家想跟我们家比，都没有比过我们家。但是，现在的人都不看这个了。也就不把窗户做得这么好看了，觉得能用就行呗。
>
> 村长：现在能找到好一些的木工挺不容易的，木工都外出打工去了。他们有技术，在外面挣得更多一些。再说了窗户这种东西，用不着专门找师傅。自从大桥通车后，玻璃窗在村子里越来越多，大家也觉得玻璃窗好看一些。有时候家里哪块木板需要更换，就干脆用玻璃替换，觉得更方便一些。

建筑结构和材质的变化也带来了附属建筑的变化。一些附属建筑如厨房、厕所等都变成了砖房，相应的内部布局也发生了变化。例如，厨房用水泥和红砖做了灶台，室内用石灰抹成白色等。厕所建成了砖房，有专门的粪便下水道，如厕后用水一冲就变得干干净净。有些人家的牲畜棚也建成砖房，比起木质牛棚来说，砖房更加干净一些。

（4）平面布局的变化

传统民居的平面布局总是和生活习惯、生产方式以及地理环境有关。而现代化民居除了受这些传统因素影响外，现代因素的影响也逐渐加深。少数民族村寨现代民居的平面布局在构成上同传统民居大体相同，包括堂屋、卧室、厨房、餐厅、储藏室等。有些家庭将厕所和洗漱间加进来。这点与传统房屋的布局构成不同。平面布局的具体划分上，可以分为两种，一种沿用传统民居的平面布局，中间为堂屋，左右对称；另一种则根据地势要求做新的布局。

早期砖混结构房屋大都沿用传统平面布局，受传统民居设计的影响较深，在设计上没有做过多的修改，基本上传统布局是什么样的，新建的房屋就是什么样的，只是建筑结构和材质上发生了变化。具体而言，房屋大多为三开间，中间为堂屋，两边安置卧室和厨房。有些家庭设置了院墙，圈定了自家小院。厕所和牲畜棚在小院一侧，同主体建筑方向垂直。

近来砖混结构房屋在布局上较为自由随意，完全按照主人自己的规划意愿。以巴拉河村小卖部为例，房屋为两层，一层紧挨着一个高坡，二层则架在高坡上，并延伸到一层上面。一层隔出前后两间，中间有门穿通，前面用作小卖部的门面，后面简单的放一张床，供平常休息用。二层有两间，分别设门，不能从里面穿通。一间作为客厅，另一间作为卧室。卧室里安放一张麻将桌，供村民打麻将娱乐。再以巴拉河村村口的新建的三层小楼为例，房屋比较宽大，设一个人字形屋顶，两边房顶为平顶，前面设有房檐。一层仿照干栏式，前面架空，后面坐在高坎上。二层是主要活动空间。因为房间进深比较大，房间正中用水泥和红砖修建 1 米宽 1.5 米高的假墙，神龛就设在这个假墙上。房屋的四个角都设卧室，中间为客厅。二层地板为水泥地板，除正面墙面为木板外，其余地方都是红砖墙。三层中间是一个天井，抬头可以看见天空，天井下面是一个假山池，可以注水，养一些小鱼。四周分割出来的房间仍做卧室。此外，随着现代家电的传播与普及，人们修建新房时还会考虑从前不曾考虑的房间，如洗衣房和浴室。

图 4－9　新建的现代民居

从以上几种现代房屋的平面布局来看，传统因素和现代化因素共同支配人们对于平面布局样式的选择。传统样式更像是一种固定的思维模式，而新的平面布局元素则像一种可以向村人炫耀的资本，一种让人觉得新奇的新鲜事物。这种房屋的主人多是有着多年在外工作生活的经历，受到打工群体的影响而“故意”选择的一种“别出心裁”。

三、传统民居变迁中的文化嬗变

作为一种物质文化，民居变迁本身就是文化变迁的一部分，而物质文化的变迁又带来相关的非物质文化的变迁。传统苗族民居变迁的同时，与之相关的建房习俗、生活方式等也相应地发生了变化。

1. 民居变迁与建房习俗的蜕变

传统苗族建房习俗是在日常生产生活实践中逐渐形成的，渗透着浓郁的民族气息。传统的建房习俗程序繁多、仪式隆重，这些程序、仪式代表一种求吉驱邪的美好愿望。随着社会的发展和现代建筑技术的传播，苗族传统民居从建筑结构、建筑程序到平面布局都在发生变化，建房过程中的仪式、习俗等随之发生了变化，许多过去需要严格遵守的仪式要求已演变为“意思一下”，根据主人家的情况可繁可简了。

过去看风水是建房的第一步，人们总怀有只有风水好的地方居住才心安的心理，而今这种心理要求逐渐减弱，很少有人专门为建房子看风水。由于改革开放以来，国家对土地管理有严格的规定，禁止将耕种用地变为建筑用地。这样一来人们不能随便选择宅基地，大多只在原有的宅基地上拆掉旧房建造新房。看好一块风水宝地，花大价钱买回来的事情少之又少，因为这要先向政府部门进行申请才可以。在新宅基地修建砖房，因不需要木匠师傅，自然也就没有木匠师傅的动土仪式。在原有宅基地修建木房，基本上也不需要做动土仪式。只有在新宅基地修建木房时，才需要筑屋基，做动土仪式，而这种仪式也不断简化。

木结构房屋的备料往往是一个漫长的积累过程，一般从有建房想法开始，人们就着手准备木料。上山选木材、伐木、锯板、抛光，这一系列烦琐的备料过程使建房显得颇为复杂。而今人们更愿意选择砖房，其中一个重要的原因即是备料过程的简化，人们不再需要花很长的时间一点点备料，只需要去镇上购买修建砖房所需要的材料就可以了。有些砖木结构房屋仍旧需要一些木材，人们也可以花钱买到合适的木材。这样一来，关于伐木的一些仪式就逐渐消失了。

传统民居修建过程中最忙碌的一天是立屋，需要请很多人帮忙。立屋前也要做一套祈求神灵保佑的仪式。修建砖房是完全不同的程序，没有立屋的过程，自然也就没有立屋前做的仪式。

上梁仪式是传统建房仪式当中最重要的仪式。这一仪式在现代砖房修建过程中已经大大简化。砖房上梁的时候人们没办法像修建木房那样一边爬房架一边抬梁木，而是站在楼顶上用绳子将预先绑好的梁木拉到顶层。拉到顶层后，梁木也不再放在专门的木马上，而是随便找一个可以暂时安放梁木又不至于直接放在地上的地方，比如阳台的三角区等。梁木没法像以前那样再安放在预定好的木槽中，而是安放在预先留出的水泥砂浆洞里面。砖房的梁木不再是起承重作用的梁木，而只是一种起象征性意义的物件，寄托家族兴旺的愿望。上梁仪式在有些人家修建砖房的过程中已经完全消失，因为人们觉得平顶砖房没办法做上梁仪式，也不知道上梁仪式该怎样做，特别是年轻人不知道该怎样做。在建房的过程中，人们更关心技术问题，而不是习俗问题。

立大门是传统民居建造中较为隆重的仪式之一。新建砖房也有立大门的仪式，但也简化了。有的人家在立大门的时候没有搞得很热闹，只是找了几个人来唱歌，大概唱了 10 分钟，然后就杀鸡杀鸭请客吃饭。这同过去人们要挑着糍粑、米酒远道而来庆祝新居立成的热闹场景截然不同。传统立大门仪式，人们热热闹闹地唱上两三个小时的歌，而现在人们只是象征性地唱几句就结束了。

总体来说，传统建房过程中的仪式在当今修建砖房的过程中已经越来越简化，这些仪式似乎已没有过去那样重要，自然也就没有过去那样隆重，更多的是象征性地“意思一下”。但是，建房仪式并没有随着建筑技术和程序的变化而完全消失，有些仪式又以另外的形式表现出来。

2. 民居变迁与传统建筑工艺的式微

在苗族村寨，越来越多的人放弃传统木房，选择修建现代砖房。传统木房修建的减少直接导致传统建筑技术的式微。在很多村寨，请到一个技术好的木匠师傅变得越来越困难。由于对木工的需求越来越少，木匠师傅也不得不转行或外出务工。

传统建筑技术的传承出现危机，愿意学习传统建筑技术的年轻人越来越少。这一方面是因为传统建筑技术难学。传统建筑技术属于熟练工种，掌握传统建筑技术非短期能够奏效，需要大量的实践，例如斧锯刨凿，看似简单，其实是上手不易，得心应手更难。学习传统建筑技术需要木匠师傅手把手当面教，木匠师傅自己会做，怎么做心里清楚得很，但很难用语言表达得清楚又确切，可意会，难言传，用文字表达清楚就更难了；另一方面，也是最根本的方面，就是对传统建筑技术的需求减少。即使拥有精湛的传统建筑技术，也不能保证能挣很多钱，也就是说，学习传统建筑技术，投入多，产出少，因此，年轻人更愿意学习别的能挣钱的技术。谈到传统木工的衰落，村民这样说。

> 村民杨某：我们施洞以前都是木房子，掌墨师傅也很多。过去掌墨师傅家里很有钱，会这门手艺的话，全家人都不用挨饿了。有时候外地人都来我们这里找木匠做活，所以很多木匠都去别的地方了。现在砖房建起来了，木房子建的少了，木匠还是那么多人，有些木匠越来越没有生意，就去外面找活做去了。木匠在外面还很吃香哟，厂子里找雕刻的啊，做木工的啊，收入还可以。
>
> 木匠张师傅：现在村子里没有多少木匠了，他们都出去打工去了。那些技术要么就传给外地人了，要么就没有人学了。现在的年轻人不喜欢学木匠技术，嫌麻烦。他们沉不下心来。就比如学用刨子，不用上个小半年是刨不好的。很多年轻人嫌苦，学的时间又长，所以都不干了。木匠活也不好学，就比如说弹墨线，要学很长时间才行。你弹不好，人家请你来一次，下次就不相信你，不请你来了。木匠活又难又苦，没得人学了。现在有人想学做木匠就是想钻个空子，学两天就跟人家说是我的徒弟，好揽活干。

除了需求减少外，导致传统建筑技术式微的另一个重要原因是现代机械技术的冲击。电动工具的应用，如台锯、带锯、平刨、压刨、方榫机、雕刻机等工具应用，一方面弥补了传统木工技能的不足，另一方面也使传统木工的许多技能成为多余。

3. 民居变迁与生活空间、生活观念的变化

人们的生活都离不开居住等基本的物质条件，居住条件的变化又导致人们生活空间、生活观念的变化。

在苗族村寨的传统木屋里，火塘间过去是人们活动的中心之一，人们围坐在火塘就餐、取暖，火塘在没有电灯的年代还起着照明的作用。火塘间也是人们休闲娱乐活动的主要空间，特别是在冬天，人们喜欢饭后围坐在火塘边谈古论今，年轻人在火塘边喝酒唱歌，老人们给孩子们讲述祖先的来历、功德和各种神奇古怪的民间故事。孩子们在火塘边倾听着、想象着那些古老的故事。如果有客人来，就把客人邀请到火塘边最尊贵的位子聊天。

而今火塘间不再是活动中心。人们吃饭有了专门的饭桌，人们也不再用火塘做饭，而是在专门的灶台用电磁炉或者煤气炉。液化气开始在苗族村寨使用，每罐液化气价格在七八十元之间，五口之家可以用两个月左右。人们也不再去山上打柴。集市上有柴卖，一捆 5 块钱，可以用钱买，也可以物换物。但很多人嫌麻烦，很少用柴。取暖有专门的电火柜——“移动火塘”。电火柜是近几年兴起的一种冬季烤火工具，在苗族村寨颇为流行。它是一种无盖的方形大木箱，底部通电后是主要的取暖地方，四边宽度像普通的木凳，大约 80 公分高，用来坐人。人们把腿放在电火柜，然后在上面盖一层被子，大家聚在一起，即可取暖又可聊天。不用木炭当燃料就不会烟熏火燎。相比火塘的取暖功能，电火柜更暖和、干净、方便，不需要再去山上捡木柴当木炭烧，直接通电就可以了。火塘的取暖功能正逐渐被现代化的电火柜代替，而电灯的出现早已使火塘失去了照明的作用。

现在人们的活动中心已从火塘间转向堂屋，堂屋的布局与陈设最大限度决定了这种现象。神龛下面的方桌被电视机柜取代，同时摆放 DV 机和一些现代装饰品，固定电话一般也被放在电视柜上。从前那样零星地放几张木板凳也被认为是不洋气的表现，取而代之的是现代化的沙发。人们乐于饭后来到客厅，打开电视，坐在沙发上，细细地品味村庄外面的生活。年轻人着迷于电视剧，看电视的时候，偶尔有一搭没一搭地聊天，聊天话题也从之前的谈古论今到谈论电视节目中的现实问题。小孩子们目不转睛地盯着电视上的画面，调皮的孩子跟着电视机背诵电视中的广告词。冰箱、饮水机，这些现代

化的设备被放在堂屋最显眼的地方，好像只有这样才能显示一家的富足。很显然，堂屋已经从过去的神性空间的层面降到现在的生活空间的层面。堂屋不再仅是祖先居住的地方，更是人们主要的生活空间。堂屋没有中柱，花树也就没有安放的地方。大门没有门槛，门口的“求子桥”也没有了。

新修砖房里，人们卧室变得更宽敞。从前由于空间的限制，不管谁的房间，一般都是一张不超过 1.5 米宽的小床，而现在带有靠背和床头柜的现代化的大床进入人们的卧室。人们存放衣服也不再用圆木桶，而是有专门的衣柜。有些房间里还专门放了一张书桌。有的人家甚至接通了网络，在卧室中添置了电脑。年轻人不喜欢古老的原木色，而是将卧室的墙面用彩纸重新装扮。小姑娘们的卧室里，明星海报贴满了墙面。

传统民居变迁与人们生活观念的变化是分不开的，建造新房的选择本身已表明这一点。生活观念的变化往往是随着时间的推移，随着年轻人的成长而逐渐实现的。笔者在巴拉河村随机调查了不同年龄段的 60 名村民，其中大于 60 岁的 20 人，大于 30 岁小于 60 岁的 20 人，小于 30 岁的 20 人。调查内容为，假如新建房屋，选择砖房还是选择木房，调查结果如下表所示（表 4－2）。

表 4－2　不同年龄段的村民建造新房的选择

年龄段 / 房屋类型	≥55 岁	35～55 岁	≤35 岁
砖房	3 人	14 人	18 人
木房	17 人	6 人	2 人

调查结果表明，老年人比较倾向选择木房，认为木房冬暖夏凉，而年轻人更推崇砖房，认为砖房结实、牢固，不用经常维修，也不用担心木材被虫腐蚀。也有老人认为，修建砖房会影响家族运势，而年轻人则没有这种观念，他们更多地考虑电饭煲、电磁炉、热水器、洗衣机等家电使用的方便与安全，考虑哪种房子居住更卫生。谈到砖房的坏处，村民姜某这样说。

我们这里有个说法，这里的风水不适合建砖房，如果哪一家建了砖房，一定人丁不兴旺，不吉利。但是很多人都不信，因为他们还没有在这里吃亏，等到他们碰钉子了就知道厉害了。这个不是村里面讲的（不是村规民约），就是一种老规矩嘛，不信也没办法。

随着越来越多的村民选择修建砖房，过去那种认为巴拉河村的风水不适合建砖房的传统观念被打破。尽管有些村民仍然固执地认为，建砖房会使家里不吉利，人丁不兴旺，但是，那些修建砖房的人家并没有出现明显不吉利的状况，这反过来加速了传统观念的变化。

4. 民居变迁与人际关系的变化

随着民居的变迁，苗族村寨因血缘、地缘而建立起来的人际关系也发生了一些微妙的变化。首先，生活的安定使人们不再需要用群居的方式共同抵御外界的侵犯，离群索居的现象开始出现。其次，现代化民居的建造程序相对于传统民居而言较为简单，房屋的建造不再需要全寨倾力帮助。这无形中失去了一种加深情感交流的机会。最后，与过去的传统民居不同，因为不受材料的限制，现代化建筑可以将房屋建得很高。高大的砖房使木房显得更加矮小，使木房里的光线更加暗淡。这样一来，房屋高度差距引起的光照问题，也容易引发邻里之间的矛盾。

人是群居性动物，人们希望通过聚居而获得人身和精神上的安全感。如今，人们对于通过聚居获得安全感的依赖程度有所降低，社会的安定、生活环境的安逸和现代民居的坚固性使聚居的安全价值逐渐降低。生产力水平提高，科技高度发展，人们对生活空间的需求逐渐提高。人们不再把能不能聚居作为选择宅基地的重要因素，人们不再排斥独门独户的居住。交通的发达、经济的宽裕以及社会安全系数增高使人们可以应付单独居住的那些突发性情况。不仅如此，生活水平的提高使人们希望获得更大的个人生活空间。

离群索居的另一个结果就是人们的交往没有左右相邻而居的时候亲密。很多苗族村寨都有这样一个习俗：姊妹节期间，嫁出去的女儿要回娘家省亲，这个时候左邻右舍会送一些自家做的糯米饭，因为出嫁的女儿已然成为这家的客人，而作为主人家的邻居有义务热情接待主人家的客人。但是，离群索居使这种现象减少，人际关系中的亲密性也减少。

无论修建砖房还是修建木房，一般都需要请人帮工，但在两种不同结构房屋的修建中，帮工的意义却发生了变化。过去建房子是一件大事，谁家要建造新房都需要请亲戚、朋友来帮忙，特别是在立屋的时候。可以说，建房中的合作关系是一种地缘关系，是一种非市场化运作的传统互助形式，没有任何的商业性质，没有工资报酬，只提供每天的伙食。建造房屋的人手不够时，寨子里的乡亲都会在物质上和精神上给予一定的支持，比如帮忙做饭、砍柴，甚至采购粮食、菜肴和酒水等。在一定意义上，人们把一家建造房屋当作一个家族或一个寨子的事情来做，而不仅仅是一个小家小户的事情。无论这个过程多么艰难，总会在众人的帮助下建成的。传统民居建造的帮工并没有实际的商业交往，不但没有任何商业性，而且是一种加强情感交流的过程。房屋建好后，主人一般会借此机会答谢乡里乡亲平日里对自家的帮助。建立在血缘、地缘关系上的人际情感在这个时候得到了强化。

现代砖房修建程序上的变化和仪式上的简化使建造房屋不需要请太多的人来帮忙，修建砖房需要的人手主要来自家人和花钱请来的帮工。在比较繁忙的几天里，实在缺少人手时会到村外请一两个帮工来。村民杨某这样说。

> 过去一般起房子，全村的人都会来帮忙，就算没有帮到什么忙，也要到建房的场地去看一下。像我们家，起房子的时候全村都来了的，他们中寨的人少，要起房子的话就得到我们这边来请人。像起房子这种都是男人做的活，所以都是村里面的男人来帮忙，而妇女就帮着女主人做家务、烧饭。现在我们建造砖房都是自己做，实在忙不过来就请几个小工来帮忙，工钱大约每天 100 块钱，也不需要请太多小工，只要把水泥浇灌到钢筋里就好了，剩下的我们自己做。

虽然现在和过去在请付费帮工的人数上相差无几，但是修建木房的时候主要劳动力是亲友。现代建设砖房的时候，付费帮工占了总人数的一半左右，有时亲友的帮助为零。人们建房时候的人际关系从人情转为商业。“商业帮工”在乡镇已经成为一种普遍现象，乡镇街道上随处能看到“商业帮工”的小广告。很多人开始以做“商业帮工”为主要经济来源。

随着“商业帮工”的增多，建房的商业味道越来越浓，血缘、地缘等人际关系在这种商业味道浓厚的建房程序中逐渐淡化。现代民居建造减少了村民聚会的机会，减少了交流感情的机会。总之，建房作为联络感情的纽带作用减弱了。

在少数民族村寨，传统木结构民居向现代砖混结构民居变迁是一种趋势。这不是由政府推动的，而是人们理性选择的结果。这种变迁是多种因素造成的，现代建筑技术不是促使其变迁的唯一因素，但却是其变迁的必要条件。

传统民居文化是建立在传统建筑技术的基础之上，当建筑技术发生变化，建立在原来技术基础之上的文化也必然发生变化。调查表明，纯粹由于建筑技术和建筑材料变化的原因，传统民居建筑过程中的一些程序和仪式消失了，如伐木仪式、立屋仪式、上梁仪式等，而这些程序和仪式的变化又是必然的，过去建立这些建筑程序和仪式基础上的热闹场面、人情帮工、情感交流与维系等也不复存在；有的仪式简化了，如动土仪式、立大门仪式等。随着越来越多的村民选择修建砖房以及电动工具的应用，传统建筑工艺日渐式微。

在民居变迁过程中，居住条件的变化以及现代家电的普及又导致人们生活空间、生活观念的变化。过去作为取暖、照明、做饭、休闲娱乐、人际交往、聚会议事的重要场所的火塘间逐渐退出历史，而堂屋则从过去的神性空间下降到现在的生活空间，“花树”“求子桥”“门槛”也逐渐消失。一些传统观念逐渐被打破，如认为当地风水不适合建砖房，认为房门不完整，家里会不吉利等。

从技术的视角审视传统民居文化的变迁，不难发现目前传统民居文化保护的缺失。传统民居作为实物可以保存，传统工艺作为非物质文化遗产可以传承，然而，建筑过程中的那些仪式如何保护却被人们所忽视。

第五章　现代信息技术传播与少数民族村寨文化变迁

现代信息技术有广义和狭义之分，广义的信息技术是指一切获取、管理、处理和利用信息的手段与方法；狭义的信息技术主要指利用计算机、网络、广播电视等各种硬件设备和软件工具对信息进行获取、管理、处理和利用的各种技术。本书所说的现代信息技术是指广义的信息技术。对少数民族村寨而言，现代信息技术的传播主要有广播、收音机、电视机、影碟机、电话、电脑、网络等相关硬件设备和软件工具。因经济发展水平和社会现代化程度不同，这些信息技术传播在不同的少数民族村寨又有差异。一般来说，广播、电视、电话普及程度较高，其中，广播因政府推广而传播最早。其次是电视，电话特别是手机近年来普及很快；电脑、网络普及程度较低。

现代信息技术传播对少数民族村寨文化的影响比较复杂，它与现代农业技术传播、现代建筑技术传播对民族乡村文化的影响不同。这里需要区分两种影响，一是现代信息技术本身对民族乡村文化的影响，二是现代信息技术所传递的信息对民族乡村文化的影响，二者相互联系又有区别。以电视为例，它不仅是技术，也是能传播信息的媒介。对文化的影响，在很大程度上，不是作为技术产品的电视对人们的影响，而是作为媒介的电视对人们的影响[1]。也就是说，电视所传递的信息对文化的影响，远比作为技术产品的电视机对人们的影响大。但是，作为媒介的影响又离不开相关技术，没有电视机和卫星接收器等相关技术，就不能传递信息，也就不能产生影响。现代信息技术传播对民族乡村文化的影响的复杂性就在于，我们不能将这两种影响截然分开。

笔者在西南少数民族地区做田野调查发现，已经很难找到一个没有广播、没有电视、没有电话的少数民族村寨。现代信息技术已经在这些少数民族村寨中生根，它改变了村民获取、接收信息的方式，增进乡村与外界的联系，加强了文化间的交流，开阔了人们的视野，重塑了时空结构，改变了人们感知和体验世界的方式，潜移默化地影响人们的思想观念和行为方式，在推动少数民族村寨文化变迁过程中发挥了重要作用。

一、信息技术传播与信息获取方式的变革

长期以来，在少数民族村寨，特别是交通闭塞的西南山区民族乡村，人们与外界的交流很少，主要是通过面对面、口耳相传的方式获得信息，获取信息的方式比较单一。当然也有某些特定的传递信息的方式，如“刻木传信”，独龙族、哈尼族、傈僳族、基诺族、景颇族、佤族、黎族等西南少数民族在新中国成立前都有这种传递信息的方式。现代信息技术的传播，使人们

---

[1] 关于电视与乡村社会变迁的研究较多。柯克·约翰逊运用民族志的方法对印度两个村庄进行调查，指出电视是社会变迁的动力，它在经济、社会、政治领域的变迁中都扮演了重要的角色，见《电视与乡村社会变迁：对印度两村庄的民族志调查》。郭建斌、吴飞运用民族志的方法，从传播学的角度探讨了电视对云南独龙族村寨的社会生活的影响，见《独山电视——现代传媒与少数民族村寨日常生活》和《火塘·教堂·电视——一个少数民族社区的社会转播网络研究》。李春霞用人类学的仪式理论对电视植入四川一个彝族村落进行分析，对电视与彝民生活的变化进行了民族志研究，见《电视与中国彝民生活》。此外，还有一些论文集中探讨了电视对乡村日常生活的影响，见龚莉辉的《电视与土家族乡村生活方式的变迁——以舍米湖村为个案》；洪长晖的《电视与乡村日常生活——基于长安村的民族志调查》；王旭升的《电视与西北乡村社会日常生活——对古坡大坪村的民族志调查》；字东玉的《电视与彝族乡村日常生活——巍山县有食村调查》；孙秋云、黄健的《电视与乡村农民的日常生活——基于湖北省石首市五马村的调查与分析》；王学文的《拉近的异域与推远的自我——一个水族村寨的电视媒介分析》；陈默、催锋的《电视与西藏乡村日常生活——以曲水县茶巴朗村为例》；屈中治的《电视与乡村生活变迁：变迁中的村落社区图景——云南呈贡万溪冲社区的个案分析》。

获取信息的方式有了革命性的变化，如今，人们足不出户就可以获取关于外面世界的各种信息。广播、电视、电话、互联网、报纸等都是人们获取外界信息的重要途径。

因各地交通状况、地理条件、经济发展的不同，现代信息技术在少数民族村寨的传播时间也不一样。新中国成立之前，广播电台在民族地区就有了一定的发展，如西藏在国民政府时期就开始建立无线电台❶。新中国成立后，全国的私营广播电台或被勒令停止广播，或通过公私合营改造而实现了国家经营。全国农村有线广播站从 1952 年开始建设，到 70 年代，大部分民族地区都有县、区、公社三级或二级广播站，生产队安装有线广播喇叭。这些广播喇叭定时播放来自中央的最新消息，通过这些广播喇叭，大山深处的少数民族村民知道了党和国家领导人的名字，学唱了“东方红”等革命歌曲。这是广播在民族地区发展最辉煌的时期。80 年代以后，随着我国农村政策的转向，乡村有线广播设备不能像以前那样得到有效的维护、更新和管理，还有社会经济运作模式的改变以及通信传输方式的重大变化等种种原因，许多广播站纷纷停办，大多数乡村不再通有线广播。收听无线广播的情况因地而异，能收听少数民族语言广播的地区，广播一直是少数民族听众获得信息和排遣闲暇时光的重要方式，拥有很多听众。在西南少数民族地区，许多地方至今都没有少数民族语言广播，无线广播用汉语播音。因为语言的原因，收听汉语无线广播的人比较少。受电视等媒体的冲击，部分少数民族地区的广播发展在近 30 年处于停滞状况。

电视在少数民族村寨的普及，一方面得益于国家基础设施建设的发展，特别是 1998 年开始实施的“广播电视村村通”工程❷以及 2000 年开始实施的

---

❶ 白润生．我国少数民族语言广播的历史沿革、地位与作用［J］．新闻爱好者，2012（17）：3－7.

❷ “广播电视村村通”工程是国务院 1998 年启动的一项民心工程，目的是解决广播电视信号覆盖“盲区”农民群众收听广播、收看电视难的问题。第一轮工程 2005 年结束，2006 年国务院又颁发《国务院办公厅关于进一步做好新时期广播电视村村通工作的通知》，按照“巩固成果、扩大范围、提高质量、改善服务”的要求，继续实施广播电视村村通工程，构建农村广播电视公共服务体系。

"西新工程"[1]，民族地区乡村广播电视公共服务覆盖体系不断完善；另一方面是因为民族地区乡村经济的发展，电视机从少数富裕家庭中的奢侈品转变为一般家庭普通电器。

表 5－1　几个少数民族村寨的电视拥有状况

拥有状况 / 村寨名称	家庭户数（户）	拥有电视机台数（台）	家庭拥有率（%）	备注
纳麻	23	23	100	2012 年调查数据
平善	98	91	92.86	2013 年调查数据
巴拉河	115	107	93.04	2012 年调查数据
控拜	240	245	102.08	2015 年调查数据

因各地的基础设施条件不一样，电视在民族乡村出现的时间有较大的差异。有的少数民族村寨 20 世纪 80 年代就有了电视，而在山区的很多少数民族村寨，第一台电视机进入村里是在 2000 年左右，但电视机普及的速度很快，到 2010 年左右，差不多每户人家都有电视机了。笔者调查的几个少数民族村寨，家庭电视拥有率都在 90% 以上。

光有电视机还不能收看电视节目，还需要有接收信号的装置。在少数少数民族村寨，20 世纪 80 年代买的电视一般都是用电视机自配的拉杆天线或户外八木天线接收，只能收几个台。后来有了卫星电视接收器，大多和电视配套购买。发展比较快的少数民族村寨，像城市一样，开始用有线电视。笔者调查的纳麻村前些年使用的是大的卫星接收器，俗称"大锅"，大约可以收到 10 多个电视台；2011 年寨子又有了小的卫星接收器，俗称"小锅"，可以收到 30 多个电视台。信息技术的进步，使少数民族村寨的电视发展进入了卫星数字通信的时代，身处偏远山区的村民也能方便地收看种类繁多的节目，获得浩如烟海的信息。

---

[1] "西新工程"，即西藏、新疆等边疆少数民族地区广播电视覆盖工程，是党中央、国务院遵照江泽民总书记重要指示精神，直接部署的一项重要工程。"西新工程"是新中国成立以来规模最大的广播电视覆盖工程，实施范围包括了西藏、新疆、内蒙古、宁夏 4 个自治区和青海、甘肃、四川、云南四省的藏区以及福建、浙江、广西、海南和吉林延边部分地区。

图 5－1　小型卫星接收器

像汉族地区乡村电视发展一样，很多少数民族村寨都经历了这样的过程：电视机从十几英寸的黑白电视机，到几十英寸不等的彩色电视机，再到大屏幕的液晶电视机；电视信号接收最早用电视机自配的拉杆天线或户外八木天线，后来用大卫星接收器，再后来用小卫星接收器，最后用有线电视；看电视最初是全村人到某一家看（全村只有一台电视机），后来分散到不同家里看（村里有了几台电视机），再后来各自在家里看（电视基本上普及）。

图 5－2　废弃的较大的卫星接收器

巴拉河第一家买电视的是上寨的姜家。当时姜家买了缝纫机帮村里人做衣服，存了一些钱，1984 年买了一台黑白电视机回来。刚买回来的时候，村里好多人都去他们家看电视。当时也没有多少频道，有什么内容就看什么内容。很多人吃完晚饭就到他家看电视，甚至还有别的村寨的人来看电视。因为去的人太多，他家就每人收一角钱。现在一家人已经全部搬到凯里去了，但户口还留在巴拉河。最早的黑白电视是用电视机自配的拉杆天线接收信号。后来用的电视信号接收器像一口大锅，跟家里面用来煮猪食的大锅一样大，而且信号不是很好。现在很多人家已经换上了一种比较小巧的接收器，直径约30厘米，接收信号很好。价格也比较便宜，100元左右，政府“村村通工程”也给巴拉河送了一些接收器。现在村里还经常可以看到废弃的“大口锅”信号接收器。

伴随电视的普及，影碟机与光碟也进入普通村民的生活中，大多数有电视机的家庭都有影碟机。

表5－2 几个少数民族村寨的影碟机拥有状况

拥有状况 村寨名称	家庭户数（户）	拥有影碟机台数（台）	家庭拥有率（%）	备注
纳麻	23	15	65. 22	2012年调查数据
平善	98	47	47. 96	2013年调查数据
巴拉河	115	57	49. 57	2012年调查数据
控拜	240	121	50. 42	2015年调查数据

电话的普及是近几年的事，这主要由于手机的快速发展。笔者调查的纳麻23户人家中有21户有电话，一共35部，其中33部是手机。外出打工的人基本上都有手机，40岁以下的成年男子基本上都有手机。

表5－3 几个少数民族村寨的手机拥有状况

拥有状况 村寨名称	家庭户数（户）	拥有影碟机台数（部）	家庭拥有率（%）	备注
纳麻	23	33	143. 48	2012年调查数据
平善	98	154	157. 14	2013年调查数据
巴拉河	115	169	146. 96	2012年调查数据
控拜	240	341	142. 08	2015年调查数据

巴拉河第一家安装电话的是下寨潘某家。当时他家儿子在部队，想经常往家打电话。但全村只有村委有电话，每次去接电话比较麻烦。于是，潘家就自己架线安装一部电话，以方便家人联系。装了电话后，潘家就变得热闹起来。村民们在外面的亲朋好友联系村里人，也打他家这部电话，潘家的人会通知他们接电话。电话多了也太麻烦，后来去潘家接电话，接一次电话交一块钱给他家。

少数民族村寨的计算机网络发展还处于起步阶段，目前只有少数家庭有电脑，利用电话线上网或无线上网。

图5-3　使用手机的布依族老人

在少数民族村寨，特别是没有文字的民族乡村，口耳相传是主要的信息传播方式。外界的信息主要通过村里具有权力或经常外出的人传递给其他村民。由于语言文字的原因，报纸这种印刷媒介传播信息的方式只有少数人掌握，影响力非常有限。同样因为语言的原因，无线电广播传播信息的范围也非常有限。电视的植入和普及开启了一个新的信息传播时代。电视的信息传递具有跨越时空、辐射力强、传播面广等特点，电视成为少数民族村寨人们获取信息的主要渠道，超过3/4的村民将电视作为了解外界信息的主要途径。外界信息不再为村里少数精英所独享，也不需要通过他们过滤而是直接传递给所有村民。

表5-4　信息传递方式比较

传递情况 / 传递方式	传递速度	传递范围	信息量	信息过滤
口口相传	慢	窄	小	多
电视传递	快	广	大	少

电视从根本上改变了少数民族村寨获取信息的方式。村民从电视中获得各种各样的知识和信息，其中，新闻、天气预报、种植技术、养殖技术、致富信息等比较受村民关注。这反映人们接触电视等媒介的实用性动机，正是这种实用性动机使他们希望电视多播放一些农业生产、科教或致富信息的节

目。这表明，看电视既是一种信息获取方式，也是一种社会教育方式。

电视为少数民族村寨了解外面世界提供了最便捷的渠道，它加强了乡村与外面世界的联系，扩大了村民对外面世界的认知，重构了日常生活想象。电视传递的信息使村寨与更广阔的空间联系在一起。通过电视，没有到过海边的村民知道了大海，没有到过草原的村民知道了草原，没有到过沙漠的村民知道了沙漠，没到过城市的村民知道了城市和城里人的生活。而以前，这些只能靠想象，现在电视画面形象而逼真地将外面世界展现在人们眼前，使人们头脑中形成关于世界图像的认知。即使听不懂电视里的语言，电视里源源不断的视觉信息也不断扩展人们关于外部世界的认知。

在村民看来，电视所传达的是上级的声音，特别是新闻，都是真实的，没有虚假信息。通过电视，人们了解计划生育、退耕还林、农田保护等政策法规，也了解台海局势、中美关系、嫦娥探月等遥不可及的国内外大事。随着近年农村改革的深入，越来越多的村民享受到了国家政策带来的好处，这反过来促使他们更加关注党和国家的政策方针，而对这些政策方针的了解主要来自电视新闻。关于某些政策的理解，当村民认为村干部的解说与电视里讲的不一致时，会反驳说："你讲得不对，上面的政策不是这样的，电视里都说了。"电视为村民提供了更多平等获取信息的可能，而以前传递信息的少数精英的地位如今日益削弱，因为信息也是权力的一个来源，它增强少数精英的政治和经济权力。

电视在认知的层面将异域拉近❶。通过电视、光碟，许多民族文化事象突破过去一村一寨的区域性局限，在更大范围内得以呈现。村民们通过电视节目和光碟了解其他人的生活，并通过与其他人的对比，形成一定的自我认识，了解并强化自己的族属，也就是通常所说的"我群"与"他群"，"自我"与"他者"的区分。纳麻村民李某这样说。

> 我们不像凯里那边的苗族那样经常唱歌跳舞。我没有去过凯里，但电视里会看到凯里那边的苗族，过年过节的时候，他们唱歌跳舞，穿得花花绿绿的，热闹得很。我们这里过年过节不唱歌，哪家办哪

---

❶ 王学文．拉近的异域与推远的自我——一个水族村寨的电视媒介分析［J］．西南民族大学学报（人文社会科学版），2010（6）：110－115．

样事情也不唱不跳，衣服和凯里的苗族穿的也不同，我们的基本上是黑的、青的。

对于经历了电视从无到有的村民来说，电视扩展了认知空间，把过去只能靠想象或别人描述的东西变成了可观可听的现实，他们从电视中学到很多老一辈人无法学到的知识，获得了很多老一辈人无法获得的信息。对于一开始就习惯有电视生活的年青一代来说，电视教给他们更多父母、学校以及乡村社会没有教的知识，将他们的认知空间扩展到乡村社会所不能及的领域，特别是对于父母外出打工的小孩来说，电视在一定程度上填补了家庭教育的空缺。小孩看电视的时间比大人多，接受信息的能力比大人强，特别是长期没有家长陪伴地看电视，使小孩获得许多家长都不知道的知识和信息，家长对孩子的“信息垄断”被电视减弱了。电视强化了小孩的语言学习，村民普遍反映，看电视对小孩学说普通话有帮助，但看电视的时间太长会影响小孩看书、写作业。

在巴拉河，孩子们放学回到家后，除了伏在昏暗的桌子前（有时候用比较高的板凳当桌子）写作业外，其他大多数时间都盯在电视机上。10 月是农闲的季节。没有太多农活孩子们也清闲一些，一星期没有回家，除了吃到父母做的可口的饭菜，最幸福的大概就是有机会看电视。一般情况下，有电视声的家里面一定有孩子，整间房子只飘着电视里各种各样的声音。一个周六的下午，三组 31 户村民中，13 户家里没人，18 户家里有人。18 户中有孩子在家的有 12 户，12 户中开着电视的有 9 户。9 户中有 7 家小孩在看动画片，1 家小孩由奶奶陪着一起看电视剧《流星雨》，1 家在看自己买来的光碟。电视已经占据了孩子们大部分的娱乐时间，以前下河摸鱼的情景已经很少见了，孩子们的目光被电视里的花花世界吸引着。

二、信息技术传播与生活方式的变迁

现代信息技术的发展，以前所未有的速度和规模改变着人们的生活方式，少数民族村寨文化在近几十年经历着迅速而剧烈的变迁。

1. 作息时间的改变

现代信息技术的传播，特别是电视的植入，改变了少数民族村寨村民传统的作息时间。电视置于家庭生活中，具有一种调节家庭作息时间及各项活动的“结构用途”[1]。没有电视之前，村民们日出而作，日落而息，按自然节律安排一天的作息时间，一般不会主动去关注时间。有了电视以后，看电视就成为少数民族村寨日常生活的重要内容。村民的日常生活在时间维度上发生了巨大的变化，作息时间开始受制于电视节目的时间安排。为了不错过喜欢看的电视节目，村民们会主动关注时间。虽然村民们的大部分时间和精力还是耗在田间地头的劳作上，但是，电视时间已经渗透进村民们的日常生活。大部分人几乎每天都看电视，未成年人尤其喜欢看电视，晚饭和晚饭后的时间是村民们看电视的主要时间。电视的嵌入解构了村民原有的日常生活时间体系——村民祖祖辈辈延续不变的生活作息方式，并重构一种新的生活作息模式，村民的生活方式在时间维度上被电视化。村民开始按照电视节目时间安排闲暇与劳作，把电视中的人物作为时间刻度。过去夏天里劳动，村民们在太阳落山时回家，一般要到晚上八九点，而现在，有的村民为了看电视会提前收工回家。女人们为了能在黄金时段的电视剧开播之前做完一天的家务，会把做晚饭的时间提前。村民的日常生活节奏围绕电视而展开，日常生活在时间维度上被电视像钟表一样重新安排，原有的时间体验被电视所建构的新的时间体验所取代。

> 自从有了电视，纳麻人睡觉的时间开始推迟，因为夜晚的生活变得丰富。冬天，寨子里的人们一般晚上7点左右开始看电视，看到晚上10点左右就睡觉了。农忙时会晚一点看电视，看到晚上10点左右也就睡觉了。晚上10点之后的节目只有少数年轻人收看。白天一般多是小孩开电视看，偶尔也有成年人闲下来看，作为一种放松休闲的方式。笔者调查，人们每天看电视的时间，1小时以下的占

---

[1] James Lull. The Social Uses of Television [J]. Human Communication Research, 1980, 6 (3): 197 - 209.

1.7%，在1~3小时的占42.2%，3~5小时的占38.6%，5小时以上的占17.5%。人们看的电视节目种类繁多，电视成为他们生活中休闲娱乐的首选项目。表5-5是笔者暑假调查期间，某家人看电视的时间和节目。

表5-5　一家人看电视的时间和节目

时间	节目
11：00~13：00	《铁血使命》、水上冲关、奥运会比赛（全家人都喜欢看）
18：00~19：40	新闻和天气预报（爷爷每天估计好时间看新闻联播）
19：40~23：00	《铁血使命》《薛平贵与王宝钏》、综艺节目（除了爷爷早睡外，大家都在看）

2. 闲暇方式的取代

现代信息技术的不断革新和传播，使少数民族村寨的闲暇娱乐方式发生了根本性改变。以电视为例，电视传递丰富的信息、生动的画面、有趣的故事，对村民有极大的吸引力。特别是电视的普及和电视技术的更新，使村民可以收看内容丰富的节目。通常家里的电视可以收几十个台，人们可以有很多选择，这种雅俗共赏、老少皆宜的经济的休闲方式牢牢地吸引着村民，带给村民很多快乐。它很快取代了传统的日常娱乐方式——聊天，与包括节日、庆典在内的其他传统的娱乐方式一同丰富了人们的生活。许多传统的娱乐方式被迫退出了村民的日常生活舞台，村民的闲暇方式和内容被电视重新安排。

在西南很多少数民族村寨，火塘曾经是一家人的起居活动中心，如苗族、土家族、布依族、彝族、侗族、傣族等，人们围着火塘吃饭、取暖、闲聊，年轻人听老人们讲述人生经历、传说故事，谈古论今，并从中获得教益。有了电视后，人们的家庭休闲活动不再以火塘为中心，而是以电视为中心。传统围坐火塘闲聊的时间、学习民族文化技艺的时间等，大部分都让位给了电视。在贵州省黔西南的布依族村寨，没有电视的时候，年轻人吃完晚饭会经常围着老年人听布依族的传说故事，或者学唱布依族的歌谣。和许多少数民族一样，学唱歌是布依族青年男女的必修课，因为唱歌是社会交往的重要手段。在贵州省黔东南的侗族村寨，没有电视以前，农闲时有许多休闲娱乐活动，如“月也”（村寨之间集体游乡做客）、“刚军”（讲故事）、“讲款”（用说唱形式讲解村规民约）、对大歌、演侗戏、斗牛等。这些具有一定社会功能的娱乐活动在20世纪七八十年代还很流行❶。有了电视以后，这些娱乐活动基本上被看电视所取代。电视重构了乡村生活的社会面貌，它使集体性休闲转变为家庭性休闲，户外休闲转向户内休闲，传统以村落为中心的休闲活动逐渐淡出了村民的生活。

在贵州黔东南从江县的小黄侗寨，电视几乎已经成为村民的日常生活的一部分，是村民们闲暇时间的娱乐工具，除了部分老年人因不懂汉话不看电视外，其余的村民几乎都看电视。村民们收看的节目与大多数电视观众类似，小孩一般喜欢看动画片、少儿节目，大人们喜欢看电视剧，也有部分村民喜欢看新闻，了解国内外事件。

很多村民家里都有影碟机，不少村民在闲暇时放光碟。村里有一个光碟店。光碟店的老板是一个二十多岁的年轻小伙，他出售的光碟有的是他从从江县城贩来的，也有很多是他自己现场录制的。光碟的内容大多是侗歌，特别是男女对唱的侗歌比较多。除了侗歌，还有些光碟的内容是“月也”“转寨”“祭萨”、斗牛、侗戏、摔跤等。这些光碟不仅卖给外地游客，也卖给本地村民。买光碟的村民一般40岁以上的中老年人居多，他们喜欢看侗歌、侗戏光碟。年轻人对这类光碟不感兴趣，他们喜欢看斗牛、摔跤之类的光碟。村里的国家级侗歌传承人潘萨银花也有几十张侗歌光碟，想听的时候就放光碟听。村里人买光碟有的是因为光碟中有收录自己的歌曲，买回去做纪念，有的是为了消遣，也有的是为了学习。在村里侗歌传习基地，经常会有一些老年人坐在这里边听侗歌边聊天。因为不懂汉语，他们平时不看电视，只放光碟，这些光碟大多是从县城买来的，内容都是侗歌。老人们觉得光碟里唱的与现场唱的没有什么不同，都是那么动听。有时村里来了游客，外面有侗歌表演，老人们似乎充耳不闻，依然看他们的光碟。这些老人们也会在没有游客的

---

❶ 吴定勇．大众传媒与民族地区和谐发展——从侗族和谐文化建设与侗族文化传承之角度［J］．西南民族大学学报（人文社会科学版），2011（2）：171－180.

晚上自己唱歌，偶尔还会请人把自己唱的录下来做纪念。

3. 文化传承方式的变化

现代信息技术的传播使少数民族村寨文化传承方式发生了变化。电视不仅改变了少数民族村寨一般村民的娱乐方式和内容，也减少了年轻人参加其他民俗、宗教活动的机会。没有电视的时候，小孩通常也会跟大人一起参加宗教活动，有了电视，很多小孩就留在家里看电视，不跟大人一起参加宗教活动。电视中丰富多彩的文化娱乐节目比现实中的传统文化活动更能吸引村民，尤其是年青一代，他们对电视中的城市生活、娱乐文化更加向往。青少年作为乡村的生力军，他们更多的是被电视中的城市生活和流行文化所吸引，对明星和现代生活方式的追捧让他们无暇关注祖辈承袭的传统文化。一部分民族文化传承的传统方式逐渐衰退与消失，民族传统文化价值观念失去了教育和影响下一代的主要途径。

以贵州黔东南从江县小黄侗寨的侗族大歌传承为例，现代交通、通信、媒体拉近了小黄侗寨和城市的距离，现代科技文明直接进入小黄侗寨，电视、影碟、卡拉 OK、手机等在农村普及严重地影响了侗族大歌在年轻人中的传承。年轻人喜欢看电视、唱卡拉 OK、听音乐、玩手机，无意跟歌师学歌。用当地歌师的话说就是“我们愿教，但没有人愿学”。然而，学唱侗歌不仅是学习唱歌，同时也是学习做人的道理。小黄有句俗语，“饭养身，歌养心”。年轻人在学唱侗歌的过程中不仅受到熏陶，而且受到传统价值观的教育。如今，随着学唱侗歌的年轻人越来越少和学唱侗歌的时间越来越少，不仅侗歌传承出现危机，而且侗歌丧失了它的主要社会功能。

> 在小黄侗寨，没有电视的时候，不同年龄的小孩会组成不同的歌队跟着歌师学唱侗歌。因为娱乐活动少，学唱歌就是孩子们的一种娱乐活动。而现在仍然还有不同年龄的小孩组成歌队跟着歌师学唱侗歌，特别是在假期空闲时间比较多的时候。但是，电视占据了他们太多时间。如果有喜欢看的电视节目，他们通常会看完电视再去学歌，从而影响了学歌的进度。有的小孩明确表示不喜欢学唱侗歌，喜欢看电视，特别是动画片和少儿节目。现在学校也教侗歌，只是一周一节课，教学力度完全不够。

任何民族都有其特定的“集体记忆”,“集体记忆”是一个群体中人们所共享、传承和建构的事或物。在少数民族村寨,“集体记忆”是与习俗、神话、传说等紧密联系在一起的,通过具有娱乐、竞争等性质的集体活动传承,如诗唱。在传统的集体活动中,“集体记忆”是以生活方式呈现,人们能在集体活动中表达情感,增强认同,教育后代。现代信息技术的传播改变了少数民族村寨的“集体记忆”及其社会功能。电视改变“集体记忆”的传袭机制赖以实现的社会土壤和具体场景,它把小孩、年轻人吸引到它的周围,“集体记忆”中祖先的故事被电视剧中的故事所置换。

随着现代信息技术的传播,一些传统的娱乐活动虽然没有完全消失,但也发生了变化。例如,被列入第二批国家级非物质文化遗产名录的彝族打歌,以前是在特定的场合和时间,很多人一起举行的集体活动,用葫芦笙或竹笛或三弦伴奏。有了电视和影碟之后,不用葫芦笙或竹笛或三弦伴奏,几个人聚在一起就可以跟着光碟里放的打歌的音乐唱跳,与都市里大妈们跳广场舞类似。在一些旅游开发的村寨,传统的娱乐活动变成了表演。如贵州省雷山县的西江苗寨,只要有游客,每天都有歌舞表演。然而,这些歌舞表演都是跟着现代音响设备播放的节奏唱跳,表演的小伙子也吹芦笙,但不过是做做样子,并没有真吹,即使真吹,芦笙的声音也会被现代音响设备播放的声音所掩盖。

近年来,随着手机的普及,传统的娱乐活动又有了新的表现方式。年轻人不仅用手机打电话,收发短信,玩微信,还用手机存储、播放音乐。村民手机存储的音乐有不少是本民族的歌曲。笔者在小黄侗寨调查时发现,很多村民手机里存储了侗歌,这些侗歌有他们自己录的,有下载的。储存的侗歌有《正月二月燕飞来》《今天我们祭寨门》《麻藤缠树妹缠郎》《何时才能会情郎》《久不见面长相思》《蝴蝶寻花》《一杯水酒一份心》《妹捧酒杯敬情哥》《妹我不敢心想多》等优美动听的歌曲,还有一些是侗族民间艺人改编的歌曲,如吴安华的《醉侗乡》《请到侗乡来》《风雨桥相约》《想对情歌》等。

4. 交往方式的变迁

现代信息技术的日新月异,改变了少数民族村寨的交往方式,拉近了村民的空间距离。例如,电话给人们带来了很多方便,人们用它来联系远方的亲戚朋友，也可以用它来谈生意。笔者调查的纳麻有一户酿酒的人家，经常有人通过电话找这户人家预定酒。谈到电话的好处，村民罗某这样说。

> 有了电话后，还是很好，只是比没有电话多了一些开销。之前我们要想告诉别人点什么事，要亲自去他家，有时花很多时间，我家是从别处搬到纳麻来的，要和老家的亲戚商量点事情，要亲自去，一去一来（一个来回）要走七八个小时的路，头天去，第二天才回来。有了电话后，拨通号码就可以了，特别是有了手机后，带在身上，走到哪里都可以随时接打电话，很方便。孩子在外面打工，有事情可以打电话通知。

现代信息技术的传播也改变了少数民族村寨青年男女的传统交往方式。在少数少数民族村寨，青年男女到了一定的年龄，相互交往都有一定的方式，如苗族的“游方”、布依族的“浪哨”、侗族的“行歌坐夜”等，通过唱歌互相认识，互相了解，建立感情，进而选择情投意合的伴侣。20 世纪 80 年代，“行歌坐夜”在南侗地区还很盛行，青年男女晚上成群结队，相聚月堂，对歌对垒，相识相知。如今，以歌会友、以歌传情的男女交往活动已近乎绝迹。取而代之的是打电话、发短信等方式，青年即使男女聚到一块，不是看电视就是打牌。传统的对歌失去了其交友、择偶的文化功能。

电视的普及改变了村民的日常交往。没有电视之前，村民们夜晚走动得比较频繁，经常相互串门，聚在某一家聊天是常有的事。电视普及后，村民们夜晚串门明显减少，面对面沟通的机会变少，邻里之间不再花大量的时间闲话家常，人们更喜欢在自己家里看电视。即使偶尔串门，也不再像从前那样闲话家常，一边看电视一边聊天。这实际上是把一部分传统社会公共空间搬到了一个新的社会公共交际空间——看电视的客厅[1]，社会交往方式发生了一定的变化。

---

[1] 屈中治. 电视与乡村日常生活：变迁中的村落社区图景——云南呈贡万溪冲社区的个案分析[J]. 文化与传播，2013（2）：12－23.

5. 人际关系的变化

现代信息技术传播使少数民族村寨的人际关系发生了变化，这主要体现在家庭成员之间的关系和邻里之间的关系上。

以电视为例，电视具有一种扭转家庭成员之间关系的“关系用途”[1]。因为电视，家庭成员之间的关系发生了变化。电视使家庭成员聚在一起的机会增多，一家人经常会在晚上一起看电视消磨时间。这也增加了家庭成员之间交流的机会，如果家里没有电视，年轻人在家里就待不住。一家人会在看电视的过程中探讨一些问题，长辈会用电视上播放的例子教育子女。在这方面，电视在一定程度上做出了积极的示范，父母从电视里学到了教育孩子的科学方法，孩子也从电视里学到如何尊重他人。虽然电视使家人在一起交流的时间延长，但不断呈现的干扰信息会减弱交流的深度，降低人们参与交谈的积极性。有时家庭成员也会因看电视发生争执，因为有些孩子沉迷电视，家长担心影响学习。

电视使老人的权威弱化。少数民族地区的电视节目，除了为数不多的地区有民语频道外，绝大多数都是汉语频道。少数民族村寨的有些老人不懂汉语，看不懂电视，需要年轻人翻译。而年轻人从小受学校教育，接受新事物快，一般都能看懂汉语台。于是，年轻人就会成为长辈的翻译。年轻人比中老年人更喜欢看电视，也因此获得更多的信息。另外，在设备的使用方面，电视机、影碟机、遥控功能键的操作，如音量的控制、色彩的调整等，老人也要向年轻人请教。因此，和传统社会相比，年轻人的地位有了提高。

在很多少数民族村寨，成年男子的汉语水平通常要比成年妇女好，男人和外界接触得比较多，接受新事物的能力要比妇女强，对电视的生活和事件的理解要比妇女快。因此，在电视植入之初，男人比女人更喜欢看电视。成年妇女汉语不好，日常交流都用本民族语言，不用汉语交流，特别是中老年妇女听不懂普通话，再加上烦琐的家务活让女人很少有闲暇时间。因此，女

---

[1] James Lull. The Social Uses of Television［J］. Human Communication Research，1980，6（3）：197－209.

人看电视不像男人那样积极。女人看不懂电视剧内容的时候，需要男人或小孩翻译或讲解。但男人在专注看电视时，不愿因给妇女解释而被打断剧情，就会随便敷衍几句。在有些少数民族村寨，电视在植入之初强化了性别边界，强化了女人的弱势地位以及女人对自己弱势地位的认同。但是，这种状况会随着电视的普及和女人年龄的增长而改变。上过学的女孩普通话比成年妇女好，对电视内容的理解能力比成年妇女强，她们和男孩一样喜欢看电视。成年妇女随着时间的推移和汉语水平的提高，也逐渐能看懂电视，并从电视中学到越来越多的知识，获得越来越多的信息，自信心也会不断增强，电视强化性别边界的状况因此扭转。

控拜村龙太阳家的客厅有一组音响和一台五十多英寸的液晶电视。龙太阳说他们家是寨子里最早买电视的，大概是1983年的时候买的，当时是黑白电视。现在这台电视还在家里储藏着，龙太阳的母亲说把电视卖掉，但是龙太阳觉得是非常具有纪念意义的东西，因此还留在家里。龙太阳在讲述这段话时看似在简单地叙述着过去的事情，但明显充满着自豪感。龙太阳家里的电视几乎每天都开着，龙太阳不在家时，他的妻子可以任意换台，但龙太阳回来之后，遥控器就在他的手上。他的妻子说，龙太阳就爱看打打杀杀的，科幻的，还有美剧。只要龙太阳回来，她就别想看其他的。龙太阳的母亲偶尔也会来客厅看电视，同样是龙太阳看什么，她就看什么，也不管看得懂看不懂。

电视在少数民族村寨的植入对邻里之间的关系也会有影响。电视没有普及的时候，不少村民为看电视而串门，也会因此遭到冷遇。电视普及之后，很少有人为看电视而串门，村民的社会交往活动明显减少。然而，邻里之间的走动和集体性的休闲娱乐，这种面对面的交流方式不仅会获得信息和知识，也获得认同感和归属感。这对于维系传统的和睦友好的关系非常重要。如今，因为村民的交流减少，邻里之间的关系逐渐变得疏远、淡薄，乡村社会原有的互相关爱、邻里和睦的传统正在消解，人情淡漠、邻里疏离等“现代病”已现端倪。

三、信息技术传播与民族乡村思想观念的变化

现代信息技术在少数民族村寨的传播，彻底变革了人们获取信息的方式，改变了人们的生活习惯与娱乐方式。信息源源不断的输入和生活质量不断的提高，又为人们思想观念和思维方式的变化开启了广阔的空间。

1. 文化价值观的变化

现代技术在少数民族村寨的传播绝不只是一种简单的机器或知识的传播，它总是伴随诸如“先进与落后”“科学与愚昧”之类的价值判断。由于现代技术给人们带来的实实在在的好处，人们在接受现代技术的时候，也就形成了关于现代技术的肯定的价值判断，如“好”“先进”“高级”“科学”等，而对本民族文化逐渐怀疑，并形成否定的价值判断，如“差”“落后”“低级”“愚昧”等。于是，心理上产生自卑情绪，出现自我文化的否定，诱发民族虚无主义。随着现代信息技术传播的深入，大量现代文化信息纷至沓来，拓展了少数民族村寨村民的视野，促进了村民对流行文化的认同与接受。乡村年青一代的传统观念越来越淡薄，他们认为自己的民族形象与乡村文化是落后的，对本民族节庆中各种繁复的仪式程式及其象征意义已不以为然。部分少数民族群众看不起自己的文化，不说民族语言，不穿民族服装。“对于少数民族的年轻一代，会说汉语而不会说本民族的语言，会写汉字而不会写本民族的文字，会唱影视流行歌曲而不会唱本民族的歌，会跳各种现代舞而不会跳本民族的舞，已不是个别现象。”❶ 笔者在田野调查中随时都可发现，面对本民族文化迅速消失的现象，不少村民表现得漠然，没有一丝惋惜，他们认为那些落后的东西应该淘汰。他们羡慕现代都市的繁华，向往现代都市的生活，甚至不惜抛弃传统美德，用不正当手段谋取财富，以便尽快过上他们向往的“现代生活”。

---

❶ 梅其君．现代技术对少数民族传统文化的影响初探［J］．西南民族大学学报（人文社会科学版），2008（10）：31－34．

2. 科学观的强化

现代信息技术的传播强化了科学的观念。在少数民族村寨，科学的观念是随着教育的发展以及乡村与外界联系的增多而逐渐输入的。以电视为例，没有电视之前，人们也并非完全没有科学的概念，如现代农业技术传播也同样输入科学的观念，但这种输入不是经常的。有了电视以后，电视和科学关联在一起。电视机本身作为一种高科技产品就是科学的象征，对绝大多数村民而言，电视是“先进”“文明”“发达”“科学”的代表，电视里传递的信息也与科学关联在一起，天天提醒人们，使人们的科学观在耳濡目染中得到强化。

3. 乡土观的变化

现代信息技术传播改变了村民的乡土观念，恋土恋家、安贫守旧的传统思想受到冲击，现代社会的进取、发展、流动的观念为越来越多的年轻人所接受。以电视为例，电视把外部世界鲜活地展现在少数民族观众眼前，让他们真切地领略到“外面的世界很精彩”，使他们对繁华时尚的都市生活充满了向往，激发了他们融入更大世界的欲望与冲动。笔者调查时就发现，很多农村青年热衷于外出务工与电视的影响存在直接的相关性，电视增强了城市的吸引力，正是电视所展示的现代化都市生活与现实生活之间的反差激发了年轻人的欲望与幻想，促使他们走出祖祖辈辈生活的乡村。

4. 婚恋观的变化

电视节目中关于城市青年恋爱和婚姻的场景、情节不断地传播到乡村，潜移默化地影响人们的婚恋观。传统的“游方”“浪哨”“行歌坐夜”被手机联系、网络聊天等现代化的恋爱方式所取代。很多年轻人表示不愿早婚，希望像电视里的人物那样多过几年单身生活。对于结婚的形式，尽管大多数村民都认为应该举办传统的婚礼，但传统的婚礼也有了变化。不少传统婚礼也要用婚车接送，和汉族一样，讲究婚车的排场，请摄影师全程录像。如果有条件，新娘会穿婚纱，新郎穿西装，并参考一些时尚的做法。这种传统婚礼实际上已经是现代与传统的结合。当然，也有不举行传统婚礼，举行新式婚礼的家庭。对于原本觉得不可思议、难以接受的婚外情、二婚等现象，村民们也慢慢见怪不怪，因为电视里这种题材的节目很多，看多了这样的节目，人们的思想或多或少会受到影响。

5. 审美观的变化

少数民族村寨年青一代的审美观与上一代的审美观已有了明显的不同，这集中体现在对民族服饰的态度上。传统民族服装曾经是一个少数民族区别于其他民族的标志，也是民族内部不同支系归类的方式。受电视的影响，年轻人普遍改穿汉族服装，民族服装和银饰受到冷落。年轻人喜欢模仿电视里人物的穿着，女孩子模仿电视中人物的发型，开始烫发、染发。村民们自己也认为，电视所展示的外部世界和新鲜事物，会影响他们的思想观念，审美观、婚恋观以及自我认识等都受到了电视的影响。笔者在田野调查点与一家人看电视时记录了男女主人在观看相亲节目时的一段对话，从中可以看出电视对当地人的审美观与婚恋观的影响。

电视画面上一个女嘉宾穿着一套连衣短裙，裙子的右侧扎有一块比裙子稍长的布。

女主人：现在这些女的穿这个衣服好难看，大腿都露在外头，右边那块布披巾披纱的，不好看。

男主人：你懂哪样，人家这个是流行，你看电视上这样穿多很[1]，是现在的新款式，哪像你们那个时候穿的都是小脚裤。

女主人：穿这个做到哪样活路[2]？

男主人：这些人做好多活路，在这里来找朋友的[3]。

女主人：找朋友都要上电视，我们那个时候媒人来家和老的说就行了，甚至都没有见过对方就成了。

男主人：和我们不一样了，人家来这上面相亲，全国各地的人都可以认识，可以挑选，觉得哪个好才成。你看这个女的都来了好

---

[1] “很多”的意思。

[2] “能干什么活”的意思。

[3] “找对象”的意思。

久了，有好多人都喜欢她，想选她，她厉害得很，瞧不起人家，还要慢慢找。

图 5-4　穿婚纱的布依族新娘

6. 能力观的变化

在少数民族村寨，评价一个人能力的标准随着现代信息技术的传播也发生了变化。过去，能不能在竞争性的集体活动中胜出，代表能力和荣耀。例如，在侗族乡村，侗歌唱得好不好，能不能在对歌时有出色的表现，是人们评价一个人能力的重要标准，而不会唱歌的年轻人找对象都很困难。又如，在彝族乡村，在婚礼、葬礼上能不能唱赢对方，也是衡量一个人能力的关键。而现在，唱歌唱得好不好，已不再重要。能不能赚钱修洋楼，能不能买高档电器、交通工具才是荣耀和能力的象征。村里第一个买电视的家庭都很有"面子"，拥有电视成为一种身份的象征，因为第一台电视基本上都是以昂贵的奢侈品的面目出现。年轻人结婚时，如果陪嫁有电视机，那么婚礼就很风光。而随着经济的发展，电视机逐渐成了必备的嫁妆。

总之，现代信息技术在少数民族村寨的传播，使人们获取信息的方式有了革命性的变革，扩大了人们对外面世界的认知，重构了人们的日常生活想象。现代信息技术在少数民族村寨的传播，改变了人们传统的作息时间和闲暇娱乐方式。许多传统的娱乐方式都被迫退出了人们的日常生活舞台，集体性休闲变为家庭性休闲，以村落为中心的休闲活动逐渐淡出了人们的生活。民族文化传承方式的衰退与消失，是民族传统文化价值观念逐渐影响下一代的主要因素。现代信息技术的传播拉近了村民的空间距离，改变了村民传统的交往方式，使乡村人际关系发生了变化，乡村社会原有的互相关爱、邻里和睦的传统逐渐消解。现代信息技术在少数民族村寨的传播，潜移默化地影响人们的思想观念和思维方式，它促使人们接受外来文化的同时，也产生自卑心理，诱发对本民族文化的否定。现代信息技术的传播强化了人们的科学观念，对人们的乡土观、婚恋观、审美观、能力观都产生深远的影响。

第六章　现代技术影响下的少数民族村寨文化传承

文化是伴随着人类的产生而产生的，它也随着人类社会的发展而发展。每一种文化都处于恒常的变化之中，没有一种文化是凝固不变的。但是，在不同的社会和不同的历史时期，文化变化的速度与程度却有很大的差别。在传统社会，除了天灾人祸等特定情况（如战争）外，文化一般处于缓慢变化之中。在一般情况下，传统社会有文化传承，但没有文化传承问题。文化传承成为问题一般是因为有外来文化的冲击。一个相对封闭不受外来文化影响或受外来文化影响较小的社会，其文化传承不存在问题。只有当外来文化的影响使本地人放弃自己的传统文化之时，文化传承才成为问题，而且还必须有一种文化的自觉，即认为传统文化消失是可惜的，或者希望传统文化中一些正在消失的珍贵的东西能够保留下来。如果没有这种自觉，人们都接受外来文化，认为传统文化消失了并不可惜，也就不能提出文化传承的问题。

与传统社会不同，现代社会的文化常常处于一种迅速而剧烈的变化之中。这主要是因为现代技术的冲击，如前所述，现代社会中的技术与文化的关系已发生了变化。由于现代技术已使整个人类社会成为“地球村”，所有的少数民族社区都受到现代化的影响和冲击，少数民族村寨文化的传承因此而成为问题，而现代技术则是这一问题的根源和核心。

一、引导文化主体传承民族文化

少数民族村寨文化传承的主体是生活在乡村的民族群众，少数民族村寨文化传承需要发挥少数民族群众自身的积极性和主动性。如果文化传承的主体不重视本民族的文化传承，外界的任何努力都会收效甚微。

要使文化主体重视民族文化传承就需要有民族文化自觉。“‘文化自觉’指生活在一定文化中的人对其文化有‘自知之明’，明白它的来历、形成过程、所具有的特色和它的发展趋向。”❶ 文化自觉就是要文化主体认识到本民族文化的珍贵和文化传承的重要意义。如果文化主体没有认识到本民族文化的珍贵和文化传承的重要意义，那么，他们就不会自觉地保护和发展本民族文化。只有有了内在的民族文化自觉，民族群众才会自觉自愿地去了解和保存自己的文化传统，才能主动地应对社会发展。

文化自觉的前提，是对本民族文化的地位和作用有着深刻的认识，对世界文化发展的规律有正确的把握。费孝通说，“文化自觉是一个艰巨的过程，首先要认识自己的文化，理解所接触到的多种文化，才有条件在这个正在形成中的多元文化的世界里确立自己的位置，经过自主的适应，和其他文化一起，取长补短，建立一个有共同认可的基本秩序和一套与各种文化能和平共处、各抒所长、联手发展的共处条件”。❷ 文化自觉之所以是一个艰难的过程，是因为不是每个人都能认识到本民族文化的地位与作用，不是每个人都能对世界文化发展的规律有正确的把握。少数民族村寨的许多优秀文化在今天仍然有其重要价值，是需要大力发掘和弘扬的，如团结互助、睦邻友好、热情好客、扶贫济困、谦逊礼让、诚实无欺的善良风俗，正是这些善良风俗使一些少数民族村寨至今都可以夜不闭户。但是，这些优秀文化的宝贵价值和现实意义不是所有民众都能认识到的。“我们应该认清这样一个基本的事实：民众的文化品位、认识水平、时尚潮流是需要正确地加以引导的，需要长期的文化熏陶才能对特定文化遗产的价值有一定的识别能力。特别是处在周围是一片大文化（或是称之为主流文化、强势文化）的海洋的环境下，对本民族文化的认同意识会趋于衰微。如一味迎合所谓民众的意愿，有时会导致真正有长久魅力和价值的多元文化的灾难。”❸ 可见，文化自觉需要引导，因为一般群众对本民族文化的价值不一定有识别能力，特别是处于强势文化包围情

---

❶ 费孝通．对文化的历史性和社会性的思考［J］．思想战线，2004（2）：1-6.

❷ 费孝通．对文化的历史性和社会性的思考［J］．思想战线，2004（2）：1-6.

❸ 杨福泉．少数民族文化保护与传承新论［J］．云南社会科学，2007（6）：26-30.

形中。因此，政府和媒体要引导少数民族群众，要让人们认识到文化传承的重要意义，使他们认识到民族文化的传承不仅是全社会的责任，更是文化主体自身义不容辞的责任。

少数民族村寨文化传承需要引导，引导的前提是要重视少数民族村寨文化传承，要把民族文化传承与民族经济发展视为同等重要的事情，不能以牺牲民族文化为代价发展民族经济，要制定长远的发展思路，促使民族文化发展与民族经济发展有机结合。

面对一部分少数民族群众对本民族文化有着不正确的认识的状况，如文化自卑的心理，怀疑、否定的价值判断等，政府、媒体等要对此予以积极引导，通过各种方式发掘他们文化自觉的意识，使其认识传统文化的价值，重视保护与发展并存，自发进行传统文化的抢救和修补。

一般来说，政府、媒体、公众对少数民族文化的关注与重视能激发少数民族自身的文化自信，使其明白本民族文化的地位、作用及意义，从而产生文化自觉行为。例如，大众传媒在全国范围内的报道，会使少数民族优秀文化获得广泛的尊重和认同，会激发民族文化自豪感和自信心，唤醒其文化自觉，从而更加自信、自觉地保护和弘扬本民族文化。因此，面向少数民族村寨民众的各种媒体，应加强对少数民族文化传承的引导，提高乡村民众的文化传承意识。例如，电视综艺频道可以增加少数民族风情、节庆、曲艺、民谣等演艺活动内容，科教频道可以增加一些少数民族民俗事象、民间技能、传统手艺等方面的内容。2006 年央视青歌赛引入原生态唱法就是一个非常典型的例子，它提升了少数民族群众对自身文化的认同感，增加了他们的文化自信和传承的动力。

少数民族村寨文化传承一个最大的问题是，很多文化事象失去了它赖以生存的土壤和原有的社会功能。原本“自娱”的活动被新的闲暇活动所取代，或者因旅游开发而变成“娱人”的表演。这就需要政府及其他组织为少数民族村寨文化传承创造有利的环境，一种与传统自娱互动类似的环境。例如，在有侗族大歌之乡的小黄侗寨，以前不存在侗歌传承问题。这一方面是因为以前娱乐活动少，学唱侗歌本身就是娱乐；另一方面是因为侗歌是人们交往的重要方式，不会唱侗歌，人们会觉得没有面子，特别是年轻人，如果不会唱侗歌，与异性交往就会很困难。侗歌就在人们的自娱活动中自然地传承。

然而，随着社会的发展，这种自娱活动越来越少以至绝迹。人们的观念也发生了变化，不会唱侗歌也不觉得丢人。而随着旅游的发展，传统的自娱活动变成表演，成为“娱人”的活动。虽然“娱人”的表演对侗歌传承也有一定的作用，但这种作用非常有限，用小黄侗寨国家级侗歌传承人贾福英的话说，“唱来唱去就那几首歌”。按照他的说法，真正的侗歌传承需要有歌党（歌队）的对垒（对歌），也就是说，真正的侗歌传承要回归传统的自娱活动。然而，传统自娱活动的社会环境已然不在，这就需要政府及其他组织为回归传统的自娱活动创造条件。如今小黄侗寨每年八月十五都会有侗歌比赛，还有侗歌节，都是由政府组织主办的歌队比赛。政府举办的这些活动，虽然不能使侗歌回到过去对唱大歌、行歌坐夜盛行的时代，但也会对侗歌传承产生积极的影响。因为这些大型的活动，村民不能参与其中，仍然会觉得没有面子。

二、加强对民族文化的调查与分类

少数民族村寨文化需要加强调查和分类，这一方面是因为少数民族村寨处于社会急剧变迁的时代，很多文化事象正在迅速消亡；另一方面是因为我国非物质文化遗产保护虽然取得了很大的成就，但仍然存在一些问题。2005年12月国务院颁发了《关于加强文化遗产保护的通知》，确立了加强文化遗产保护的指导思想、基本方针和总体目标，制定国家、省、市、县4级保护体系。2011年2月，第十一届全国人民代表大会常务委员会第十九次会议公布了《中华人民共和国非物质文化遗产法》，以法律的形式对各级政府保护非物质文化遗产的职责作了规定。10年来，我国非物质文化遗产保护取得有目共睹的成就，与此同时，一些问题也凸显出来。首先，非物质文化遗产名录是基于西方的学术理念和文化分类方式归类的，要列为世界非物质文化遗产名录，就必须符合西方的价值评判标准。在非物质文化遗产名录申报过程中，文化的整体性可能被碎片化，而有些文化事象却被遗漏。例如，传统民居的建造工艺可以列为非物质文化遗产名录，但建造工艺并不是孤立的存在，实际建房过程中伴随着许多仪式，而这些仪式却不能列为非物质文化遗产名录，自然也就不在保护的范围之内。其次，非物质文化遗产的申报和保护，功利性目的突出，有强烈的利益驱动，往往不是从文化本位上考虑问题，这必然会遗漏一些文化事象，特别是在那些没有被关注到的偏远村落。最后，有的少数民族村寨文化虽然进入了非物质文化遗产名录，如侗族大歌，2006 年被列为国家级第一批非物质文化遗产代表作名录，2009 年被联合国教科文组织列为“人类非物质文化遗产代表作名录”，但从实际传承的情况看，效果并不理想。因此，尽管非物质文化遗产的调查和申报取得可喜的成绩，仍然需要加强对少数民族村寨文化的调查与分类，为少数民族村寨文化的保护和传承奠定基础。

这里所说的分类，不是指非物质文化遗产申报及认定的那些类型，而是从现代技术传播的角度看，或者说从现代化的角度看，哪些少数民族文化是会随着现代技术的应用必然消失的，哪些是必然发生变化的，哪些又是可以在新的社会环境中延续的，而针对这些不同的文化类型应采取不同的传承措施。

从受现代化冲击的程度上看，尽管所有少数民族村寨文化变异、衰退乃至消失的速度都在加快，但仍然有程度的区别。一般说来，与实用功能关联密切的文化事象受到的冲击大，存在迅速消失的危险，而与象征功能或艺术性关联密切的文化事象受到的冲击相对较小。实用功能越强的东西，越容易被新的物质所取代，而象征功能或艺术性强的东西不容易被取代。“日常生活器物的取代最为快速，新的材料、风格、样式、技术，只要取得便利、合乎经济效益，很容易替代旧有的实用器物。而具有仪式象征意义的器物，虽然与时代的结合而加入了不少新的外来的要素，由于是族群共同的记忆，与族群认同意识联系最密切，却因其制作与使用观念、原则而一直承袭不断。”❶与人们的日常生活息息相关的具有很强使用功能的传统技术产品，需求弹性小，具有广阔的市场和利润空间，受现代工业规模化生产的冲击最大，很容易被能满足同样需求的方便实用、价廉物美的工业产品所替代。传统技术产品原来拥有的市场被挤占，现代服装替代传统民族服装，现代农业机械替代

---

❶ 黄泽，光映炯．关于台湾原住民传统工艺研究的对话［J］．民族艺术研究，2002（1）：51－57.

传统农具，现代交通工具替代人背马驮，现代民居替代传统民族民居，这已经是很普遍的现象。“一些实用性低，艺术性强，民族文化意义浓郁的传统工艺，如贵州苗族的盛装、凉山彝族的漆艺、藏族的唐卡、佛像、面具等工艺文化就抵御力强，保存较好。而那些实用性强，艺术性弱，文化意义淡的传统工艺则容易受到冲击，如上述消失类中的毛毡、油绸、沙酒、竹篦、丝线等传统工艺就是典型的例子。”❶ 再如水稻种植，高产的杂交水稻之所以能够取代绝大部分低产的老品种籼稻和部分糯稻，是因为作为一种具有实用功能的食物，老品种大米具有可替代性，杂交水稻大米可以满足同样的实用功能。但是，糯米不仅是食物，而且具有很强的象征功能和文化意义，因而，在其他籼稻基本上被杂交水稻取代的情况下，糯稻的种植仍然在延续，虽然种植面积大大缩减。

受到冲击较大的文化事象又可以分为两类：一类是可以转化为有一定市场的满足部分群体需要的工艺或旅游资源的文化事象，可以实行资本运营；另一类则是不能实行资本运营的文化事象。不同的文化事象需要有不同的保护和传承方式。以现代农业技术传播为例，杂交水稻的推广、农业机械的引进和农药化肥的使用等，使农业生产及相关文化事象发生了很大的变化。针对这些不同的文化事象及其变化，我们可以采取不同的保护和传承措施。①被杂交水稻取代的传统稻种有的已经消失，有的正在消失。为了不让这些稻种消失，政府应该鼓励村民小块种植，并给予适当补贴，有条件的可以开发地方特色产品，发展生态文化旅游。②废弃不用的传统农业生产工具要收藏到博物馆，如犁田用的木架犁耙、舂米用的石碓等。博物馆不仅要收藏实物，而且要详细记录这些生产工具的制作技艺、使用方法与相关习俗，并且将其数字化。③传统水稻种植的技术以及与之相关的农事活动、耕作习俗、收获与加工习俗、农事信仰等，对这些行将随着传统水稻种植一起消失的文化事象，要有详细的调查记录，而且要数字化。④传统农业生产中的地方性知识，如农家肥的使用、稻田养鱼等，应该发掘，使其与现代农业技术相整合。

又如传统民居的变迁，首先，当地人自己的选择应该得到尊重，谁也没

---

❶ 张建世，杨正文．西南少数民族传统工艺文化资源的保护［J］．西南民族大学学报（人文社科版），2004（3）：20－28．

有剥夺他们选择的权利。其次，政府要积极宣传和引导，要让人们认识到传统民居的价值。再次，具备条件的村寨，可以进行旅游开发，转化成旅游资源。不少少数民族村寨已经进行了旅游开发，如贵州的西江苗寨，这也能在一定程度上保护传统民居文化。最后，随着传统民居向现代民居的转变，传统民居建造的工艺、程序、仪式活动也随之变化乃至消失，这需要积极采取措施进行保护。传统民居建造的工具，过时不用的要收藏到博物馆，并详细记录它的制作技艺与使用方法；传统民居的建造技术和具体程序要有详细的记录并数字化；传统民居建造过程中的“择屋基”“定日子”“筑屋基”“发墨”“立屋”“上梁”“立大门”“立神龛”等仪式活动要详细记录下来，并进行数字化。这些都还需要大量的调查研究。

再如少数民族民间技艺，在传统社会，有的技艺是一般公众都具备的日常生活谋生技艺，如织染、食物加工等。这类公众持有型技艺受现代技术的冲击最大，有的已经消失，有的变成少数人群持有的技艺，“如苗族刺绣中的双针锁绣技法，过去曾是贵州省雷山县、台江县和凯里市交界的巴拉河沿岸苗族妇女人人皆会的技艺，如今已极度衰退，掌握这种技艺的只有少数五六十岁的妇女了”❶。不仅公众持有型技艺在现代社会的衰退是不可避免的，部分工匠持有的技艺在现代社会的衰退也不可避免。部分工匠持有型技艺又可以细分为两类：一类是为人们提供日常生活用品，满足一般公众的需求，如漆器技艺、银饰技艺等；另一类是为人民提供某些特殊消费品，满足部分公众的需求，如藏族面具制作技艺、民族乐器制作技艺等。部分工匠持有型技艺随着需求者和学习者的减少，后继乏人，已经失传或面临失传。为了不让少数民族民间技艺消失，政府相关部门应该引导技艺持有者，把制作的产品从满足大众日常需要转变为满足少部分群体需要，即从日常生活用品变成工艺品，并可以适当与现代技术相结合。对不能转化为满足部分群体需要的工艺或旅游资源的民间传统技艺，应加快调查研究，确立技艺传承人，政府给予适当补贴。

---

❶ 张建世，杨正文．西南少数民族传统工艺文化资源的保护［J］．西南民族大学学报（人文社科版），2004（3）：20－28.

三、充分利用现代技术手段传承少数民族村寨文化

少数民族村寨文化必须在现代化进程中传承，必须充分利用各种现代技术手段，尽管现代技术传播对少数民族村寨文化带来了前所未有的冲击。

1. 现代技术传播对少数民族村寨文化传承的双重影响

现代技术在少数民族乡村的传播给当地文化传承造成了深远的影响，这种影响既有不利于少数民族乡村文化传承的方面，也有有利于少数民族乡村文化传承的方面。

（1）现代技术传播不利于少数民族乡村文化传承的方面

现代技术以其高效率为人们所接受，它带来的好处实实在在，看得见，摸得着，不可抗拒。一旦接受现代技术，人们的生产生活就随之改变，人们不得不放弃一些传统的东西。

① 现代技术传播使少数民族乡村文化多样性减少。如前所述，各种各样的现代技术尽管千差万别，但都有一些共同的特点，如利用机械设备，寻求科学解释，迅速更新换代，片面追求效率，统一技术标准，渗透所有地区和领域，无所顾忌，等等。可以说，现代技术具有一种同质性，正是这种同质性使原本异彩纷呈的少数民族乡村文化不断趋同。“现代技术使少数民族地域之间的文化界限越来越模糊，各民族文化的差异在现代交通、通信等高技术面前迅速缩小。不同民族之间的交往日趋广泛，原来在不同民族或不同地区流行的行为方式、价值观念、礼仪习俗等逐渐趋同，各民族文化发展呈现出个性越来越少、共同因素日益增加的趋势，民族文化的多样性及其特色不断衰退。”[1] 不同地区不同民族的人们种同样的水稻，住同样的房子，穿同样的衣服，说同样的语言，看同样的电视，用同样的手机，以至于看不出民族区别。各种现代技术传播在很大程度上都有使少数民族乡村文化趋同的作用，

---

[1] 梅其君．现代技术对少数民族传统文化的影响初探［J］．西南民族大学学报（人文社会科学版），2008（10）：31－34．

特别是现代信息技术的发展以前所未有的速度和规模改变着人们的生产生活，少数民族乡村文化在近几十年经历迅速而剧烈的变迁。如今，少数民族乡村文化又正经受新一轮信息技术革命的冲击与涤荡。“互联网的高速发展使得各地接受的信息内容趋于一致，这样就使得文化向一元方向发展，各少数民族文化差异将被一元化消融，这对多元的少数民族文化构成了极大的威胁。”❶

② 现代技术传播引发民族文化自卑感。传统技术是一个民族发展的内源性动力，当它被外来的现代技术所取代时，人们的生产生活方式发生改变，民族文化赖以存在的基础就会动摇。“少数民族在接受现代技术器物以及相应的意识形态时，民族心理结构发生了变化。很多少数民族群众特别是年轻人，把自己的传统文化看成贫穷和落后的象征，产生了文化自卑的心理，羡慕现代化，轻视自己的文化。”❷

③ 现代技术传播对地方性知识造成损伤。地方性知识是特定地域的民间传统知识，是不同于现代科学技术的另一种知识体系。在现代社会中，科学技术渗透到人们生产生活的每一个方面和地球的每一个角落，它具有一种霸权，地方性知识受到排挤。现代技术传播使少数民族乡村地方性知识发挥作用的领域与范围不断缩小，以至于逐渐被人们遗忘。以农业技术传播为例，现代农业技术在种子的改良、土壤的改善、农药化肥的应用、病虫害的防治等方面有一整套知识体系与方法，现代农业技术传播使传统农业生产系统的结构与功能发生了变化，最终瓦解传统农业生产方式。“现代农业生产技术的传播，除了因生态条件导致各地的农业存有不同之处外，各地的农业生产方式趋于同一化。各地传统的富有地方性特色的生产方式逐渐消失，地方性知识体系被普遍性知识体系取代。”❸ 农作物新品种、农业机械等先进技术的传播使传统农业生产模式及知识体系逐渐丧失其持续传承的条件和能力，农药化肥的广泛使用对传统的稻田养鱼、稻田养鸭等传统生计与相关习俗形成强烈的冲击。现代技术传播使许多传统生产模式与生产技能无用武之地，使很

---

❶ 罗兰．现代影像与少数民族文化传播［J］．中国传媒科技，2013（8）：166－167.

❷ 梅其君．现代技术对少数民族传统文化的影响初探［J］．西南民族大学学报（人文社会科学版），2008（10）：31－34.

❸ 朱洪启．地方性知识的变迁与保护——以浙江青田龙现村传统稻田养鱼体系的保护为例［J］．广西民族大学学报（哲学社会科学版），2007（4）：22－27.

多传播范围狭窄、传播方式单一的地方性知识逐渐消失。

④ 现代技术给少数民族民间工艺带来前所未有的冲击。随着我国现代化进程的加快，现代技术对少数民族民间工艺的冲击史无前例。由现代技术支撑的现代工业生产是一种自动化、机械化的大规模生产，单位成本低，产品价格低廉，能创造大量经济效益；而少数民族民间工艺生产规模小，费时耗力，单位成本高，不能创造大量经济效益，在市场上没有竞争力。现代技术逐渐占领少数民族传统技术所属的领域，制陶、制革、金工、造纸、印刷、雕刻、髹漆、编织扎制、酿酒、榨糖、榨油、织染、挑花刺绣等少数民族民间工艺不断萎缩乃至消失。以贵州少数民族民间工艺为例，"大方的毛布、黔东南数县的棉、毛、麻混纺布、赤水的五彩龙凤纸伞和竹帘画、金沙的烟火架、沿河土家族的乐器、安顺的牛角制品、镇宁的纸伞、雷山等地的皮纸、黎平等地的土硝、盘县的雕版印刷、荔波的风猪、都匀的黄杨木手杖、三都的马尾帽、赤水的石灰印染、贵阳的雄精雕，等等，都已濒于失传。而梓桐的毛毡、遵义的油绸、仁怀的沙酒、赤水的竹篦、思南的丝线、安顺等地的皮革器、雷山等地的石印、黎平的树皮布、安龙的龙溪砚、铜仁等地的葛布和麻布等项目则已经失传。"❶ 又如，苗族的传统刺绣做工精细，工艺复杂，有挑花❷、平绣、锁绣、破线绣、锡绣、蚕丝绣、辫绣、绉绣❸、缠绣❹、贴绣❺、打籽绣、短针绣、喷花绣、盘线绣等多种技法，这些技法中又分若干的针法，如挑花又分平挑和十字挑，锁绣有双针锁和单针锁，破线绣有破粗线和破细线。然而，随着缝纫机和机绣的传播，传统手工刺绣日趋衰微，掌握传统手工刺绣技法的人越来越少。在贵州苗寨里，会手工刺绣的大多是中老年妇女，而年轻女性会手工刺绣的越来越少。即使是学过刺绣的年轻姑娘也不愿意像过去的苗族妇女把大量的精力和时间投入到刺绣中，因为她们认为，和手工刺绣相比，机绣不仅成本低，而且更漂亮、更时尚。过去苗族姑娘未出嫁前，都要亲手绣作一套嫁妆，一般要 3～5 年时间。如今亲手绣作一套嫁

---

❶ 张建世，杨正文．西南少数民族传统工艺文化资源的保护［J］．西南民族大学学报（人文社科版），2004（3）：20－28．

❷ "挑花"又称为"十字绣""架花""数纱绣"。

❸ "绉绣"又称为"编带绣"。

❹ "缠绣"又称为"两针绣""绞绣""绕绣"。

❺ "贴绣"又称为"贴花绣"。

妆的年轻姑娘越来越少，许多姑娘出嫁时的盛装，也是把机绣的绣片缝制在衣服上。❶

⑤ 特定工程项目对少数民族乡村文化传承的不利影响。在现代化建设过程中，许多大型的工程项目从发达地区向不发达地区逐渐推进，从汉族地区向少数民族聚居区不断推进。这些特定的现代工程项目也会对少数民族传统文化的传承与发展产生不利的影响。以水电资源开发为例，"水库建设是人类利用自然、改造自然的实践活动，事关国计民生和社会进步。然而，水利水电开发在促进国民经济和社会发展的同时，也带来了水库淹没区社会网络、经济结构和文化传承的解体，以及大规模的移民迁移，对少数民族传统文化和原生态带来重大冲击和影响。"❷ 由于很多水库都建在少数民族聚居区，而水库淹没范围广，少则几十公里，大到几百公里，影响人口少到几千人，多则上万人，往往涉及整村、整乡的大规模移民搬迁和经济社会重建，少数民族传统文化受到直接影响。

（2）现代技术传播有利于少数民族乡村文化传承的方面

现代技术传播确实给少数民族乡村文化传承带来了许多不利的方面，但也不可否认，现代技术传播也有有利于少数民族乡村文化传承的方面。

① 现代技术为少数民族乡村文化的保护提供先进手段。随着现代技术的发展，少数民族乡村文化的记录和保存有了许多新的手段。录音、摄像、拍照可以将文物古迹、建筑民居、民族服饰、手工工艺、宗教文化、民间文学、民歌民乐等文化事象采集、记录、整理，建立档案；"数字化技术为文化遗产的保护提供了许多全新的记录手段，包括图文扫描、立体扫描、断层扫描、全息拍摄、数字摄影、数字遥感、数字勘测等。"❸ 充分利用数字化等先进技术保护和传承民族文化的事业方兴未艾。

② 现代技术为少数民族乡村文化的传播提供新的工具和方式。在传统社会，少数民族乡村文化的传播是一种小范围的传播，传播和影响的范围都十

---

❶ 张朵朵，刘兵．当代少数民族手工艺技术变迁中的文化选择分析——以贵州苗族刺绣为例［J］．科学与社会，2013（4）：66－80.

❷ 王应政．贵州水库建设与少数民族传统文化保护——以三板溪水库为例［J］．贵州民族研究，2011（4）：55－59.

❸ 王耀希．民族文化遗产数字化［M］．北京：人民出版社，2009：19.

分有限。现代技术为少数民族乡村文化的传播提供了新的工具和方式。“广播、电视的普及使得在少数民族聚居区开办少数民族语言广播、建立少数民族语言频道成为可能”❶，而信息技术的发展与应用则为少数民族乡村文化的传播搭建了一个新的平台。信息技术具有便捷性、开放性、集成性等特征，少数民族文字操作系统与文字处理系统的研发和推广，少数民族电子出版系统的开发，少数民族网站的设计与使用，等等，为少数民族文化传承提供了广阔的传播渠道。计算机网络的及时性、开放性、检索便捷、信息海量等传播优势使少数民族乡村文化由过去的小范围传播开始向大众化传播过渡，由单向传播模式向双向传播模式转变。互联网传播跨越时间和空间的限制，可以使更多的受众了解少数民族风土人情，提高少数民族乡村文化传播的有效接收率，促进少数民族文化向全球范围传播。

③ 现代技术为少数民族乡村文化的创新提供坚实的物质基础。现代技术不仅为少数民族乡村文化的保护和传播提供先进的工具和新的方式，而且为少数民族乡村文化的创新提供强有力的物质手段。报刊的出现使少数民族文字得以大规模排版印刷，广播的发展让少数民族有声语言的建设拉开了序幕，电视的普及让外界的信息传至少数民族乡村的千家万户，网络技术的进步让长期依靠口传笔录的少数民族文化驶入了信息高速公路。“现代技术的应用不仅改善了少数民族地区的文化基础设施，而且使少数民族传统文化在表现形式上可以实现一系列创新，如应用高科技的声、光、电作为舞台效果和舞台布景的手段来表现少数民族传统文化艺术。”❷ 现代技术的传播为少数民族乡村的民俗、曲艺、舞蹈、音乐等提供了更为广阔的创作平台和展示方式。

2. 少数民族村寨文化必须在现代化进程中传承

无论是在传统社会，还是在现代社会，文化传承都不是一成不变的，那种所谓的“原汁原味”的保存是不可能的。随着社会的发展，文化必然发生变化，有些文化事象必然会随着技术的发展而消失。从技术的视角看，必须

---

❶ 梅其君．现代技术对少数民族传统文化的影响初探［J］．西南民族大学学报（人文社会科学版），2008（10）：31－34.

❷ 梅其君．现代技术对少数民族传统文化的影响初探［J］．西南民族大学学报（人文社会科学版），2008（10）：31－34.

要有这样一种认识，即现代技术在很多领域取代传统技术是不可避免的，而技术的变化又会引起相关文化的变化，有些变化是必然的。例如，在农业技术传播过程中，高产的杂交水稻取代低产的传统品种是必然的，而杂交水稻的种植所导致选种、育秧、插秧、施肥等一系列的变化也是必然的；高效率的新的生产工具取代低效率的旧的生产工具也是必然的，碾米机碾米必然代替石碓舂米，而随着旧生产工具被新生产工具所取代，旧工具的制造技术及文化意义也必然在现实生活中消失。再如，在建筑技术传播过程中，相对牢固、经济、舒适的现代民居大范围地取代不够牢固、经济、舒适的传统民居是必然的，这是人们自己的选择，谁也不能强迫人们居住卫生条件差的、不舒适的、原始简陋的住房；而随着建筑技术和建筑材料的变化，传统民居建筑中的"发墨""立屋""上梁""立大门""立神龛"等仪式文化又必然发生变化。从人类社会发展的历史看，少数民族村寨文化不可避免地要受到现代技术及大工业生产的冲击，工业文明取代农业文明，现代社会取代传统社会，这是社会发展的必然趋势，也是社会进步的体现。

现代化是少数民族村寨发展的必然趋势，少数民族村寨文化只能在现代化进程中传承。"机器化大生产已经与经济体系、社会行为甚至国家机器捆绑在一起，几乎没有人能逃脱现代化的'魔掌'。"❶ 拒绝现代化无疑是故步自封，阻碍社会进步，最终只能是贫穷和落后。这不符合少数民族人民群众的利益，也不可能真正保护和传承少数民族村寨文化，文化传承必须在发展中进行。离开发展的文化保护是值得怀疑的，因为民族文化的价值和意义首先是对民族文化主体的价值和意义，而不是对其他文化主体的价值和意义。

现代化是物质生活、社会制度和思想观念的现代化，现代化的过程首先是一个现代技术不断应用、不断渗透到社会生活的各个方面的过程。虽然现代技术是促使少数民族村寨文化变迁的主要因素之一，但应该看到，现代技术也有有利于少数民族村寨文化传承的方面。现代技术渗透到人们生产生活的各个方面，这是一个社会技术化的过程，去技术化是不可能的。利用现代技术手段保护和传承民族文化乃是少数民族村寨发展的必由之路，人们能做的是如何将现代技术与文化传承结合起来，如何协调、平衡现代技术的吸纳

---

❶ 万辅彬，韦丹芳，孟振兴．人类学视野下的传统工艺［M］．北京：人民出版社，2011：335.

与民族文化的传承发展的关系，如何在接受现代技术的同时保持民族文化的自信、自尊。

3. 利用现代技术手段传承少数民族村寨文化的具体措施

（1）利用数字化技术对少数民族村寨文化进行抢救性记录与整理

少数民族村寨文化面临失传的现象非常严重，亟须抢救性记录。以小黄侗寨为例，国家级侗歌传承人70多岁的潘萨银花说，几百首侗歌面临失传，除了录成光碟，目前似乎也没有更好的办法，而录成光碟后，一些比较聪慧的人还可以跟光碟学习，经常播放也可以使小孩耳濡目染，得到熏陶。她已经请人录了几张光碟，还有更多的歌曲需要录制。实际上，很多少数民族村寨都像小黄侗寨一样存在濒临消失的文化事象，亟须利用现代技术进行抢救性记录与处理，数字化技术为记录少数民族村寨文化提供了先进的手段。

数字化是利用先进的二维或三维扫描、数字摄影、三维建模与图像处理等技术，将客观对象抽象、转变为可以度量的数字、数据，再把这些数字、数据转变为一系列可识别的二进制代码，输入计算机内部，进行统一处理。数字化是数字计算机、多媒体技术、软件技术、智能技术的基础，一般包括数字编码、数字压缩、数字传输、数字调制与解调等技术。数字化的优点在于："①几乎不占用物理空间；②可以方便灵活地进行图文声像与数字信息的双向转换；③可以方便自如地对资料进行修改、编辑、排序、移位、备份、删除和增补；④可以高速、便捷地通过网络进行传输；⑤可以方便、迅速地进行检索、调用。"[1] 数字化技术为记录少数民族文化提供了许多新的手段，如图文扫描、立体扫描、断层扫描、全息拍摄、数字摄影、数字遥感、数字勘测等。

少数民族村寨文化的数字化，就是用数字采集、数字储存、数字处理、数字展示、数字传播等数字化技术将民族文化事象以可共享、可再生的数字形态进行记录、转换、再现、复原，以新的方式加以保存，以新的需求加以利用。少数民族村寨文化的数字化，首先要将文物古迹、建筑民居、民族服

---

[1] 蔡群，任荣喜，邱望标．贵州少数民族非物质文化遗产的数字化保护方法研究［J］．贵州工业大学学报（自然科学版），2007，36（4）：43－46．

饰、手工工艺、宗教文化、民间文学、民歌民乐、民俗活动等文化事象进行数字采集和记录，把相关的声音、色彩、文字、图形等信息变成数字，然后对数字信息进行数字编录、格式转换、编码压缩、图像处理、特征提取、数字建模、数字创作等的进一步加工，经过数字处理的信息可以以“保真”的形式保存在数字磁带、光盘介质上，也可以利用多媒体网络数据库来存储和管理。数字化信息获取与保存技术可以作为少数民族村寨文化保护中的常用技术。对于不同的文化事象，我们还可以运用不同数字化信息技术，如“虚拟文物修复、复原及演变模拟技术”“数字化图案数据库及计算机辅助设计系统”“数字化故事编排与讲述技术”“数字化舞蹈编排与声音驱动技术”等，对濒临绝迹的文化活动进行动态再现，对即将消失的工艺品进行数字复原和展示，使人们重见历史，加深对文化发展和演变的理解。云南大学云南电子计算中心在2003年率先展开了对少数民族文化遗产数字化的系统研究，有针对性地建立了一套少数民族文化遗产可数字化资源评价体系，提出了适合少数民族文化遗产数字化保护与利用的技术解决方案，为我国少数民族村寨文化的数字化提供可借鉴的技术和经验。[1]

数字化技术不仅为少数民族村寨文化保护提供了全新的记录手段，而且为少数民族村寨文化传承提供新的传承模式。少数民族村寨文化的数字记录信息，可以经过加工处理最终形成数字文化产品。例如，数字记录信息可以制作成教学片，借助电教手段和多媒体网络，不仅可以进行现场教学，而且可以实现远程教学，从而有效避免现实生活中人亡歌息、人亡艺绝的现象。数字记录信息可以加工做成纪录片等音像制品，利用各种媒体进行传播，扩大音像市场上民族文化的份额。数字化技术降低了传媒产品的生产成本，给少数民族村寨文化影视传媒产品的转化提供了很好的平台。

与少数民族村寨文化数字化记录同时要做的，还有对少数民族村寨文化的收集、翻译、整理。尽管数字化技术为少数民族村寨文化传承提供了新的方式，但由于语言的原因，仍然需要少数民族文化研究人员做大量的工作。以侗歌传承为例，由于侗语没有文字，虽然人们可以跟着光碟学唱，但无法理解歌词的意思，特别是歌词中古语的含义需要歌师讲解。

---

[1] 熊燕．云南少数民族文化遗产数字化保护取得成果［N］．云南日报，2007－05－31（1）．

（2）加大对民语广播电视建设的投入力度

语言不仅是人们最重要的交际工具，也是一个民族文化的主要组成部分，是一个民族的重要特征。一切文化现象，在其母语中都有相应的有声表达符号。文化的多样性在很大程度上根源于语言的多样性，民族语言传承是民族文化传承的重要方面。一种语言的消亡，意味着使用这种语言的民族世代相传的某些独特的文化永远消失。与生物物种的消亡一样，语言的消亡是人类知识和文化无法挽回的损失。调查显示，我国有的少数民族语言处于濒临消亡的边缘，特别是一些无文字的少数民族语言。例如，满语、畲语、赫哲语、塔塔尔语等少数民族语言已经处于完全失去交际功能的状态，怒语、仡佬语、普米语、基诺语等已经濒危。

少数民族语言广播和电视节目对传承少数民族语言文化有重要的作用。少数民族群众对本民族语言的广播电视节目往往情有独钟。少数民族语言广播和电视节目可以在一定程度上促进其民族语言在更广泛的领域使用，不断提高其语言的活力。少数民族语言广播和电视节目可以帮助公众树立自觉保护和发展本民族或本地语言文化的意识，增强各民族人民群众的自信心、自豪感，增进少数民族内部的相互了解，在维系民族感情、保护民族基本特征方面也有重要作用。

我国少数民族语言广播肇始于国民政府“中央广播电台”1932 年开办的蒙古语和藏语广播。新中国成立后，党和政府高度重视少数民族语言广播工作。中央人民电台先后开办了蒙古语、藏语、朝鲜语、维吾尔语、哈萨克语 5 种少数民族语言广播。内蒙古、新疆、西藏、广西等民族自治区的广播电台都开办了少数民族语言广播。多民族聚居的省份及下属自治地方的广播电台也办有少数民族语言节目，如云南人民广播电台民族部先后开办了西双版纳傣语、德宏傣语、傈僳语、景颇语、拉祜语等民族语言广播节目，云南省文山人民广播电台于 20 世纪 70 年代末开办了苗语广播。这些少数民族语言广播的开播，丰富了少数民族地区听众的文化生活，深受广大听众的欢迎，在传承和弘扬少数民族文化方面做出了一定的贡献。但是，就少数民族文化传承而言，我国少数民族语言广播仍然存在不足，主要体现在以下几个方面。首先，少数民族语言广播的文化传承功能没有得到重视。新中国成立以来，少数民族语言广播一直注重宣传党的路线、方针、政策，维护民族团结，促进民族地区的稳定繁荣，是党和政府联系少数民族同胞的纽带和桥梁。可以说，少数民族语言广播一直重视并充分发挥它的宣传功能，相比之下，少数民族语言广播的文化传承功能没有受到重视。在新的历史时期，少数民族语言广播在注重宣传功能的同时，需要加强它的文化传承功能。其次，少数民族民族语言广播覆盖的群体有限。目前我国有部分少数民族还没有本民族语言的广播。有些民族省份对少数民族语言广播重视不够，如贵州是一个多民族省份，1957 年曾开办过用苗语和布依语播音的节目，但第二年就停播了；1987 年曾用苗语播出《民族之声》节目，但不久停办。从文化传承的角度看，这些少数民族都需要有本民族语言的广播，特别是人口较少的少数民族。最后，少数民族语言广播受经济发展水平的限制，资金缺乏，设备落后，不能满足民族语言广播事业发展的要求。许多地方广播电台使用的设备多为上级单位淘汰的旧设备，经过多年的使用，已严重老化，故障率较高，影响少数民族语言节目播出的效果和质量，制约少数民族语言广播事业的发展壮大。

针对上述少数民族语言广播不能满足少数民族文化传承和群众精神生活的状况，各级政府应加大对少数民族语言广播建设投入的力度。没有开办少数民族语言广播的民族地区，要积极创造条件开办少数民族语言广播。已开办少数民族语言广播的民族地区，也要加大投入，采取措施把民语广播办得更好。①要加强基础设施建设，逐步更新设备，因地制宜，通过建立有线、无线、卫星直播等多种传输手段交叉覆盖的现代化传输覆盖网；②要加强系统培训，提升民族语言广播工作人员的专业能力，要逐步将以翻译汉语节目为主办广播节目的方式变为以自办自采为主办广播节目的方式，通过专业化的频率运营，将更加迅捷丰富的节目送到各族人民的身边；③要与时俱进，加快与网络、多媒体等先进信息技术的融合步伐。

少数民族群众不仅喜欢本民族语言的广播，更喜欢本民族语言的电视节目。我国民族地区部分电视台有专门的民语频道，如新疆电视台拥有维语、哈萨克语多个民语频道，内蒙古电视台有蒙语卫视频道，青海电视台有藏语卫视综合频道，这些民语频道深受少数民族群众喜爱。有的地方电视台设有民语节目，如浙江省景宁县广播电视台 2006 年推出了民族语言播报的新闻栏目——《畲语新闻》，该节目改变了长期以普通话播报新闻给部分畲族群众带来不便的状况，受到了广大畲族观众的极大欢迎。

在商业化背景下，如何加强少数民族语言电视频道和电视节目的建设是一个亟须研究的课题。毕竟少数民族受众少，如果从纯粹经济的角度考虑，少数民族语言电视频道和电视节目的建设就会受到很大的限制。这就需要政府的引导、鼓励和扶持。政府要帮助地方电视台加强民族语言电视频道电视节目的建设，形成民族语言节目体系；着力解决民族语言节目人才少、质量低的问题；鼓励地方电视台开辟民族文化宣传栏目，拍摄民族语言电视剧和文艺系列片，拍摄有关少数民族村寨文化的影视作品、音乐故事片、纪录片，挖掘少数民族村寨文化遗产中的记忆功能与历史价值，建立民族影视博物馆，等等。

（3）充分利用互联网传承和传播少数民族村寨文化

目前少数民族村寨大多数家庭都没有互联网，一半以上的村民从未接触互联网，大多数民族网站建设还处于起步阶段，数量少，规模小，但网络发展是一个必然趋势。互联网传承在少数民族文化方面有其独特的优势和广阔的前景，充分利用各种网络技术，各种音视频平台和语言语音系统等软件，少数民族艺术、语言可以在更宽广的范围传播和传承。例如，语音聊天室可以促进少数民族语言的传承，对在外打工的少数民族同胞而言，语音聊天室是一种比较理想的母语交流工具，在交流过程中还会丰富少数民族的语言词汇。利用互联网技术建立少数民族村寨文化信息资源库，可以实现相关信息的收录和检索。建立少数民族村寨文化传承网站，提供少数民族艺人、行家等人力资源和知识、技能、思想、观念、习惯等信息资源，采取网上授课、网上讨论、网上答疑等多种方式，可以实现少数民族文化的网络传承，而且不像广播电视那样需要稀有的频道、频率资源。例如，2005 年 7 月上线的内蒙古音乐网收录了包括蒙古语歌曲在内的地方音乐歌曲一万三千多首，受到国内外网民的青睐。少数民族音乐网站为民族音乐爱好者提供很好的学习平台，只要有网络，就可以点击学习、欣赏。

互联网传播跨越时间和空间的限制，可以使更多的受众了解少数民族风土人情，提高了少数民族村寨文化传播的有效接收率，促进了少数民族文化向全球范围传播。

有效地利用网络传承少数民族村寨文化，需要加强民族地区的信息平台建设。我国西部比较偏远的少数民族地区经济基础薄弱，自然条件恶劣，获取信息所需的基础设施建设落后，过去配置的大部分设施设备面临淘汰，不能满足现代网络技术和多媒体发展的需要，需要政府大力加强信息平台建设。为充分发挥互联网在少数民族村寨文化传承中的作用，政府还有必要采取措施引导、扶持少数民族网站的建设，如政策倾斜、财政补贴等，帮助开发少数民族文字网，鼓励民间组织或个人创办以传承和传播少数民族文化为宗旨的各类网站。

（4）促进现代技术与少数民族民间工艺的整合

少数民族民间工艺的传统手工制作，往往生产工序繁杂，生产周期较长，费时费力，生产效率低。在市场化的今天，传统手工制作如果不与时俱进，更新生产技术，必然要被淘汰。在现代技术飞速发展的今天，传统民族民间工艺的传承不能一味地拒绝现代技术，而应该把传统技艺与现代技术结合起来，有效地利用现代技术为其制作工艺品提供服务。

在实践中，有些民族民间工艺能够将现代技术与传统手工艺有机地结合，并不断创新，因而能在市场经济的冲击下立于不败之地，云南省大理白族自治州鹤庆县草海镇新华村就是这样一个典型例子。新华村是一个白族聚居村，白族人口占全村总人口的98.5%，以从事金、银、铜器手工加工工艺而闻名，是国内著名的银器手工艺生产基地。该村村民寸发标是联合国教科文组织授予的民间工艺美术大师，该村还有云南民间高级美术师董中豪、母炳林，云南省民间美术艺人洪玉昌等。现代技术转播对新华村白族手工艺品的生产产生了很大的影响，这在生产工具、生产过程、工艺制作技法方面都有体现。以生产工具为例，传统生产加工工具主要有锤子、剪刀、钳子、錾子、锉子、坩锅、木墩、炉子、风箱、铁马、砧子、手镯槽、磨刷等。而现在新华村手工艺品生产引入了气泵、抛光机、电动精轧机、电动机械拉丝机等新设备。这些新设备的引进极大地提高了生产效率。过去银料开片与开条都是手工锻打，非常费力，而现在用电动精轧机几分钟就可以把一块5公斤的银锭变成几十米长的硬纸一样薄的银片，而且电动精轧机可以调节银片的厚薄，解决手工锻打厚薄不均的问题。过去，拉银丝一般用拉丝钳和拉丝板把银条拉成不同粗细的银丝，费时费力，而现在用电动机械拉丝机一天就能拉1吨银料，而且拉出来的银丝比手工拉制的更圆润、均匀。过去焊接用火法有吹线法、“皮老虎”、气筒和气泵蓄气等方法，但都很费劲，吹火的力度很难把握，时间的长短也难以控制，而现在用液化气或氧气焊接枪可以有效地控制火温和方位，焊接效果也比原来平滑和牢靠，技术难度小，容易掌握。❶ 过去产品打磨是手艺人用砂纸手工打磨，最费时间，而现在产品在打磨机（抛光机）上一过，就变得光滑锃亮。尽管新华村在生产过程中引进了现代技术，但也并不是完全依赖现代技术，用现代机器设备取代传统手工工艺，而是把现代机器设备与传统手工工艺结合起来。新华村加工工厂用机械设备把银料、铜料加工成半成品，而精细的部分和关键步骤仍然是以手工工艺为主。这样，就能发挥好机器设备和手工工艺各自的优势和长处，实现优势互补。“新华村传统手工艺之所以能够传承千年，其核心就是不断进行技术创新，与时俱进。在传统金属工艺品的生产过程中，新华村通过先进技术、机器设备的应用，提高了生产效率，满足了日益增大的市场需求。”❷

现代技术与少数民族民间工艺相结合的例子还有很多。例如，凉山彝族的漆艺，底胎的制作使用了电动机械，髹漆工艺使用了现代的化学漆；白族的扎染，在生产加工过程中使用了漂洗机、脱水机、烘干机等现代机器。在传统手工造纸中，水泥纸槽逐渐取代木制纸槽、石制纸槽和小地坑，碾料打浆已用机器代替人力、水力或畜力，搅拌纸浆使用电动的搅拌工具，漂白纸张用漂白粉，煮料用烧碱作碱化剂。在民族服饰生产中，脚踏缝纫机、电动平缝机、化学印花、机器绣花、机织花边、高温成型技术等已经广泛应用。黔东南凯里市三棵树镇有20余家小型机器刺绣企业，这些企业有的专门制作苗族服饰配件（如裙裾刺绣飘带），有的专门制作苗族服饰绣片（主要是肩部、领部、袖口、背部的绣品），还有的专门制作坐垫绣片。刺绣机器由电脑控制，可根据预设图案进行刺绣，并具备自动换色功能，可以完成绝大部分手工苗族刺绣的针法，极大地提高了生产效率，降低了生产成本。❸ 在少数民族民间工艺的设计和生产中，充分利用现代技术，可以节省大量的人力物力，合理配置和有效利用有限的资源，增加传统工艺品的产量。总之，现代技术

---

❶ 陈燕琳．云南大理鹤庆新华村白族银铜手工技艺研究［D］．中国艺术研究院．

❷ 樊泳湄．现代科学技术对少数民族传统手工艺的影响——以大理新华村为例［J］．昆明冶金高等专科学校学报，2010（4）：91－95．

❸ 张朵朵，刘兵．当代少数民族手工艺技术变迁中的文化选择分析——以贵州苗族刺绣为例［J］．科学与社会，2013（4）：66－80．

在少数民族民间工艺的设计与制作中可以发挥巨大的作用，与现代技术相结合，是少数民族民间工艺传承的主要途径。

（5）利用现代技术建设少数民族村寨博物馆

随着时代的发展，少数民族村寨文化中很多元素，特别是与实用功能关联的元素不可避免地被新的文化元素所取代。博物馆可以为正在消失的文化事象提供保存手段，失去应用价值的民间工艺实物、工具、流程和无形知识等应该全部收藏到博物馆。虽然博物馆保护的方式必须将有形实物从它原有的文化背景中剥离出来，放置到人工环境中，有重有形的实物而轻无形的工艺文化的倾向，但是，“在器物实体的维护和资料的研究应用上，博物馆却是能够提供较好条件的场所。它弥补了许多文献资料的不足，以及现代生活中无法观察到的空缺，虽然它提供的是一种静态的物质文化世界现象，同时也是传统物质文化延续的另一个方向”。❶ 面对许多民族文化元素无可奈何的消亡，博物馆保护仍然是一种不可或缺的保护方式，它至少可以让后人了解自己民族曾经拥有的东西。

目前，少数民族文化博物馆主要是在城市，如在西南地区的云南省民族博物馆、贵州省民族博物馆、广西民族博物馆、西南民族大学博物馆、云南民族大学博物馆等。其他收藏有少数民族文物的博物馆，如四川省博物馆、贵州省博物馆、四川大学博物馆以及各民族自治州的博物馆，也是在城市。此外，一些少数民族村寨旅游景点也有民族文化博物馆，如西江苗寨、小黄侗寨等。

少数民族村寨旅游景点的博物馆，由于定位主要作为景点，因而博物馆的建设不免有一些局限。换句话说，少数民族村寨旅游景点的博物馆在建设上对它的文化传承功能重视不够。而且，与一般博物馆一样，这些博物馆也是重视工具、用具等有形的实物，而对工艺流程、知识及相关文化重视不够，缺乏相关的展示。此外，由于经费等原因，这些博物馆都没有充分利用现代技术手段。实际上，对于民间工艺流程、知识及相关文化，博物馆完全可以利用先进的数字化技术、多媒体技术予以展示。

---

❶ 黄泽，光映炯．关于台湾原住民传统工艺研究的对话［J］．民族艺术研究，2002（1）：51－57．

（6）发挥其他现代技术在传承少数民族村寨文化中的作用

在少数民族村寨文化传承中，有些现代技术也发挥重要作用。例如，现代消防技术在少数民族建筑防火安全保护体系中就非常重要。2013 年 12 月 1 日，贵州省黔东南州黎平县肇兴乡的堂安侗寨发生火灾，导致村寨 21 栋 48 间房屋被大火摧毁，2.7 万公斤粮食化为灰烬，27 户人家 121 人受灾。堂安侗寨是世界文化遗产预备名单《黔东南侗族村寨》18 个重点村寨之一，有 700 多年历史。如果能充分利用现代消防技术，防患于未然，少数民族建筑与民居文化就可以得到较好的保护。少数民族村寨以油脂含量较高的木材建筑居多，有的是全木结构，建筑密度很高，有些甚至廊道相接，彼此相连，根本没有防火的间距，建筑群内也没有设置消防通道，一旦失火，火势迅速蔓延，难以控制。不少少数民族村寨依山而建，水源缺乏，距离城镇较远，一旦失火，消防扑救的难度较大。有的村寨甚至道路不通，即使消防车来了，也派不上用场。在分析少数民族建筑特征、火灾特征和火灾危险性的基础上，充分利用现代消防技术，构建少数民族村寨消防安全保护体系是有利无弊的，也是势在必行的。另外，少数民族古建筑的维修也需要现代技术，如利用现代检测技术找出问题，进行评估，选择合适的修复材料和保护技术进行现状加固和安全防范等。

现代教育技术的应用也为少数民族村寨文化传承提供了新的方式。利用媒体等现代教学手段，学校可以成为少数民族村寨艺术传承的重要场所，学校教育成为少数民族村寨文化传承的新的渠道和方式。通过改变教育模式、教学方式、课程结构与内容，学校教育在少数民族村寨文化传承中的作用将得到进一步发挥。

附　录

附录一　纳麻村概况

纳麻村是贵州省关岭布依族苗族自治县新铺乡一个村。关岭布依族苗族自治县隶属安顺市，坐落于云贵高原东部脊状斜坡南侧向广西丘陵倾斜的斜坡地带，是一个典型的喀斯特山区。新铺乡位于关岭布依族苗族自治县的西南面，距县城 38 公里，境内有 320 国道通过。新铺乡有汉族、黎族、布依族、苗族、仡佬等民族杂居，少数民族人口占 90%，属边、少、穷乡之一。2013 年 5 月，也就是笔者最后一次在该地调查的当月，改为新铺镇。

纳麻村有纳麻、火石田、纳色一组、纳色二组、大麻坑、拉磨田、纳少坡 7 个村民小组。火石田位于纳麻的西面，纳色位于纳麻的西南面，大麻坑和拉磨田位于纳麻的东面，纳少坡位于纳麻的北面。纳麻距离火石田约 1 公里，距离纳色约 5 公里，距离大麻坑约 2.5 公里，距离拉磨田约 1.5 公里，距离纳少坡约 2 公里。纳麻距离新铺乡约 7 公里，从纳麻到新铺乡的街上，走路大约需要一个半小时，骑摩托车一般需要 20 分钟左右。

纳麻村的村务室和人口计生服务室位于拉磨田组。村务室门口和墙壁上有很多宣传资料，如秋季动物防疫的通知等；挂有很多牌子，如关岭自治县新铺乡纳麻村新型农民培训科技书屋、关岭自治县新铺乡纳麻村文化信息资源共享工程基层服务点等。在人口计生服务室的墙壁上也有很多宣传资料，如纳麻村基本情况、人口计生宣传知识、孕前健康体检的标语等。人口计生服务室的宣传板上是这样介绍纳麻村的基本情况的。

纳麻村位于新铺乡东南面，距乡政府驻地 7 公里，总面积 1200

公顷，海拔768米，年降水量1130毫米，但分布不均，水资源利用率低，生态环境恶化，水土流失严重。全村7个村民组238户1041人，其中少数民族524人，劳动力618人，耕地总面积658亩，人均耕地0.95亩，其中水田0.25亩，旱地0.7亩。人均林地0.4亩。五保户3人（其中集体供养1人）；事实无人抚养2人，60岁以上退役士兵1人；参军人员2人；农村低保户104户246人。

图 F1－1　纳麻村所在关岭县的地理位置

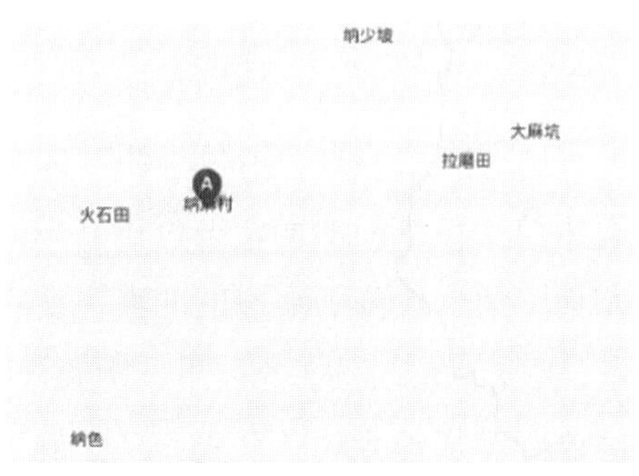

图 F1－2　纳麻的地理位置

笔者的田野调查点主要是纳麻村的纳麻组。当地人的习惯，他们一般所说的“纳麻”是指把作为村民小组的纳麻，因此，笔者也按当地人的习惯，称纳麻村民小组为纳麻。纳麻是一个很小的自然村寨，只有23户人家，129人。纳麻人在日常生活中用布依话进行交谈，与不会说布依话的人交流使用汉语。寨子里很多年轻人都去外地打工，老年人、小孩以及少部分中年人留在寨子里，中年人留在家主要是因为家里有孩子读初中，他们认为这是孩子学习的关键时期，也是孩子成才与否的关键时期，所以想留在家里，以便照顾孩子。纳麻的小孩以前不上幼儿园，五六岁就到附近的凉帽小学读学前班。近两年，新铺幼儿园到这片区域招生，每天有面包车接送孩子。一般是早上 7 点钟来寨子里接，下午 4 点钟送回。每学期每人要交 2400 元钱左右。这与纳麻通路密切相关，面包车能够进出，才能让适龄儿童上幼儿园。纳麻的小学生在凉帽小学就读。从纳麻去学校，孩子们要走 40 分钟左右的山路。纳麻的初中生在新铺中学就读，学生住校，周末回家需要走一个多小时的路。高中生要在关岭县城就读。到目前为止，纳麻只有 4 个人上过高中，最高学历也就是高中。第一个上高中的男生是 2010 年考上的，但是由于家庭困难，读了一年就辍学了。

关于纳麻的历史，村民罗某这样介绍。

> 以前坐（住）在这里的人家也多，但因为人烟稀少，周围豺狼虎豹多得很，李二伯说他们小的时候，看到对门（对面）山上的豺狗（豺狼）一串一串的，有些人家就搬到别处去了，现在寨子里都还有人家留下的一些屋基。以前树多，一眼看去，都是树。我们读书的时候，从路上走，路边都是密密麻麻的很高的树。后来，一是人口增多，砍树挖生地种庄稼，二是这个村子有三四个窑子，用来烧砖、烧瓦、烧石灰，在坡上砍大量的树木来烧，后来就慢慢没得了。

图 F1－3　纳麻的神树

纳麻有三棵很大的古树，当地人称为“神树”。神树都位于村口，一处是两棵黄桷树，一处是细杉树。黄桷树和细杉树都是当地人叫的名称，但他们平时都不加区分地将其称为神树。大年三十要敬神树，全寨拿一只鸡在村口的神树下杀了，用从神树上掉下的树枝将鸡煮熟，大家在神树下吃完才回家，这样做是希望神树保佑全寨顺顺利利的。平常寨子里任何人都不能把神树落下的树枝树叶捡回家，不能砍神树，不能在神树下大小便。据当地人说，去年邻寨有一个人喝酒后在神树下方便，回家去第二天就疯了，送到关岭也没有医好。后来找人在神树下通说，说的内容是“他做错事情了，请你放他好好的”，然后烧香、烧纸，杀一只红公鸡，供酒，一个星期左右，那个人就好了。村子有老人去世，安葬的前一天要在神树下的空地上举行仪式。这块地全年不种庄稼，平时杂草丛生，当地人称为“赶鬼场”。当地人说不清楚神树究竟有多少年了，他们一直遵循祖祖辈辈传下来的习惯，从不捡神树的树枝树干回家，也不砍神树，也不在神树下做对神树不敬的事，但也有当地人认为敬神树是迷信。

附录二　平善村概况

平善村是贵州省黔东南苗族侗族自治州黎平县水口镇的一个行政村。黎平县位于黔东南苗族侗族自治州的东南部，地处黔、湘、桂三省（区）的交界，东面与湖南省靖州苗族侗族自治县、通道侗族自治县接壤，东南面与广西三江侗族自治县比邻，西南面和西面分别是黔东南苗族侗族自治州的从江县和榕江县，北面是黔东南苗族侗族自治州的剑河县和锦屏县。作为黔东南州面积最大、人口最多的县，黎平县人口以侗族为主，是全国侗族人口最多的县，有“侗族大歌之乡”“鼓楼之乡”的美誉，汉族、苗族、瑶族、水族等多民族在境内杂居。

图 F2－1　平善村所在黎平县的地理位置

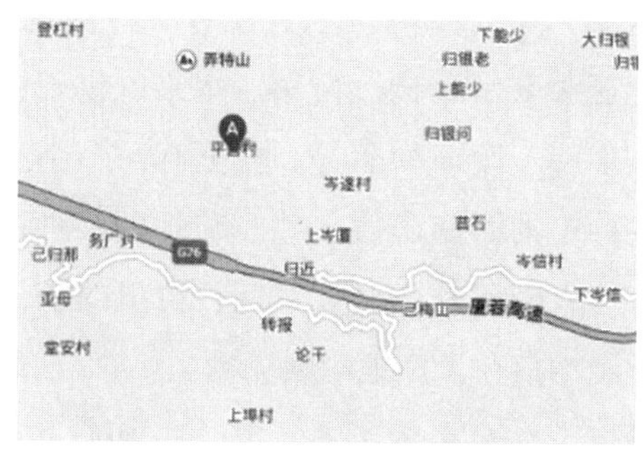

图 F2－2　平善村的地理位置

水口镇地处黎平县东南部，是黎平县南下两广的重要通道，也是厦蓉高速入黔门户镇。它毗邻肇兴、龙额、雷洞、顺化、洪州等乡镇，辖 37 个行政村和 1 个居委会，包括 103 个自然寨。水口镇属边远贫困的典型山区，境内以侗、苗为主，多种民族交错聚居。

平善村位于水口镇西南部，距镇政府驻地 9 公里，距县城 85 公里，平善村的西面和北面与肇兴乡接壤，东面和南面与水口镇的岑遂村为邻。平善村是七倍山脉的菩萨山腰上的一个相对独立的村寨，以前出入村寨都是走一条山间小路，道路狭窄，需要翻过一座又一座的山，买卖东西都得人力的肩挑背扛，非常不方便。1997 年，村里开始修建通村公路，2003 年全部开通。这是一条长 3000 多米的弯弯曲曲的进村公路，从村子通向堂安坳，堂安坳则有乡级公路连接水口镇和肇兴镇。公路开通之后，方便了车辆的进出，村里开始有了摩托车。2005 年，村里有人买了第一辆面包车，村民出入村子更方便了，与外界的交往接触也日益频繁了。村民可以骑摩托车或乘坐面包车外出赶集、办事，外面的商贩老板也可以开车进村买卖各种东西。

村民一般去水口镇和肇兴镇赶集。每逢农历的三、八，村民就到水口镇赶集，逢农历的一、六，到肇兴镇赶集。如今，村里有两辆面包车专门负责载人外出，偶尔附近村寨的面包车也进来载客。从平善到水口镇，乘车需要 50 分钟左右，需要车费 12 元。从平善到肇兴镇，乘车需要大约半个小时，需要车费 7 元。平善村民多到肇兴镇和水口镇买卖物品，虽然平善离水口镇远一点，但平善归水口镇管辖，一些事务必须去水口镇才能办理，再加上水口镇的赶场规模比一般乡级单位大，市场交易也比较成熟，所以，人们有时还是会选择去水口镇赶集。平时每隔两三天也有一些附近村寨的商人来村里，出售猪饲料、农用化肥、新鲜猪肉、卤菜、水果、包子馒头、糯米发糕、奶茶等，或收购稻谷、生猪、废旧物品等。村里有一个小卖部，出售一些日常生活用品，也在一些特定的时间出售一些季节性的菜种。小卖部不是全天都开门营业，一般只有客人喊买东西时才开门，村里的孩子是小卖部最大的消费群体，每天都会听到小孩在大声地叫唤买糖。

平善村以前因海拔高，全年的云雾天气多，而得名丰云村（或风云村、峰云村），后来才改名为平善。平时天气好的话，人们可以从村子一眼望到山脚的厦蓉高速公路和岑遂村；天气不好的话，整个村子就会被山脚和山顶的腾腾云雾所缠绕，仿佛置身于世外仙境，路过山脚的外地人根本就不知道原来山上还有这么一个村子。村寨四周绝大部分是山地梯田，辅之以小面积的菜园和旱地，梯田上面是一片风水林，除了规定的时间，那里的树木是不准随便砍伐的。

村民习惯性地将平善村划分为老寨和新寨，老寨和新寨是以平善凉亭和平善小学为界，界线往村口停车场这面属于老寨，另外一面属于新寨。新中国成立前，村里户数少，都住在老寨。因为盗匪猖獗，村寨四周垒砌围墙，筑起寨门，每户负责看守几米的围墙，以防盗匪进村。后来，子嗣繁衍，人口增加，老寨又没有多余的土地留给繁衍的子孙建房，于是，20 世纪 50 年代中期，开始有人家在以前的寨门外寻找更为宽广的土地修筑房屋，形成了新寨。如今，新寨和老寨之间已连成一片。近几年又有 6 户人家搬到村口建房。

平善村是一个“四十苗”聚居的村寨，村里人口多为苗族，只有极少数媳妇为侗族或者汉族。全村共有 98 户，498 人，分 3 个村民小组。新中国成立以前，村民实行严格的族内支系内婚，即只与“四十苗”通婚，有“谷种可以混，人种不可以混”之说。他们不与附近的侗族、汉族等外族通婚，而且，同姓不准通婚。村民的解释是，以前大家觉得本民族的人说话要文明些，而其他寨子的民族说话难听，不想与其他民族通婚。若是姑娘嫁给外族或嫁到外地，会被村民嘲笑挖苦。那时，成群结队的未婚男子徒步到远在 30 里地外其他“四十苗”村寨行歌坐夜，寻找喜欢的姑娘。通常村民都是与方良、新平、弄对、连转、堂华、高鸟这几个寨子通婚，尤其盛行与方良互通婚姻。新中国成立后，特别是改革开放以来，外出打工的年轻人多了，部分村民的婚姻观念发生变化，有一些男子娶了外地媳妇，也有一些姑娘嫁到外地。现在村里不仅有广东、重庆等地的媳妇，也有嫁到湖北、广西等地的姑娘。

全村居民姓氏以陆姓为主，只有几户他姓，分别是徐姓、彭姓和莫姓，其中徐姓是以前跟随本村陆姓舅舅到平善定居下来的，彭姓和莫姓则是由于本村两户陆姓人家只有女儿、没有儿子而招上门女婿产生的。陆姓村民分属3个房族，一般重要的帮工多是以房族为单位。

目前，村里的领导班子由一个支书兼村长，以及三个小组长组成。之所以由同一个人既担任支书又担任村长，据村民们说，是因为当支书或者村长，报酬很低，一天二三十元钱，而外出打工，一天也有一百多元钱，所以他们选择外出打工。这样，支书既当支书，又当村长，还搞文书的工作，工作比较繁忙，有上级来视察和指导工作时，要陪同和接待；要经常去镇上开会；要给村民们传达上级分配和下达的任务；要接待外来的参观者和旅游者；要通知村民们每个星期打扫村寨卫生一次；要组织和带领村民们去参加芦笙比赛、集体到别的村寨做客、邀请别的村寨来做客等民间活动。

一、平善的经济

平善村民以从事农业生产和外出务工为主，据笔者2013年9月调查，全村98户中只有54户在家，其余人家全家外出，有人在家的家庭基本上每户都有成员在外务工。外出务工的劳务收入和农产品收入是全村的主要经济来源。

1. 水田种植

土地是农业生产的主要资源。平善村的土地主要分布在寨脚和脊背山坡上。村里的水田按离寨远近、亩产高低等分为三个等级。一等田阳光充足，泥巴深，没有烂锈，产量高，离寨近，面积不宽，村民一般拿它来做秧田；与一等田相比，二等田比较贫瘠，产量较低，不能做秧田；三等田是那些泥巴浅，阳光少，水沟远，高坡冷水、冒水田，产量低，离寨远，走路要1个多小时，主要在弄高、己东安、己埃、己门腾三个寨子旁边。现在村里撂荒的田很多，有些直接送给田地附近的村寨耕种，比如，光明村、纪埃村和平况村，而村民自己耕种的主要是离寨子近的山坡梯田。

平善村农业生产主要是种植水稻，并以籼稻种植为主，糯稻次之。村民用糯米做每天两顿的油茶，办酒时用糯米饭招待客人，也用糯米作为礼物送客。据村民说，以前只有在元月和 12 月办喜事时才有糯米饭吃，像七八月办喜事就吃籼米。这是因为，以前村民主要是种本地的糯禾品种，它的产量低，成熟期晚，一般要到 7 月下旬至 9 月中下旬才能收，还得人工一根一根地用摘禾刀割，摘回家后挂在禾晾或是房梁上，还得要一个月左右才能晾干，相比之下，籼稻成熟早，直接捶打脱粒，工序简单。20 多年前，村里有人到湖南和广西一带帮人打谷，看见他们种的糯谷品种好，不仅收割快，而且产量高，村民把它带回家先小面积种植，觉得谷种适应当地气候环境后，就进行大面积种植。糯稻新品种引进后，糯米产量增加，现在村民无论哪个月办喜事都吃糯米饭，要是哪家只煮籼米饭，别人会说那家的主人为人小气，不尊重客人。

20 世纪 80 年代，农业技术推广站大力推广栽种杂交水稻和两段育秧（用育秧棚育秧），村里还派代表到水口学习如何用育秧棚育秧，上级政府也专门派人来村指导现场。杂交水稻刚开始栽种时，由于村民没有钱购买肥料，产量也不高，进村公路开通后，农用肥料拉进了村子，杂交水稻的产量得到明显提高。在推广杂交水稻之前，村里主要盛行水田育秧移栽，因海拔高，气温不稳定，撒秧的成活率低，也不好拔秧。育秧棚育秧即是在平地上搭建一个塑料棚来搞温室育秧。因为籼稻的稻壳薄，稻谷容易烂，育秧棚育秧比直接撒水秧有保障，其秧苗的成活率高，能少用一半的稻种。而糯稻的稻壳厚，不怕冷，也不容易坏，即使不发芽也可以撒进田里，出秧也好，就不用两段育秧。现在绝大多数村民都嫌麻烦，也不在乎多花点谷种钱，这几年很少有人用育秧棚育秧。以前村民只栽种中稻，1973 年开始尝试栽种双季稻，就是种早稻和晚稻，杂交水稻出现后村民恢复种中稻，因为种植双季稻不仅农活多、干活累，其产量还不如杂交水稻高。

2. 旱地种植

旱地主要种植蔬菜、土烟、高粱、蓝靛、茶油树、茶叶树，还有杨梅树、桐油树、杉树、松树等树木。

蔬菜是人们日常饮食的主要来源之一，村民基本上每个月都会在菜地种植蔬菜，菜地就在村寨的山坡上或是梯田边上，很少能看见大块的菜地，除非把外出打工的那些人家撂荒的水田开辟出来种菜。以前蔬菜还是村民下山兑换茶叶、油、粮食等物品的重要资源，因为村寨四周都是山坡，旱地多拿来种蔬菜，妇女平时也勤快地施肥管理，再加上其地势高，天气凉快，蔬菜长得好，而且很多蔬菜的成熟期较山下寨子的晚，蔬菜生长周期也长，不容易老。现在，村民种植蔬菜主要是自给自足，很多只卖点新鲜的红辣椒，个别人家还会卖点黄豆和魔芋。村民办酒时，还会去街上买蔬菜来做配菜。平善从 20 世纪 90 年代开始陆续引进良种蔬菜，其中，有些蔬菜品种是村民以前没有种过的，有些蔬菜品种当地也有种植。良种蔬菜的引进，一方面丰富了当地的蔬菜品种，另一方面导致了部分本地老品种和传统的蔬菜留种技艺的逐渐消失，同时村民也越来越依赖市场。

茶油是村民的主要油料作物，以前的茶油树都种在东郎那边，离平善有二三十里地，村民采摘管理茶油树非常不方便。几年前政府号召种植新品种的茶油树，现在东郎那边的茶油树丢荒了，大家都在村寨附近种植新品种。平善虽然在 80 年代引进了油菜，但是当地气温低，油菜产量低，有些年下大雪，甚至全部绝收。

茶叶是村民每日吃油茶的必需品。五六月天气晴朗的时候，村民就去把茶叶摘回来，有时甚至连树枝一起砍回家，然后再摘。这个工序不能戴手套摘，只能用手扯。茶叶不需要用水清洗，而是直接倒进木甑里，先蒸上一天一夜，冷却后翻松，把上下的茶叶对换，再蒸一道，然后拿到太阳底下晒。茶叶没晒干后就用密封袋子装好，每次要吃的时候就抓点出来。村民吃油茶时，把茶叶放入锅中，放点盐巴，然后煮水，或是直接把茶叶丢进开水壶中泡水。以前老人家在自家田坎边或是菜园里种植少量的茶叶树，很多人家的茶叶不够吃，一些村民还会提着自家种的蔬菜去与山下寨子的村民换茶叶。现在村里很多人常年在外打工，家里的茶叶用量相对也就少了。

因为海拔高、气候冷的缘故，平善很少种植果树。以前有人种过橘树，但结的橘子很酸，后来就没有人种了，也有人栽过板栗树，树干都长到碗口大小，却一直没结果，就给砍了。目前，村民家里栽的果树就是杨梅树和柿子树，5 年前政府免费发的杂交杨梅树已经结果。村民外出打工之前，村寨附近的坡上都是杂树和野草，大家三五成群地赶牛到坡上放。1994 年政府下达指标栽杉树造林，杉树苗是政府免费提供的，还打着“坐山吃山，坐山守山，谁造谁有，为群众致富”的宣传口号，现在杉树已经成林，肇兴镇的老板想收购村民家的木材，但是很多人舍不得卖，认为“那个是卖江山，舍不得，要留给子孙后代”。如今粮食充足了，一些村民把自家原本种杂粮或是蔬菜的地也拿来种上了杉树。脊背山坡顶的公山很早就有了，主要是靠它含蓄水源，村民自己不能乱砍伐，只能在规定的时间捡干柴，但是可以砍山上的树木来搞村里的公共事业。

此外，有的家庭还种植土烟，这样的家庭一般有抽烟的老人，个别老人还会去市场销售自己种植的土烟。近几年一些老人不想种水稻，就在田里种起了土烟。高粱主要是拿来酿酒和搞扫帚，很少有村民种植。蓝靛是村民染布的原料，以前种的人很多，现在只有 5 户人家种。

3. 养殖

村民没有出门打工之前，基本上家家都养了三四头牛、两三头猪，村民每天不管刮风下雨都得出门砍猪草、割牛草，非常辛苦。他们认为养牛比养猪赚钱，因为养牛花的本钱少，牛只用割草喂养，而养猪得烧柴火煮猪食，还得放米糠甚至大米。以前村民都是在坡上放牛，后来因为村里植树造林和村民外出打工的缘故，家家都把牛关在圈里，每天早上和下午割草喂养。家里有人出门打工后，猪牛都养得少了，因为留守在家的多是老人和小孩。目前，村民养的牛是本地品种，而猪多半是广西荔浦县的杂交品种。以前，人们养的是本地猪，20 世纪 90 年代初，有人从荔浦县运杂交猪来卖，刚开始买它的人也少，后来大家看到那个杂交猪比本地猪的身架大，长得快，几个月就可以出栏，以后基本上家家都喜欢养杂交猪。近年来，在附近的堂安坳，路边就有两三个专门出售荔浦县生猪的地方，村民们想买猪崽时，去那里选，老板负责送到村口。传统上养猪，主要是砍猪菜回来，用刀把猪菜切细，煮熟后加点米糠混在一起喂。后来，由于杂交水稻的引进带来粮食增产，有大量的大米，村民就用大米、剩饭和猪菜煮熟后喂猪。到 90 年代开始有人家买进切猪菜的机子，现在很多人家都使用猪菜机。2000 年后，开始有人使用饲料养猪。一般，村民只在刚买进小猪崽的前一二十天喂少量的饲料，待小猪习惯当地的饲养方法后就不用饲料了。

以前村民养鸡、养鸭、喂狗，每天牵牛上坡，弄得寨子到处都很脏乱，卫生环境差。后来，为了创建文明卫生村寨，平善村委开会决定，寨子里不准放养鸡、鸭、狗，每家的耕牛也得实行圈养，不能放出来。刚开始规定时，一些村民非常不理解，也极不配合，村支书就站出来以身作则，他自己出钱买了一群羊，把羊放到别人家田地里去，别人看见后，村支书就当场杀羊给全寨的人吃。从那以后，其他村民就不敢再像以前那样了，村支书也把剩下的羊全部卖掉了。有一年，村里有个即将高考的学生被自家的狗咬死了，从此全村禁止养狗。不过，在笔者调查期间，一些村民家里依然养鸡，但他们很多都是白天把鸡挑到村寨外面的稻田边上放养，有些是关在家里喂。

稻田养鱼是村民的传统生计之一。老辈人很少把稻田里的水放干，因为他们要在田里养鱼，以解决自家的食物供给。在鱼种的选择上，村民普遍都是喂养鲤鱼，养草鱼的很少，因为他们认为鲤鱼喂 1 年就可以做腌鱼，而草鱼要喂 3 年才能腌，草鱼长到 1 年的时候还会吃秧苗，它的腥味重，不好吃。每年的 2 ~3 月母鱼会产鱼仔，等到稻谷秧长到大拇指长的时候，村民就把鱼苗分放到各块稻田里面。7 月稻谷黄了一半的时候，村民会留下一两块稻田蓄水，用来养鱼，其中一部分鱼捉回家吃新鲜的或腌制存储，留下一部分就抓到有水的稻田里面继续养。每家所收之鱼少则 40 ~50 斤，多则 100 多斤，最多的有 200 多斤。

4. 与农业有关的传统工艺

与农业有关的传统工艺主要包括编织、酿酒、做棕绳等。最常见的编织是用竹子做材料，把竹子破成竹片或竹条，编成一些日常生活用具。簸箕和筛子是最常用的编织品，每户人家都有，很多人家煮饭前都要用簸箕将大米中的糠簸出去。饭篓用来装糯米饭，它的主要功能和好处是：首先，有时要去比较远的山上干活，用饭篓装饭，便于携带；其次，用饭篓装糯米饭，糯米饭不易变味，也不易变硬；最后，当地每逢有客人来，喜爱用糯米饭招待客人，以表示客人的珍贵和对客人的尊重，这时多用饭篓装饭，这里用来装糯米饭的饭篓，已经不只是一种生活用具，同时也是一种民族特色和象征。秧篮主要是插秧时把秧苗装在里面，方便从秧田挑到别的田去，也可以用于走亲戚时挑糍粑，通常用来挑糍粑的篮子要选竹片细、做工更为细致的篮子。弯篓，村民称作“pju^{55} lin^{35}”，形状像靴子，是用来装镰刀、柴刀等工具的。在当地，只有男人才使用弯篓，上面系着一根自家做的彩带，每逢男人们上山，不管是否要割或者砍东西，都一定会将装有镰刀、柴刀的弯篓系在腰间。女人们上山，腰间系着一个绣着花纹的袋子，当地称作“$tuei^{214}$ pan^{35}”，一般用来装菜种、蔬菜。“pju^{55} lin^{35}”和“$tuei^{214}$ pan^{35}”在当地的使用具有性别特色，也具有民族特征。人们还用竹子编粪箕、装针线的篮子（也用来装杨梅）、鸟笼、小笼子（用来装蟋蟀、蚯蚓等）等。用竹子编织用具主要是男人们从事的活动，女人们则用线编织渔网。目前，平善仅有一位男性老人用竹子编成生活用具用以出售，也只有一些年老的妇人坐在门前、寨门下晒着太阳，编着渔网，这些渔网不用于出售，仅限于家用。

酿酒也是平善的传统工艺，当地话叫作“uei^{55} xau^{55}”。村里的男人都爱喝酒，他们如果不喝酒，就不想做事情。女人一般不喝酒，但大多都会酿酒。很多家庭都有酿酒的工具，有些爱喝酒的人家一个月要酿酒一二次，每次酿酒二三十斤，不管有没有客人来，男主人吃饭时都要自己喝上一二碗酒。他们酿酒主要用于自家食用，一般不用于出售，但也有人听闻村里哪家某天在酿酒时，会从家里拿一些谷物或适当给点钱换一两瓶酒喝。

做棕绳就是从棕树上把棕皮割回来，用手把其撕成细条，然后先拧成小绳，再把两根小绳搓在一起，拧成一根绳子。棕绳一般用来捆稻草、牵牛和用来捆住棺木以方便抬逝者上山埋葬。几十年前，村里的好多人都会做棕绳，前几年还有三四人做棕绳卖，这两年来只有一个六十多岁的老人做了。

如今，当地很多人不愿意学习传统工艺，主要原因有两点：其一，很多年轻人外出务工，常年不在家，没有机会接触和学习传统工艺，而且即使给他们机会学习，他们也不愿意学，因为在外务工的收入远远高于传统工艺获得的收入，用他们很多人的话说“在外面打工，一天随便一两元块钱的收入，你搞这些老古董（指传统工艺）一天能得多少钱，顶多几十元”；其二，现在市场上有很多替代品可供选择，很多人就算不会传统工艺，也能找到相应的替代品。很多传统工艺正面临失传的命运。

5. 外出务工

在农业资本缺失，尤其是土地资源有限，而沿海地区正在如火如荼地发展第二、三产业的情况下，平善村民开始走上一条从务农转向务工的谋生之道。因为，在缺少土地和缺乏其他农业资本技术投入的情况下，要是村民一味固守农业经营，纯粹依靠劳动力的密集投入促使农田增产，就会使单位劳动报酬降低。山地梯田的产量是有限的，一旦达到产量的最大峰值，过多的劳动力投入带来的也只是劳动力报酬的边际递减。

与附近的地坪、肇兴、龙额等地相比，平善村民出去打工的时间要晚些。

平善村从 20 世纪 90 年代开始就有人外出打工，现今外出打工更加普遍。最早去外面打工的人要别人介绍并带着去，有的是村干部带出去的。平善村民没有由干部带出去的，主要是和熟人联系外出。刚开始村里只有年轻力壮的男性出去，后来很多人看见别人打工赚钱回来，也跟着出去了。现在，村里的人主要去广东、深圳、浙江和上海等地，所进的工厂有拉管厂、铝合金厂、五金厂、压板厂、打板厂、纽扣厂、塑胶厂等，每个月的工资在 2000 ~ 5000 元。没有外出打工之前，村里有 10 多家的房子是盖木皮，木皮容易被风吹走，一两年就得修缮一回，修缮后下次又没有木皮盖。大家赚钱回家后都争先恐后地建新房盖青瓦，生活蒸蒸日上。“你想搞好，他想搞好，大家都想搞好。不像‘文革’的时候大家出工不出力，你懒我也懒。”笔者调查期间的统计资料显示，全村有 30 户全家人常年在外打工，55 户家里的年轻人外出打工，4 户在外办厂。由于外出打工盛行，留守在家的绝大多数是老人和小孩，村里田地撂荒的现象比较严重，村民养猪养牛的也少。

6. 政府的经济扶贫

最近十多年，政府在村里组织了几次扶贫项目，然而，这些扶贫措施并没有明显的效果。2002 年，水口镇政府组织村民扶贫养羊，当时村民喜欢养的就养，就有 4 家人养了，有人养 10 ~ 20 头的，有家甚至养了 50 头。村民说，养羊是很赚钱的，但养羊不好管理，“一人养羊，全家骂娘”。羊经常糟蹋菜园，它不吃谷子，但吃菜厉害，而且羊的记性好，今天进去，明天再来。村民为此产生口角也在所难免，后来就没人养羊了。

2003 年，镇政府号召村民养牛致富，提供给村民无息贷款养牛，很多人家都养了好几头，但是因为没有成规模地养，也没有起到致富的效果。当时镇政府还动员村民种植牧草，第一年草种免费发放给养牛的村民，有皇竹草和黑墨草两种。可是当地一到冬天，天气就很冷，那时养的一些牛都被冻死了，因为镇政府当时推广的草种没法过冬，而本地草虽然可以过冬但是产量低。村民家里若是牛喂的少，还可以拿多余的稻草垫牛圈给牛保暖，而如果养得多，稻草都给牛吃了，没有多余的来给它们垫圈。

2006 年，四川对口帮扶平善，进行扶贫养猪，国家还补贴钱给养猪大户修猪圈。猪仔是从外面拉来的，价格非常便宜，相当于免费送的，全村有 90 户，有 20 户养了。因为猪仔小的只有 20 ~ 30 斤重，大的也就 50 斤重，当时有些人家怕猪仔太小，养不大，就没有养。村民说，那个猪种不好，长得慢，要是全部喂饲料，没有那么多本钱，结果是养得越久越亏本，不划算，还不如广西荔浦县的大白猪。村里几个养猪的年轻人等猪出栏后，干脆跑广东打工了。

2009 年，黎平县政府号召村民种植龙井茶，带动致富，树苗是从湖南拉来的，免费发放给村民，头两年还送复合肥，采取村民自愿形式，多种多得。茶叶树栽种在海拔 1000 多米高的公山上，面积总共有 300 亩。为了搞好茶叶基地，2012 年国家拨款，镇政府专门请挖掘机修了一条通往茶叶基地的马路，但是缺乏养护管理，现在那个路的一些地段已经被雨水打坏，茶叶树也因为没有好好护林，目前还没有成林。

二、平善的节日

平善的节日主要有春节、三月三、四月十八、五月五、六月六、八月二十八等，其中四月十八、六月六、八月二十八都比较浓重。每年农历四月十八，家家户户蒸黑糯米饭，全村男女老少用芭蕉叶包着一团糯米饭跟随寨老到芦笙场祈祷一年风调雨顺。农历六月六，平善村民应邀到别的村寨做客，那一天，除了少许腿脚不方便的老年人留在家外，全村男女老少都外出做客了。每年的八月二十八，是平善村民最为重视的一个节日，据平善村民说，他们不过八月十五，而过八月二十八，八月二十八是他们的中秋节。平善地处高山，庄稼比别的地方成熟晚，以前老辈人要去别的地方给人家干活赚钱，别的地方过八月十五时，老辈人都还在外面挣钱，等八月二十七他们才回来，平善才过节。到八月二十八那天，村民们杀猪宰羊、放牛打架、吹芦笙、邀请附近村寨的亲朋好友前来一起过节。除了一些每年有固定日期的节日外，每年水稻收割前后，一些村寨轮流请客，平善村民会去别的村寨参加芦笙节，也会邀请一些村寨的村民前来自己的村寨吹芦笙做客。在村寨互相请客、做客期间，人们展示自己村寨的风貌，增进彼此的了解，促进感情交流，一些农作物品种及其种植方法、工具等也在人们的互相交流中得以传播。

笔者在平善调研期间适逢八月二十八过节，发现过节前村民都会做一些准备。

> 村民染黑糯米，一些人家用石碓将山上采来的一种植物舂碎，拿回家泡水，然后把叶子过滤出来，用水泡糯米，第二天蒸就成了

黑糯米饭，同时还用清水泡糯米，第二天蒸出来是白色的，然后把黑糯米饭和白糯米饭混合在一起，用来招待前来过节的客人。

村民准备粽子、猪肉等送客人，寨子里有一些人家包了粽子，第二天用来送客人，有的人家没有包粽子，第二天就用袋子装着一坨糯米饭送客人。还要送一块一斤左右的猪肉。送礼一般以前来过节的客人的户数为单位，一户人家不管来人多、人少，都只送一份礼，即几个粽子或者一包糯米饭和一块猪肉。但是同一位客人可以去多户人家做客，去每户人家都会得到一份礼。送礼的原因是表示互相尊重，对方是珍贵的客人，有的客人家里还有人没有来做客，要前来做客的人带点礼物回去给家人。

村民杀猪宰羊，节前一天，村里有三户人家杀猪，和其他事先沟通好的人家分猪肉，还有很多人家在村口停车场处购买肇兴的人运来卖的猪肉、牛肉，每户人家都买了几十斤猪肉和牛肉。一户人家杀了羊，一户人家杀了牛，有些人家还杀了狗。

图 F2-3　村民在八月二十八前一天买牛肉

三、村规民约

为了加强社会主义法治建设，维护我们平善村的封公山，防止水土流失，促进农业的生产发展，保护我村林木生长不受任何人乱砍滥伐现象，绿化我村风景，保持我村生态平衡，特制订条约如下：

一、寨上的龙脉风景林区，从己岜腊，右至邦连自留山，左直大路至迫岑邦周新田，右边以下金格达，金塘现至德规一直至登规为止都是封山。

二、全村的各农户自留山，自主有权管理，民委监督，如发现他人无故乱砍柴林，除退原物外，每次罚款贰拾至叁拾元。

三、全村各户楼上楼下和屋前屋后要经常保持卫生，民委每月检查一次，发现不清洁户罚款伍元。

四、村民不论男女老少，发生斗殴、虐待打架凶酒闹事的产生❶，每次罚款拾元至贰拾元。

五、家禽家畜损坏他人庄稼菜园，除赔偿损失外，每头罚款伍元。

六、保障国家集体的公共财物和私人合法财产不受侵犯，违者罚款贰拾至叁拾元。

七、充分发扬民主，加强防火安全，不论男女老少，都不准在封公山林区用火，违者损失照价赔偿外，每次罚款贰拾至伍拾元。

八、保持水井环境卫生，不永许任何人在井边洗衣、洗菜，违者每次罚款伍元❷。

九、提倡晚婚晚育，少生优生，结婚年龄男不得少于二十二周岁，女不得少于二十周岁，违者一次罚款伍拾元至陆拾元。

十、提倡节俭、反对浪费、移风易俗、新事新办。

十一、以娱乐为目的，利用金钱、物质进行赌博的，发现一次每人罚款贰拾至伍拾元，为摆摊赌博场所的罚款伍拾至壹佰元。

十二、无故偷放他人田水，炸鱼、毒鱼、偷鱼、偷水果和蔬菜的，除退原物外每次罚款拾伍至叁拾元。

以上条约经平善村民委员会、寨老组织共同决议，各自进行监督，共同遵守。

古历公元一九九四年元月一日订立

附录三 巴拉河村概况

巴拉河村是贵州省黔东南苗族侗族自治州台江县施洞镇的一个行政村。台江县地处苗岭主峰雷公山北麓、清水江中游南岸，东面和南面是剑河县，

---

❶ “凶”字是错别字，应为“酗”。
❷ “永”字是错别字，应为“允”。

西南与雷山县接壤，西面是凯里市，北面与黄平县、施秉县比邻。苗族人口占全县总人口数的97%，是全国苗族人口比例最高的县，享有“天下苗族第一县”的美誉。施洞镇位于台江县北部，坐落在苗岭山脉余麓，距县城38公里，隔江与施秉县马号乡相望。施洞镇地处清水江中游，曾是清水江的重要码头和商埠，“施洞”在苗语里是“贸易集散地”的意思。

图 F3－1　巴拉河村所在台江县的地理位置

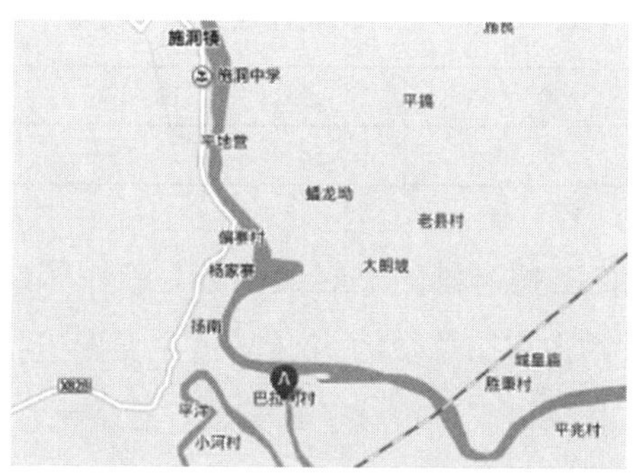

图 F3－2　巴拉河村的地理位置

巴拉河村地处清水江和巴拉河的交汇处，在施洞镇政府所在地的南面，距镇政府约5公里。巴拉河村有5个村民小组，3个自然寨。全村以张姓人数最多，姜姓、杨姓次之，都是苗族。巴拉河是苗语音译过来的，意思是“送来的河”，也被称为“天赐之河”。巴拉河村曾是施洞一带有名的天然渡口，而今巴拉河村的水路运输几近萧条，公路交通也不发达。2008年以前村民进出村庄只能靠渡船，渡口所需的船只全都是村民自己的小木船。2009年，县扶贫办出资修建巴拉河大桥，解决了村民们出行的困难。不久，由镇政府出资，村民出力，扩建了巴拉河村口连接218国道的公路。得益于建桥和修路带来的便利，巴拉河村与外界的接触交往越来越频繁，经济发展水平也有了很大提高。

巴拉河村属于河滩式村落，自然成寨。在整体上没有做任何严格的规划，多是沿承自古形成的村落空间。从整体上看，整个巴拉河村的村落呈现出封闭性和紧凑性的布局。房屋鳞次栉比，错落有序，成聚居态。房屋大都依山傍水、临河而建，逐渐往山地缓坡上延伸，越往山坡上走，房屋越少。从远处看巴拉河村，深褐色墙面和青色屋顶错落有致，绿树成荫，环绕四周，到处散透着宁静和详和的气息。

因为靠近河滩，地势较为平坦，巴拉河村的民居多采用落地式建筑，只有两户为干栏式建筑，皆因地势险峻而为节约土地所建。这与黔东南雷山等地区多为干栏式建筑略有不同。除传统木房外，现代化砖房也很常见，虽然数量不是很多。巴拉河村的民居共有 108 栋，数量比实际户数少，这是因为有些家庭分家后仍住在同一栋房子里，而户口上显示的却是分家后的户数。

表 F3－1　巴拉河村民居建筑年代表

时间	100 年以前	50～100 年	20～50 年	10～20 年	2～10 年	在建
数量（栋）	3	18	56	15	8	8

从建造时间上看，巴拉河村的民居大部分是新中国成立后修建的。20～50 年的房屋比较多，约占房屋总数的 52%。这主要跟巴拉河村的一段历史有关。1970 年 7 月台江县暴雨天气持续了 5 天，导致清水江一带发生特大洪水。这场大洪水将巴拉河村靠近河边的三十几家房屋全都冲走。房屋被大水冲走的村民集体在巴拉河的上游方向被称为“大树脚”的地方重新开垦土地，划分宅基地、建造房屋。

从建筑材质上来讲，巴拉河村的民居建筑主要有三种类型：一种是传统的木结构房，有 48 栋，占房屋总数的 44%；一种是砖混结构房，有 15 栋，占房屋总数的 14%；另一种是砖木结构房，有 45 栋，占房屋总数的 42%。

巴拉河村的砖房以二层楼房为主，其中一栋在建砖房是三层楼房。巴拉河村第一座砖混结构楼房建于 2005 年 3 月，为一户姜姓人家所建。他家有三个儿子，其中，两个儿子是在外面成家立业的，娶的是汉族媳妇。儿子和儿媳住惯了砖房，而且他们认为购买水泥砖头比购买木材要便宜、方便。出于这些因素的考虑，几兄弟出钱，请了几个村里的人建砖房。当时，巴拉河村还没有修桥，在施洞镇买的砖头和水泥只能用汽船水运到河边，然后请人去挑。房屋建造持续了一年多。巴拉河大桥修建之后，巴拉河村的砖房开始增多。

表 F3－2　巴拉河村 15 栋砖房建造时间表

户主	建造时间	房屋类型	户主	建造时间	房屋类型
杨 YZ	2005 年 03 月	两间两层砖房	李 YX	2006 年 11 月	两间三层砖房
杨 PM	2007 年 12 月	两间两层砖房	姜 DB	2008 年 03 月	两间两层砖房
姜 H	2008 年 04 月	两间两层砖房	张 Z	2008 年 10 月	两间两层砖房
姜 RX	2008 年 11 月	两间两层砖房	杨 GH	2009 年 03 月	两间一层砖房
张 XH	2009 年 10 月	两间两层砖房	张 YP	2011 年 03 月	三间三层砖房
刘 KW	2011 年 09 月	两间一层砖房	杨 CZ	2012 年 03 月	在建
姜 HG	2012 年 12 月	在建	张 XP	2012 年 12 月	在建
刘 MK	2012 年 12 月	在建			

2006 年以后，巴拉河村共修建房屋 15 栋，除一栋木房外，其余都是砖房。虽然很多人相信，木房比砖房住着干燥、舒适，但仍然有越来越多的人选择修建砖房。

经济的发展、交通的改善、现代建造材料的传入，是巴拉河村民居变迁的主要原因。水泥、钢筋、玻璃等新兴建筑材料可以源源不断地进入这个偏僻的沿河小村里。这些建筑材料在价格上较木材便宜很多，也很容易买到。传统民居建造需要的木材，由于乱砍滥伐和封山育林政策的贯彻实施，已越来越少，越来越贵。此外，修建砖房相对简便，与传统木房相比，建造砖房不需要很多人来帮忙，不需要搭房屋的整体框架，不需要请专门的掌墨师傅。

在建造木房还是建造砖房的问题上，很多村民有不同的选择。一种折中的办法就是建造砖木结构房，即在砖房的基础上，加盖一层木房。这样，既保留了传统木房的部分形式，又增添了砖房的一些好处。

在巴拉河村，木结构房屋、砖木结构房屋和砖混结构房屋并存，房屋建筑材质呈现出由木结构到砖木结构再到砖混结构这种逐渐变化的过程。

附录四　控拜村概况

控拜村位于黔东南苗族侗族自治州雷山县西江镇东北部，距西江镇 14 公里，距雷山县城50公里，距自治州府凯里41公里。控拜寨东邻台江县南刀村，南面与堡子村接壤，西面是乌高村，北面的麻料村与控拜隔着一个山坳。控拜村分为上寨、中寨和下寨三个部分，是一个典型的苗族村落。具有苗族特色的纯木吊脚楼依山而建，错落有致。村落的高处是茂密的森林，村子的四周是层层梯田，梯田、森林和村庄完美的结合，构成了一幅清新的田园景象。2008年10月，控拜村获得贵州省村落文化景观保护示范村的称号。

图 F4－1　控拜村所在雷山县的地理位置

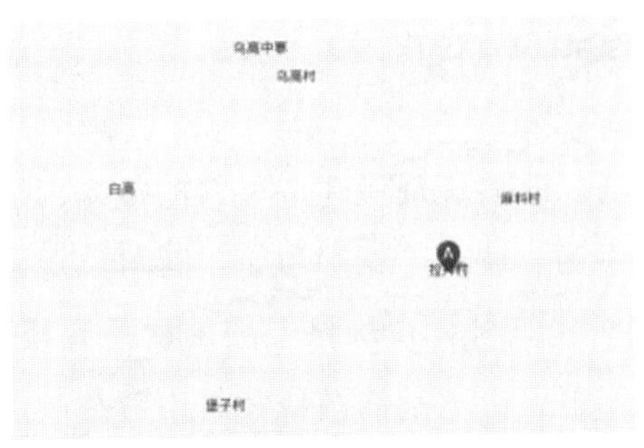

图 F4－2　控拜村的地理位置

控拜村位于雷公山的半山腰上，雨量丰富，云雾多，日照少，湿度比较大。受季风变化影响，每年都会有不同程度的暴雨、冻雨等自然灾害发生。全村共有240户，共有李、穆、龙、杨和潘五大姓氏，其中姓李的最多。控拜的交通状况近年来大为改善。连接西江镇与排羊乡的开排公路距控拜1公里左右，这1公里左右的公路也已经铺了柏油路。控拜村内道路较陡，过去道路一下雨就会变得泥泞不堪，给村民的出行造成极大的不便。2008年，在贵州省文物局支持下，控拜实施了村内步道改造工程，将主要的步道修成石板路。控拜已经全部通电、通水，水电供应能够满足全村生活和生产的需求。村内主干道在2014年装了太阳能路灯，为村民在夜间出行带来了方便。主干道和每家门前都设置了垃圾箱，解决了村民生活垃圾缺少集中堆放点的问题。

控拜有一所小学，学校有六个年级。除了本寨学生外，也有附近寨子的学生来这里就读。据控拜小学校长介绍，控拜小学以前有200多名学生，但随着银匠的大量外出，孩子随父母离开村寨，现在的控拜小学只剩下50多名学生。在学校里有6名专职教师，均是公办教师，每一名老师都要负责多门课程。

控拜是远近闻名的银匠村，家家会打银饰，大约每户都有一两个人会制作银饰。控拜村的银匠280多人，小学毕业居多，少数读过初、高中，年纪大点的老银匠多不识字。20世纪80年代后，控拜村逐渐出现“空寨”现象。据村民说，有70%~80%的外出银匠在凯里市，其次是在雷山县城，也有一些银匠在黔东南的其他地区，还有一些银匠远走北京、深圳等地。这些外出的银匠大都从事银饰品加工或者银饰品经营，也有少部分的外出银匠从事建筑等其他行业。

控拜的银饰工艺传承模式主要是家庭传承，子承父业，代代相传，手艺极少外传。家庭传承是以血缘关系为纽带的传承方式，通过血缘关系结成的家族结构和亲属体系来保证其技艺传承的稳定性和传承效率的最大化。控拜村苗族银饰手工艺传承方式受到苗族人强烈的生存愿望和家族组织形态结构关系的影响。

在过去，控拜村打银饰的手艺几乎都是代代相传，既传男也传女，每家每户都有一到两个人会打银饰，但更多的是男性从事打银饰的行业。据当地人说，女性不太愿意学习这门手艺，而且过去都是走街串寨打银饰或者进行银饰品交易，银子又是比较贵重值钱的物品，女性带出容易被抢劫，所以还是由男性做这行比较好。因此，女性从事打银饰的很少，做刺绣的比较多。然而在一个家庭里面，如果丈夫从事打银饰的职业，妻子慢慢地也会跟着学一点简单的工艺，必要的时候协助丈夫完成银饰作品。

这种家族传承模式可以确保苗族银饰技艺不会外流，保证了苗族银饰技艺的独特性。但是技艺本身作为一种利益资源，它以血缘或“家庭—家族”的方式进行配置和细化，在某种程度上会导致将群体区隔开来，而且过于保守的家族内部传承机制是苗族银饰传统锻造技术发展缓慢的一个影响因素，这种具有排外性质的保护机制会导致部分传统形制和花纹图案丢失，甚至出现工艺传承中断的可能。因此，对于银饰工艺的发展和传承来说，这种传承方式相当脆弱，具有一定的局限性，这在一定程度上限制了苗族银饰手工技艺的发展。

控拜银饰工艺流程很复杂，一件完整的银饰制作通常包括熔银、开片开条、拉丝、下银料、粗模成型、铳花、灌铅、画纹样、雕花、退铅、焊接、打磨平整、清洗、抛光等十几道工序。由于控拜村地方偏远，银匠们大多是挑着行李、工具走乡串寨，因此，控拜的银匠大部分是流动银匠。农忙时在家从事农业生产，农闲时就挑起工具出门打银饰，回来后，闲暇时间银匠们还会相互交流经验。“文革”期间，加工银饰被认为是走资本主义道路，有些银匠就不打银饰了，而有些银匠还在偷偷地打，因此银饰制作技艺没有中断过。改革开放后，银匠们又陆续开始打银饰了。

图 F4-3 传统银饰制作的各种工具

进入21世纪后，为了搞活银饰生意、增加收入，大批控拜银匠全家进城，租房加工仿银饰品。控拜银匠的角色也随之改变，从半工半农到半工半商，利益成为越来越多银匠的追求目标，“无利可图”的“银匠村”必然留不住这些银匠。随着新的文化和理念涌入，银饰也被不断赋予新的时代元素，年青一代银匠不仅能做传统的银饰工艺，而且吸取现代时尚元素，大胆创新，他们的设计适应了更多的市场需求。目前，他们的银饰不仅在当地畅销，而且远销到广州、北京以及欧美市场。但这些银饰商品一般都不是纯银制做，而是锌白铜镀银并仿旧，即所谓的“苗银”。

近年来，由于农民收入有所增加，生活得到改善，有能力的苗族家庭，也开始给自己家的女儿做一套纯银饰品，而不用锌白铜镀银饰品。由于银料价格昂贵，用户对银饰制作都要求传统的手工制作，而不是钢模压型。控拜的银匠又开始忙碌于制作纯银饰品，传统的银饰锻造工艺在银匠们的手中得以传承。

图 F4－4　传统银饰工艺焊接

如今，控拜银匠大量外流的总体趋势没有改变。很多银匠以市场为中心，各自寻求生存发展的道路。随着银匠大量外流，控拜村只剩下屈指可数的几个银匠。像中国农村的许多空心村一样，留在控拜生活的大多是老人和小孩，这对银匠村的银饰工艺传承也会有一定影响。在世界经济一体化、文化多元化的今天，如何让控拜银匠村在深山里的银饰工艺持续发展是值得深思的问题。

参考文献

[1] 阿诺德·盖伦．技术时代人类的心灵——工业社会的社会心理问题［M］．何兆武，何冰，译．上海：上海科技教育出版社，1999.

[2] 爱德华·泰勒．人类学：人及其文化研究［M］．连树生，译．上海：上海文艺出版社出版，1993.

[3] 爱德华·泰勒．原始文化［M］．连树声，译．上海：上海文艺出版社，1992.

[4] 贝尔纳·斯蒂格勒．技术与时间：爱比米修斯的过失［M］．裴程，译．南京：译林出版社，1999.

[5] 贝尔纳·斯蒂格勒．技术与时间：迷失方向［M］．赵和平，印螺，译．南京：译林出版社，2010.

[6] 布鲁诺·雅科米．技术史［M］．蔓君，译．北京：北京大学出版社，2000.

[7] C. 恩伯－M. 恩伯．文化的变异——现代文化人类学通论［M］．杜杉杉，译．沈阳：辽宁人民出版社，1988.

[8] 查尔斯·辛格，等．技术史［M］．辛元欧，译．上海：上海科技教育出版社，2004.

[9] 陈昌曙．技术哲学引论［M］．北京：科学出版社，1999.

[10] 陈凡，张明国．解析技术［M］．福州：福建人民出版社，2002.

[11] 陈筠泉，殷登祥．科技革命与当代社会［M］．北京：人民出版社，2001.

[12] E. 舒尔曼．科技文明与人类未来——在哲学深层的挑战［M］．李小兵，等，译．上海：东方出版社．1995.

[13] F. 拉普．技术哲学导论［M］．刘武，等，译．沈阳：辽宁科学技术哲学出版社，1986.

[14] 费孝通．江村经济——中国农民的生活［M］．北京：商务印书馆，2001.

[15] 富田彻男．技术转移与社会文化［M］．张明国，译．北京：商务印书馆，2003.

[16] 冈特·绍伊博尔德．海德格尔分析新时代的技术［M］．宋祖良，译．北京：中国社会科学出版社，1993.

[17] 贵州省黎平县志编纂委员会. 黎平县志 [M]. 成都：巴蜀书社，1989.
[18] 郭建斌. 独山电视——现代传媒与少数民族乡村日常生活 [M]. 济南：山东人民出版社，2005.
[19] 海德格尔. 存在与时间 [M]. 陈嘉映，王庆节，译. 北京：生活·读书·新知三联书店，2006.
[20] 海德格尔. 林中路 [M]. 孙周兴，译. 上海：上海译文出版社，2008.
[21] 海德格尔. 演讲与论文集 [M]. 孙周兴，译. 北京：生活·读书·新知三联出版社，2005.
[22] 赫伯特·马尔库塞. 单向度的人 [M]. 刘继，译. 北京：商务印书馆，2008.
[23] J. D. 贝尔纳. 科学的社会功能 [M]. 陈体芳，译. 北京：商务印书馆，1982：20.
[24] 凯文·罗宾斯，弗兰克·韦伯斯. 技术文化的时代 [M]. 何朝阳，王希华，译. 合肥：安徽科学技术出版社，2004.
[25] 柯克·约翰逊. 电视与乡村社会变迁：对印度两村庄的民族志调查 [M]. 展明辉，张金玺，译. 北京：中国人民大学出版社，2005.
[26] 科斯洛夫斯基. 后现代文化 [M]. 毛怡红，译. 北京：中央编译出版社，2011.
[27] L. A. 怀特. 文化的科学 [M]. 沈原，黄克克，黄玲伊，译. 济南：山东人民出版社，1988.
[28] 李春霞. 电视与中国彝民生活 [M]. 成都：四川大学出版社，2005.
[29] 刘易斯·芒福德. 技术与文明 [M]. 陈允明，王克仁，李华山，译. 北京：中国建筑工业出版社，2009.
[30] 路易·多洛. 个体文化与大众文化 [M]. 黄建华，译. 上海：上海人民出版社，1987.
[31] 尼尔·波斯曼. 技术垄断——文化向技术投降 [M]. 何道宽，译. 北京：北京大学出版社，2007.
[32] 马林诺夫斯基. 文化论 [M]. 费孝通，译. 北京：中国民间文艺出版社，1987.
[33] 普丽春. 少数民族非物质文化遗产教育传承研究——以云南省为例 [M]. 北京：民族出版社，2010.
[34] 乔瑞金，牟焕森，管晓刚. 技术哲学导论 [M]. 北京：高等教育出版社，2009.
[35] 秦红增. 桂村科技：科技下乡中的乡村社会研究 [M]. 北京：民族出版社，2005.
[36] 秦红增，韦茂繁，等. 瑶族村寨的生计转型与文化变迁 [M]. 北京：民族出版社，2008.
[37] 清华大学自然辩证法教研组. 科学技术史讲义 [M]. 北京：清华大学出版

社，1982.

[38] 让·拉特利尔．科学和技术对文化的挑战［M］．吕乃基，王卓君，林啸宇，译．北京：商务印书馆，1997.

[39] 让－伊夫·戈菲．技术哲学［M］．北京：商务印书馆，2000.

[40] 舒红跃．技术与生活世界［M］．北京：中国社会科学出版社，2006.

[41] 孙周兴．海德格尔选集［M］．上海：上海三联书店，1996.

[42] 特雷弗·I. 威廉．技术史［M］．刘则渊，孙希忠，译．上海：上海科技教育出版社，2004.

[43] 藤竹晓．电视社会学［M］．蔡林海，译．合肥：安徽文艺出版社出版，1987.

[44] 万辅彬，韦丹芳，孟振兴．人类学视野下的传统工艺［M］．北京：人民出版社，2011.

[45] 王鸿生．世界科学技术史［M］．北京：中国人民大学出版社，1999.

[46] 王耀希．民族文化遗产数字化［M］．北京：人民出版社，2009.

[47] 王海龙，何勇．文化人类学历史导引［M］．上海：学林出版社，1992.

[48] 吴国盛．技术哲学讲演录［M］．北京：中国人民大学出版社．2006.

[49] 吴飞．火塘·教堂·电视——一个少数民族社区的社会转播网络研究［M］．北京：光明日报出版社，2008.

[50] 星野芳郎．技术发展的政治经济背景［M］．沈阳：沈阳出版社，1995.

[51] 徐平．文化的适应和变迁：四川羌村调查［M］．上海：上海人民出版社，2006.

[52] 徐万邦，祁庆富．中国少数民族文化通论［M］．北京：中央民族大学出版社，1996.

[53] 远德玉，丁云龙．科学技术发展简史［M］．沈阳：东北大学出版社，2000.

[54] 约书亚·梅洛维茨．消失的地域：电媒介对社会行为的影响［M］．肖志军，译．北京：清华大学出版社，2002.

[55] 周明全，等．文化遗产数字化保护技术及应用［M］．北京：高等教育出版社，2011.

[56] 庄晓东，等．网络传播与云南少数民族文化的现代建构［M］．北京：科学出版社，2010.

[57] 庄孔韶．人类学通论［M］．太原：山西教育出版社，2002.

[58] 蔡群，任荣喜，邱望标．贵州少数民族非物质文化遗产的数字化保护方法研究［J］．贵州工业大学学报（自然科学版），2007（4）.

[59] 陈红兵，陈昌曙．关于“技术是什么”的对话［J］．自然辩证法研究，2001（4）.

[60] 陈丽珍，王术文．技术扩散及其相关概念辨析［J］．现代管理科学，2005（2）．
[61] 陈默，催锋．电视与西藏乡村日常生活——以曲水县茶巴朗村为例［J］．中国藏学，2011（3）．
[62] 陈士俊．广义技术的定义、本质及表现形态［J］．科学学与科学技术管理，1989（6）．
[63] 杜长征，杨磊．技术创新、技术进步与技术扩散概念研究［J］．经济师，2002（3）．
[64] 杜丽华．加强农业技术推广体系建设的对策［J］．中国农学通报，2011（11）．
[65] 丁振强．晚清以前大陆农业科技向台湾地区传播的演进［J］．南京农业大学学报（社会科学版），2002（3）．
[66] 范连生．建国初期黔东南民族地区耕作技术的改进与推广［J］．农业考古，2009（1）．
[67] 范小虎，陈很荣，仰书纲．技术转移及其相关概念的涵义辨析［J］．科技管理研究，2000（6）．
[68] 樊泳湄．现代科学技术对少数民族传统手工艺的影响——以大理新华村为例［J］．昆明冶金高等专科学校学报，2010（4）．
[69] 费孝通．对文化的历史性和社会性的思考［J］．思想战线，2004（2）．
[70] 付少平．女性在农业技术传播中的角色［J］．西北人口，2003（2）．
[71] 管宁．导人产业意识激活乡村文化——关于农村文化产业发展的一个视角［J］．东岳论丛，2009（10）．
[72] 郭晓辉．技术现象学视野中的人性结构［J］．自然辩证法研究，2009（7）．
[73] 韩小谦．试论技术是一个整体的文化［J］．哲学动态，1994（4）．
[74] 胡晓登，周松柏，周真刚．“西电东送”中的真实移民成本与少数民族传统文化保护、发展研究［J］．贵州民族研究，2003（3）．
[75] 胡潇．乡村变革的心理回应［J］．社会学研究，1992（3）．
[76] 黄泽，光映炯．关于台湾原住民传统工艺研究的对话［J］．民族艺术研究，2002（1）．
[77] 姜振寰．技术、技术思想与技术观概念浅析［J］．哈尔滨工业大学学报（社会科学版），2002（4）．
[78] 姜振寰．技术的历史分期：原则与方案［J］．自然科学史研究，2008（1）．
[79] 江昀．论技术传播的社会学机制——兼论我国加入 WTO 后技术引进问题［J］．软科学，2003（1）．
[80] 金少萍．本土知识与文化创新——以云南民族工艺文化为研究个案［J］．云南师范

大学学报（哲学社会科学版），2007（5）.

[81] 彭音，宋明珍，廖英琼. 构建凉山民族地区新型农业科技推广体系的研究［J］. 西昌学院学报（自然科学版），2009（3）.

[82] 孔德堋. 关于技术引进概念的探讨［J］. 中国软科学，1990（3）.

[83] 旷宗仁，梁植睿，左停. 我国农业科技推广服务过程与机制分析［J］. 科技进步与对策，2011（21）.

[84] 拉普. 技术传播带来文化异化吗［J］. 现代外国哲学社会科学文摘，1990（5）.

[85] 雷李军，傅正华. 技术转移概念的引进和发展［J］. 企业改革与管理，2006（7）.

[86] 李朝应. 探索新形势下如何搞好民族地区农业技术推广工作［J］. 四川农业科技，2012（12）.

[87] 李喜岷. 论技术引进的目标范畴与概念体系［J］. 科学管理研究，1991（1）.

[88] 刘光宇，李长河，毕晓伟. 民族地区农机化技术推广工作存在的问题及对策［J］. 内蒙古民族大学学报（自然科学版），2004（3）.

[89] 刘华杰. 整合两大传统：兼谈我们所理解的科学传播［J］. 南京社会科学，2002（10）.

[90] 刘小珉. 民族地区乡村技术体系与技术传播过程初探［J］. 中南民族大学学报（人文社会科学版），2003（3）.

[91] 罗江华. 现代信息技术支持下羌族文化遗产的保护与传承［J］. 中南民族大学学报（人文社会科学版），2012（5）.

[92] 罗兰. 现代影像与少数民族文化传播［J］. 中国传媒科技，2013（8）.

[93] 马廷中. 明清时期云贵地区彝族农业经济研究［J］. 商丘师范学院学报，2003（1）.

[94] 梅其君. 埃吕尔与的温纳技术本质观之比较［J］. 自然辩证法研究，2006（8）.

[95] 梅其君. 技术自主论的三个层次［J］. 自然辩证法研究，2008，（9）.

[96] 梅其君. 现代技术对少数民族传统文化的影响初探［J］. 西南民族大学学报（人文社会科学版），2008（10）.

[97] 梅其君，王立平. 技术与文化关系颠倒的历程与根源［J］. 江西社会科学，2016（6）.

[98] 农业技术推广体系建设大事记［J］. 农业技术与装备，2008（3）.

[99] 彭音，宋明珍，廖英琼. 构建凉山民族地区新型农业科技推广体系的研究［J］. 西昌学院学报，2009（3）.

[100] 屈中治. 电视与乡村生活变迁：变迁中的村落社区图景——云南呈贡万溪冲社区的个案分析［J］. 文化与传播，2013（2）.

[101] 孙秋云，黄健. 电视与乡村农民的日常生活——基于湖北省石首市五马村的调查与

分析［J］. 中南民族大学学报（人文社会科学版），2009（3）.
［102］王春安，李鹏. 我国农业技术推广体系存在的问题及对策［J］. 现代农业科技，2009（11）.
［103］王欢，庄天慧. 四川民族贫困地区公益性农业技术推广运行机制优化研究［J］. 科技管理研究，2015（14）.
［104］王世良. 技术转移概念刍议［J］. 管理工程学报，1987（1）.
［105］王希恩. 论中国少数民族传统文化现状及其走向［J］. 民族研究，2000（6）.
［106］王新彪. 技术引进的基本概念探讨［J］. 国际贸易，1986（2）.
［107］王学文. 拉近的异域与推远的自我——一个水族村寨的电视媒介分析［J］. 西南民族大学学报（人文社会科学版），2010（6）.
［108］王耀德. 论技术和技术的历史划分［J］. 理论学刊，2007（3）.
［109］王应政. 贵州水库建设与少数民族传统文化保护——以三板溪水库为例［J］. 贵州民族研究，2011（4）.
［110］吴国盛. 技术释义［J］. 哲学动态，2010（4）.
［111］乌娜姬. 网络技术对少数民族语言文化的影响［J］. 中国民族，2010（1）.
［112］夏敬源. 中国农业技术推广改革发展 30 年回顾与展望［J］. 中国农技推广，2009（1）.
［113］肖锋. 论技术的文化形成［J］. 武汉理工大学学报（社会科学版），2003（4）.
［114］谢阳群. 信息技术的分类与层次［J］. 大学图书情报学刊，1997（2）.
［115］阎康年. 技术定义、技术史和产业史分期问题探讨［J］. 科学学研究，1984（3）.
［116］阎廷枢，徐权. 论确立科学的技术引进概念及其意义［J］. 决策借鉴，1990（1）.
［117］杨明，李斯霞. 信息技术对传统文化的消解与调试［J］. 理论探讨，2005（5）.
［118］杨福泉. 少数民族文化保护与传承新论［J］. 云南社会科学，2007（6）.
［119］翟杰全. 科学传播和技术传播［J］. 科普研究，2009（6）.
［120］翟杰全. 技术传播：概念、渠道和企业实践［J］. 北京理工大学学报（社会科学版），2010（1）.
［121］翟杰全，杨志坚. 对“科学传播”概念的若干分析［J］. 北京理工大学学报（社会科学版），2002（3）.
［122］詹娜. 断裂与延续：现代化背景下的地方性知识——以辽东沙河沟农耕生产技术变迁为个案［J］. 文化遗产，2008（2）.
［123］张朵朵，刘兵. 当代少数民族手工艺技术变迁中的文化选择分析——以贵州苗族刺绣为例［J］. 科学与社会，2013（4）.

[124] 张建世，杨正文．西南少数民族传统工艺文化资源的保护［J］．西南民族大学学报（人文社科版），2004（3）．

[125] 张莉，梅其君．略论技术传播［J］．教育文化论坛，2013（6）．

[126] 张亢．现代技术的特征［J］．人文世界，2015（1）．

[127] 张明国．“技术—文化”论——一种对技术与文化关系的新阐释［J］．自然辩证法研究，1999（8）．

[128] 张彦．论科学与技术在社会学上的三个主要区别［J］．南京社会科学，1998（8）．

[129] 字魏玲．少数民族地区农业科学技术问题探讨［J］．思茅师范高等专科学校学报，1998（1）．

[130] 周劲松，赵东兴，陈林杨．少数民族地区农业技术扩散的研究［J］．热带农业科学，2016（6）．

[131] 朱洪启．地方性知识的变迁与保护——以浙江青田龙现村传统稻田养鱼体系的保护为例［J］．广西民族大学学报（哲学社会科学版），2007（4）．

[132] 朱圣钟．论历史时期凉山地区水稻的种植及其影响因素［J］．三门峡职业技术学院学报，2008（3）．

[133] 庄丽娟，庄立．技术转移与技术扩散的概念界定和关系辨析［J］．科技管理研究，2006（8）．

[134] 庄天慧，余崇媛，刘人瑜．西南民族贫困地区农业技术推广现状及其影响因素研究——基于西南4省1739户农户的调查［J］．科技进步与对策，2016（9）．

[135] 贝维静．滇桂民族手工造纸技术多样性研究［D］．南宁：广西民族大学物理与电子工程学院，2010.

[136] 陈燕琳．云南大理鹤庆新华村白族银铜手工技艺研究［D］．北京：中国艺术研究院，2013.

[137] 龚莉辉．电视与土家族乡村生活方式的变迁——以舍米湖村为个案［D］．武汉：中南民族大学民族学与社会学学院，2008.

[138] 黄媛．民族地区的农业技术推广研究——以广西梧州市为例［D］．武汉：中南民族大学经济学院，2012.

[139] 洪长晖．电视与乡村日常生活——基于长安村的民族志调查［D］．厦门：厦门大学新闻传播学院，2008.

[140] 柳盈莹．媒介变迁与少数民族文化传播［D］．上海：复旦大学新闻学院，2012.

[141] 宋景．基于反求工程的贵州少数物质民族文化遗产的保护与开发技术研究［D］．贵阳：贵州大学机械工程学院，2007.

［142］王海南．逆向工程技术在贵州少数民族文化遗产保护中的应用研究［D］．贵阳：贵州大学机械工程学院，2008.

［143］王军．少数民族文化网络传承的教育人类学研究——延边地区朝鲜族个案考察［D］．北京：中央民族大学教育学院，2010.

［144］王旭升．电视与西北乡村社会日常生活——对古坡大坪村的民族志调查［D］．兰州：兰州大学新闻与传播学院，2009.

［145］余晓光．现代教育技术的嵌入：人类学视域下梭戛长角苗文化多维传承研究［D］．重庆：西南大学西南民族教育与心理研究中心，2014.

［146］袁文敬．信息技术支持的中小学侗歌教育研究［D］．重庆：西南大学西南民族教育与心理研究中心，2011.

［147］字东玉．电视与彝族乡村日常生活——巍山县有食村调查［D］．昆明：云南师范大学传媒学院，2014.

［148］杨新．古建筑保护中现代技术的介入与发展［C］//中国文物保护技术协会．中国文物保护技术协会第四次学术年会论文集，2007：185－190.

［149］熊燕．云南少数民族文化遗产数字化保护取得成果［N］．云南日报，2007.

［150］内蒙古农业技术推广网．单位简介［EB/OL］．［2015－12－15］．http：//nytg. nmagri. gov. cn/dwgk/dwjj/index. shtml.

［151］Jacques Ellul. The Technological Society［M］. New York：Alfred A. Knopf，1964.

［152］Jacques Ellul. The Technological System［M］. Trans：Joachim Neugroschel. New York：Continuum，1980.

［153］Thomas P. Hughes. Human－Built World：How to Think about Technology and Culture［M］. Chicago：The University of Chicago Press，2004.

［154］Bryan Pfaffenberger. Fetishised Object and Humanised Nature：Towards an Anthropology of Technology［J］. Man，1988，23（2）.

［155］Bryan Pfaffenberger. Social Anthropology of Technology［J］. Annual Review of Anthropology，1992（21）.

［156］Friedrich Rapp. The Material and Cultural Aspects of Technology［J］. Society for Philosophy and Technology，Volume 4，Number 3 Spring 1999.

［157］Ingold，T. Eight Themes in the Anthropology of Technology［J］. Social Analysis 4，1997.

［158］David J. Hess，Lindal L. Layle. Knowledge and Society：The Anthropology of Science and Technology［C］. London：JAI Press Inc，1992.

后　记

2006年博士毕业后，我的学术研究出现了未曾料想的转向。我没有沿着博士研究方向在技术哲学领域继续前行。攻博辛劳之后，我对抽象的哲学研究略有厌倦，稍作休憩，也思考今后的学术之路。就在那时，因学校“211工程”三期重点学科建设项目的论证，我有幸结识了刘锋、张晓二位教授。在他们的鼓励和影响下，同时也是由于技术人类学这一新兴学科的吸引，我开始迈向民族学/人类学这一陌生的领域。2010年，我在民族学领域申报的国家社科基金项目——“现代技术视域下的少数民族乡村文化传承”获批，继而又获得了贵州大学文科重点学科及特色学科重大科研项目——科技传播与文化变迁。我不得不硬着头皮在这条路上走下去。回首与刘锋、张晓老师一起论证项目熬更守夜，不觉已近十年！

从技术哲学到技术人类学，研究对象虽然都是以技术为主线，但学科理论、研究方法大不相同。对于没有受过民族学/人类学学科训练的我来说，研究困难不难推知。所幸的是，我不仅得到刘锋、张晓老师的指导，还得到了贵州大学民族学/人类学团队诸位老师的帮助。我要感谢民族学/人类学团队的纳日碧力戈、杨军昌、何茂莉、杨志强、曹端波、王良范、罗正副、尤小菊等诸位老师！这个团队虽然缺乏平台，却有着令人艳羡的累累硕果！

我加入贵州大学民族学/人类学团队时，正担任人文学院哲学系系主任、时任人文学院院长的陶渝苏教授对我的想法不仅理解，而且积极支持，感谢陶渝苏老师的包容！作为团队的一员，也感谢她对民族学/人类学这个团队不遗余力的扶持！

本书是我和我的研究生共同探讨的结晶。作为课题负责人，我负责全书的设计、统稿，并参与撰写所有章节，而田野调查工作基本上是由我的研究生所做。具体写作分工如下：导论由梅其君撰写；第一章由张亢、梅其君撰写；第二章由梅其君、张莉撰写；第三章由张莉、胡林蔓、梅其君撰写；第四章由彭洁敏、梅其君撰写；第五章由梅其君、张莉、封佳懿撰写；第六章由梅其君撰写；附录由张莉、胡林蔓、彭洁敏、封佳懿、梅其君撰写。我的这些研究生毕业后，并没有都如我期望地走学术之路，但在校期间都是按照我的要求认认真真地学习和研究，田野调查也不辞辛苦，感谢她们的支持！

作为在一个新领域探索的初步成果，本书肯定存在许多缺陷与不足，如第五章对现代信息技术传播与少数民族乡村文化变迁的研究就显得很薄弱。现代技术传播的范围宽广，影响深远，不是一本书所能描述详尽的。本书仅仅是拉开了序幕，无限风光仍在途中，愿与同人一道领略！

梅其君

2017 年 3 月 20 日